JN412465

세상을 변화시키는 52주 구역공과

성령 충만한 구역

편찬위원회

아가페문화사

성령 충만한 구역

구역부흥은 교회부흥

구역

이름

주소

교회 전화

성령 충만한 구역
성장하는 교회

교육 이념

1. 하나님의 영광을 높이는 구역

2. 하나님의 교회를 섬기는 구역

3. 하나님의 사랑을 실천하는 구역

4. 행복한 가정을 이룩하는 구역

5. 변화하는 시대를 선도하는 구역

구역공과 일러두기

요즘에도 교회의 양적인 부흥이 계속 일어나고 있습니다. 초대 예루살렘 교회 성도들은 핍박 속에 민들레 홀씨처럼 흩어져 가는 곳마다 전도하니 성령의 역사가 나타나 부흥되었습니다. 오늘날 속회나 구역 운영은 교회부흥 전략의 핵심이며, 그 요건은 '성령 충만한 구역'으로 만들어 가야한다는 것입니다. 본 구역공과 교재는 초교파 구역공과로서 연구실에서 쓴 공과가 아니고, 일선 목회자가 목회현장에서 필요에 따라 만들어져 교회마다 쉽게 적용할 수 있도록 만들어졌습니다. 바로『주님과 동행하는 구역』에 이어서『성령 충만한 구역』으로 영적 생명이 움트고 자라 '부흥 성장' 현장으로 여러분들을 초대할 것입니다. 요즘 성령의 은사가 주춤한 것 같지만, 구역부흥과 교회부흥의 원동력은 교회를 태동케 하신 '성령'이십니다.

교회 부흥은 한 마디로 '일꾼을 잘 키우고, 잘 세우면' 됩니다. 우리는 그간 절찬리에 다루었던 '말씀의 생활화' 구현을 위한 12년 커리큘럼으로 성경 통독을 유도하고, 주간 경건의 시간(Q.T)의 본문을 설정하여, 연중 구역공과를 편찬했었습니다. 그것이 바로『부흥하는 구역』·『생동하는 구역』·『전진하는 구역』·『결실하는 구역』·『일꾼을 키우는 구역』·『파송하는 구역』·『건강한 구역』·『화목하는 구역』·『치유하는 구역』·『칭송받는 구역』·『생명을 살리는 구역』·『주님과 동행하는 구역』입니다. 이 구역공과는 교회들에게 '부흥 성장하는 교회'의 기초를 만들어 주었습니다. 이제 '교회부흥의 도약'의 실현을 위해 교회와 구역의 부흥과 성장은 농사 짓듯 양적 부흥에 얼마나 꼼꼼하게 심혈을 기울였느냐에 달려있습니다.

풍년 농사는 첫째, 좋은 종자. 둘째, 좋은 땅. 셋째, 꼼꼼한 보살핌의 손질이 필수적입니다.

현명하신 목회자들께서 구역의 텃밭을 소중히 여기시고, 좋은 교재를 골라 말씀의 씨앗을 잘 준비하여, 셀 모임 · 구역에서 셀 리더 · 구역 인도자 · 속회 임원들을 잘 훈련시키십시오. 셀 모임이나 구역 · 속회가 활성화되도록 열심 전도와, 구역 · 속회원들을 훈련 양육시킨다면 한 해의 영적인 농사는 틀림없이 부흥 성장을 보장해 줄 것입니다. '내가 곧 교회 부흥의 주역이다'라는 책임감을 가지고, 출발하십시오.

첫째, 하나님의 말씀을 날마다 겸손히 듣고(행 10:33),

둘째, 말씀을 매일 양식처럼 읽으며(신 17:19),

셋째, 말씀을 체계적으로 공부하십시오.(행 17:11; 딤후 2:15),
넷째, 요절 성구를 암송하십시오(시 119:11).
다섯째, 성경본문을 깊이 묵상하십시오(수 1:8).

문제는 말씀을 듣고, 읽고 공부하고 암송하여 생활에 적용하고 실천하게 하는 '말씀의 생활화' 가 중요합니다. 그래서 본 교재는 평신도 지도자가 목회 하는 심정으로 일 년 열두 달 매월 교회 성장 목표를 설정하여, "한 주간의 묵상자료"(Q.T. 가정 예배 자료)와 설날, 추석, 장례(입관, 하관)식 등 예시를 통해 장묘 문화를 선도해가도록 시도한 구역공과입니다. 또한 긴급할 시에 사용할 수 있도록 추모예배, 장례식 등 예배자료 들을 실었습니다.

우리는 각 구역 · 가정에서 아주 쉽고 간편하게 인도자와 구역원 온 교우가 함께 쓰는 교재로 집필했습니다. 전교인(인도자나 구역원)이 가정에 한 권 씩 준비해 놓으시고, 가정 예배 시 '주간 성경 본문' 을 읽으시며 예배드리고, 구역예배 시에는 구역원들이 교재를 읽으면서 은혜를 받도록 했습니다. 끝으로 이 교재를 통하여 말씀의 생활화로 '성경을 배워, 예수님의 좋은 일꾼' 으로 성장시키시기를 기도드립니다.

2011년 11월

구역 공과 편찬위원회 대표 신소섭 목사

구역공과 교재 사용법

– 찬송 · 묵도 · 신앙고백(사도신경) · 찬송 · 기도 –

1. 먼저 '성경' 본문을 찾아 함께 읽으십시오.
2. '요절' 을 3회 큰 소리로 함께 읽고 암기합시다.
3. 공과 '교재의 목표' 를 읽고 마음에 새기십시오.
4. '시작하는 말' 은 구역 인도자가 읽음으로 함께 이해하십시오.
5. '오늘의 말씀' 은 한 대지씩 구역원이 돌아가면서 읽으십시오.
6. '함께 읽어요' 는 모든 구역원이 한 목소리로 읽으십시오.
7. '정리하는 말' 은 구역장이 읽으십시오.
8. 구역원 모두에게 성령께서 함께 하사 기도로서 말씀을 우리의 생활에 적용할 수 있도록 하십시오.

–합심기도, 헌금, 가정을 위한 기도, 새 구역원 소개, 찬송, 주기도문
–※ **상기 사용법 4, 5, 6, 7번은 각 교회의 구역지침에 따라 진행하십시오.**

구역부흥은 교회부흥

성공적인 구역 운영 요령

1. 효과적인 개인전도 7가지 방법

- 영혼을 사랑하는 마음을 가져라.
- 전도 대상자를 확실히 정 하라
- 상대를 위하여 충분한 기도로 준비하라.
- 인격적인 교제를 가져라.
- 상대에게 무엇이 필요한가를 파악하라.
- 문제점에 대하여 간증으로 권유하라.
- 결신 후 최소한 3개월간을 영적으로 보살펴라.

2. 구역배가를 위한 5가지 기도제목

- 믿지 않는 가족을 위한 기도
- 병든 자를 위한 기도
- 개인이나 가정의 문제 해결을 위한 기도
- 각자의 소원 응답을 위한 기도
- 성령 충만을 위한 기도

3. 효과적인 구역원 상담의 5가지 방법

- 상대에게 되도록 많이 말할 기회를 주라
- 관심을 주변 환경에서 신앙생활로 전환시켜라
- 말씀에 입각하여 근원적인 해답을 제시하라
- 함께 기도하고 상담을 마무리 하라
- 확신을 갖고 말로 시인케 하라

4. 구역 운영 3가지 주의사항

- 이난 사설에 현혹됨을 예방하라
- 성도간의 금전 문제에 주의 하라
- 신앙적인 이야기 외에 무익하고 부덕한 말을 피하라

구역공과 교육과정(제 1, 2 학기)

학기	월	목표	과	제 목	본 문	요 절	묵상의 말씀
1 학기	1	새 출발의 달	1	성령님과 동행하는 새해	창 1 : 1-31	갈 3 : 3	창 1 : -7 :
			2	매일 예배로 시작하는 삶	창 8 : 1-22	요 4 : 24	창 8 : -14 :
			3	믿음으로 새 출발하는 삶	창 15 : 1-21	창 15 : 6	창 15 :-21 :
			4	매사 준비하며 사는 삶	창 22 : 1-22	창 22 : 14	창 22 :-28 :
			5	브니엘을 구하며 사는 삶	창 32 : 1-32	창 32 : 31	창 29 :-35 :
	2	전심 기도의 달	6	성결의 영으로 기도하라	롬 1 : 1- 17	살전 5 :17	롬 1 :-8:
			7	약속을 붙잡고 기도하라	롬 8 : 1- 39	롬 9 : 9	롬 9: -16 :
			8	하나님의 능력을 구하라	고전4 : 1- 21	고전 4 : 20	고전1 :-8 :
			9	하나님의 영광을 구하라	고전10 :1-33	고전 10 : 31	고전9 :-16 :
	3	전도 실천의 달	10	성령세례를 받아라	행 1 : 1- 26	행 1 : 5	행 1 :-7 :
			11	성령 받기를 기도하라	행 8 : 1- 40	행 8 : 17	행 8 :-14 :
			12	성령님께 순종하라	행 16 : 1-40	행 16 : 7	행 15 :-21 :
			13	하나님의 나라를 전하라	행 28 : 1-31	행 28 : 31	행 22 :-28 :
2 학기	4	말씀 사모의 달	14	말씀을 잘 받아 먹어라	약 1 : 1-27	약 1 : 21	약 1 :-벧전 2 :
			15	신령한 젖을 사모하라	벧전 2 : 1-25	벧전 2 : 2	벧전 3 :-요일 1 :
			16	기름부음으로 살아라	요일 2 : 1-29	요일 2 : 20	요일 2 :-유다1 :
			17	주님의 재림을 사모하라	계 1 : 1- 20	계 1 : 7	계 1 :-11:
			18	말씀을 지키며 살아라	계 21 : 1- 27	계 22 : 7	계 12 :-22 :
	5	충만한 가정의 달	19	성령으로 묶여진 가정	룻기 1 : 1-22	룻기 1 : 16하	룻 1 :-삼상 3 :
			20	여호와의 영이 임한 사울	삼상 10 : 1-27	삼상 10 : 6	삼상 4 :-10 :
			21	성령에 감동된 다윗	삼상 16 : 1-23	삼상 16: 13상	삼상 11 :-17 :
			22	자기 생명같이 사랑하라	삼상 20 : 1-42	요 15 : 13	삼상 18 :-24 :
	6	이웃 사랑의 달	23	여호와께 물어 행하라	삼상 30 : 1-31	스 8 : 21	삼상 25 :-31 :
			24	율례와 규례를 가르치라	스 7 : 1-28	스 7 : 10	스 1 :- 10:
			25	예루살렘을 위해 기도하라	느 1 : 1-22	느 1 : 9	느 1 : -13:
			26	나라를 위해 기도하라	에 4 : 1-17	에 4 : 16	에 1 :- 10:
절기	54. 고난주간			십자가 고난의 길	마 27 : 32-61	마 27 : 46	마 22 :-28 :
	55. 부 활 절			예수, 다시 살아나셨다	막 16 : 1-20	막16 : 6	막 10 :-16 :

* 절기・예식 예배 공과내용은 본문 내용의 마지막 부분에 있습니다.

구역공과 교육과정(제 3, 4 학기)

학기	월	목표	과	제 목	본 문	요 절	묵상의 말씀
3 학기	7	성령 교육의 달	27	지성을 다스려 주시는 성령	겔 1 : 1-28	고전 2 : 11	겔 1 :- 7 :
			28	감성을 다스려 주시는 성령	겔 9 : 1-11	엡 4 : 32	겔 8 :-14 :
			29	의지를 다스려 주시는 성령	겔 16 : 35-63	겔 16 : 60	겔 15 :-21 :
			30	인치듯 교훈하시는 성령	겔 28 : 1-19	요 14 : 26	겔 22 :-28 :
			31	인도해 주시는 성령	겔 33 : 1-33	롬 8 : 14	겔 29 :-35 :
	8	성령 수련의 달	32	성령으로 새 생명을 주심	겔 37 : 1-28	겔 37: 14	겔 36 :-42 :
			33	성령으로 거듭나게 하심	겔 47 : 1-23	겔 47 : 9	겔 43 :-단 1 :
			34	주님께 영광 돌리게 하심	고전 1 : 1-24	고전 1: 20	고후 1 :-7 :
			35	성령으로 헌신 봉사하게 하심	고전 9 : 1-15	고전 9 : 7	고후 8 :-13 :
	9	친절 봉사의 달	36	주인에게 충성 봉사하라	창 39 : 1-22	창 39 : 3	창 36 :-42 :
			37	까다로운 자에게 충성 봉사	창 44 : 1-34	롬 12 :14	창 43 :-50 :
			38	은혜 베푸심을 받는 충성	출 1 : 1-22	출 1 : 21	출 1 :-7 :
			39	유월절 지키며 충성 봉사	출 12 : 1-28	출 12 : 13	출 8 :-14 :
			40	계명을 지켜 충성 봉사	출 20 : 1-17	출 20 : 2	출 15 :-21 :
4 학기	10	총력 결실의 달	41	총력을 다해 예배드리라	출 23 : 10-33	출 23 : 14	출 22 :-28 :
			42	총력을 다해 안식일 지키라	출 31 : 1- 18	출 31 : 14	출 29 :-35 :
			43	총력을 다해 영광 돌리라	출 40 : 1- 38	출 40 : 34-35	출 36 :-레 2 :
			44	총력을 다해 예물 드리라	레 7 : 15- 38	레 7 : 37	레 3 :-9 :
	11	찬송 감사의 달	45	성령의 역사, 순종 감사하라	눅 1 : 26-56	눅 1 : 38	눅 1 :-7 :
			46	좋은 땅처럼 말씀에 순종하라	눅 8 : 1-15	눅 8 : 15	눅 8 :-14 :
			47	큰 소리로 주님을 찬양하라	눅 19 : 28-44	눅 19 : 38	눅 15 :-21 :
			48	한량없이 성령 주심을 감사하라	요 3 : 1-36	요 3 : 34	눅 22 :-요 4 :
	12	신앙 결산이 달	49	인자의 살(떡)을 나눔	요 6 : 22-59	요 6 : 54	요 5 :-11 :
			50	아낌없는 희생을 찬송하라	요 12 : 1-36	요 12 : 24	요 12 :-18 :
			51	피와 물의 희생을 찬송하라	요 19 : 25-37	요 19 : 34	요 19:-21; 히 1 :-4
			52	창세 전 예정하심 감사하라	엡 1 : 1-14	엡 1 : 5	엡 1 :-빌 1 :
			53	기쁘신 뜻을 믿고 순종하라	빌 2 : 1-18	빌 2 : 13	빌 2 :-골 4 :
절기	56. 감 사 절			믿음 위에 감사를 더하라	눅 17 : 11-19	눅 17 : 19	마 11 :-17 :
	57. 성 탄 절			요셉이 맞은 거룩한 성탄절	마 1 : 18-25	마 1 : 21	마 1 :-7 :

* 절기 · 예식 예배 공과내용은 본문 내용의 마지막 부분에 있습니다.
(고난주간, 부활절, 감사절, 성탄절 / 설날(구정), 중추절, 추모예배, 입관식, 장례식, 하관식)

성령 충만한 구역
성장하는 교회

세상을 변화시키는 52주 구역공과

성령 충만한 구역

성령 충만한 구역

구역부흥은 교회부흥

제1과

성령님과 동행하는 새해

찬송 / 191, 190, 188 / 통일 427, 177, 180
성경 / 창세기 1:1-31
요절 / 갈라디아서 3:3
"너희가 이같이 어리석으냐 성령으로 시작하였다가 이제는 육체로 마치겠느냐"
목표 / 새해는 육체로만 살지 말고 성령의 기쁨으로 사는 태도를 기른다.

시작하는 말

이 세상에서 가장 아름다운 모습은 '무엇인가를 시작하려고 하는 모습'입니다. 인간의 삶은 시작으로 가득 차 있습니다. 복음의 선포는 끝없는 시작이기도 합니다. 금년 한해를 누구와 동행하느냐에 따라 금년 마지막 결실은 확연히 달라질 것입니다. 바울은 갈라디아 성도들에게 '성령으로 시작하였다가 이제는 육체로 마치겠느냐?'라고 질책합니다. 인간은 하나님의 '거룩한 영'으로 지음을 받았습니다. 육체는 '거룩한 영'인 '성령'을 담는 그릇입니다. 성령과 함께 살아가시기 바랍니다. 새해! '성령님'과 함께 살아가려면 어떻게 해야 하겠습니까?

오늘의 말씀

1. 하나님의 창조 질서대로 살아야 합니다(창 1:1~5).

본문 1절 말씀을 함께 읽겠습니다. "태초에 하나님이 천지를 창조하시니라." 창조의 시기가 언제입니까? '태초에'입니다. 누가 창조했습니까? '하나님'께서, 무엇을 창조하셨습니까? '천지'를 창조하셨습니다. 어떻게 창조하셨습니까? '단계적으로 질서대로' 창조하셨습니다.

여기 본문을 주목하십시오. 2절에 천지창조 전의 모습이 어떤 모습이었습니까? 땅은 '혼돈하며', '공허하고', '흑암이 깊음 위에' 있었습니다. 이때 암탉이 병아리를 품듯이 '하나님의 영이 수면 위에 운행' 하시었습니다. 인생의 행복과 평안을 위한 삶의 영원한 질서는 성령 하나님의 품안에 푹 안기어 사는 것입니다. 사랑하는 성도 여러분! 금년 새로운 한 해는 '성령님' 품안에 안겨 사시기를 간절히 바랍니다(마 23:37).

· 함께 읽어요 : 마태복음 23장 37절

"37 예루살렘아 예루살렘아 선지자들을 죽이고 네게 파송된 자들을 돌로 치는 자여 암탉이 그 새끼를 날개 아래에 모음 같이 내가 네 자녀를 모으려 한 일이 몇 번이더냐 그러나 너희가 원하지 아니하였도다."

2. 하나님 보시기에 좋았더라는 삶을 삽시다(창 1:4, 10, 12, 18, 21, 25, 31).

본문 4~5절을 함께 읽겠습니다. "빛이 하나님이 보시기에 좋았더라 하나님이 빛과 어둠을 나누사, 하나님이 빛을 낮이라 부르시고 어둠을 밤이라 부르시니라 저녁이 되고 아침이 되니 이는 첫째 날이니라."

피조물 중에 좋지 않은 것이 어디 있겠습니까? 그러나 창조주 하나님은 '빛'을 더 좋아하십니다. 밤하늘의 별들은 어둠이 깊을수록 상대적으로 밝은 달처럼 보기에 더 좋습니다. 이 세상에 선악을 공존케 하심은 악한 자들은 악한 대로 선한 자들은 더욱 선행이 빛나도록 하게 하시는 것입니다. 사랑하는 성도 여러분! 악을 버리고 '하나님 보시기에 좋았더라'할 수 있는 이런 삶을 살아가시기를 바랍니다(살전 5:22).

· 함께 읽어요 : 데살로니가전서 5장 22절

"22 악은 어떤 모양이라도 버리라."

3. 하나님의 형상대로 살아가시기를 바랍니다(창 1:24-31).

세상은 생존 경쟁의 전쟁 마당과 같습니다. 요즘 부모들은 자기 아이들을 모두 스타로 키우기를 희망합니다. 어린애들이 애답지 않게 연기도 잘하고 어른 흉내를 잘 내면 끼가 있다고 칭찬을 합니다. 그래서 너나 나나 덩달아 인기 연예인이 돼 보려고 안달입니다. 천지를 지으시고 인간을 창조하신 하나님께서 인간을 창조하시되 세상 만물보다 뛰어나게 '하나님의 형상'(*imago Dei*) 대로 창조하셨습니다.

윌리엄 셰익스피어는 "인간이란 얼마나 멋진 창조물인가! 고상한 이성! 무한한 능력! 모습과 동작은 얼마나 다양하고 경탄스러운가! 행동은 천사와 같구나! 지혜는 신과도 같구나! 세상에 핀 꽃이요, 만물의 영장이로다!"라고 햄릿 3장에서 얘기하고 있습니다. 그렇습니다.

사랑하는 성도 여러분! 여러분들은 하나님의 최고의 걸작품답게 살아가야 합니다. 여러분은 "나는 하나님이 올해 나를 통해 이루시고자 하는 모든 일들을 수행하는 데 필요한 모든 시간을 가지고 있다." "나는 하나님의 피조물로서 하나님의 영광을 위하여 시간과 정력을 사용하겠다!"라고 결심해 보십시오. 이것이 인생의 참 방향이요, 목적이며, 행복의 길인 것입니다. 하나님께서는 단순한 피조물이 아닌 '손수 흙으로 빚으셔서 그 코에 생기를 불어 넣어 창조하셨기에 성령으로 살아가시기'를 바라십니다. 다음 성경 말씀을 묵상하면서 '인생의 깊은 의미'를 되새겨 봅시다.

· 함께 읽어요 : 창세기 1장 28절

"28 하나님이 그들에게 복을 주시며 하나님이 그들에게 이르시되 생육하고 번성하여 땅에 충만하라, 땅을 정복하라, 바다의 물고기와 하늘의 새와 땅에 움직이는 모든 생물을 다스리라 하시니라."

정리하는 말

사랑하는 성도 여러분! 성도의 삶이란 흙으로 빚어진 '육체'대로 살면 짐승과 다름없습니다. 하나님께서 만드신 창조의 법칙인 ① '창조의 질서'대로, ② '하나님 보시기에 좋았더라'는 삶의 모습대로, ③ '하나님의 형상대로' 살아가야 하는 것입니다. 새 창조의 영이신 성령을 받아 만유를 지으시고 다스리시는 하나님의 말씀대로 사시기 바랍니다. 그분의 뜻을 순종하고 실천하며 살아가야 제대로 살아가는 것입니다. 금년 한해 성령님의 마음과 성품을 깨달아 성령님의 뜻을 따라 순종하면서 하나님의 형상대로 주님과 함께 살아가시기를 소원합니다.

평가와 결심

1. 금년 한해는 첫째 어떻게 살아야 합니까?
   (창 1:1-5, 하나님의 질서대로 살아야 함)
2. 금년 한해는 둘째 어떻게 살아야 합니까?
   (창 1:4, 10, 12, 18, 21, 25, 31. 하나님 보시기에 좋아하시는 대로)
3. 금년 한해는 셋째 어떻게 살아야 합니까?
   (창 1:25-27, 하나님의 지음 받은 형상대로 살아가야 함)

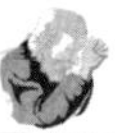

주간 경건의 시간 <1> · 날마다 말씀과 함께

요일 / 내용	주일/월(Mon)	화(Tue)	수(Wed)	목(Thu)	금(Fri)	토(Sat)
찬송	93동 / 28동	79 / 40	82 / 90	95 / 82	94 / 102	315 / 512
성경	창 1: / 창 2:	창 3:	창 4:	창 5:	창 6:	창 7:
적용	태초 / 새 삶의 시작	여자의 후손	아벨의 제사	하나님의 형상	은혜로 살라	노아, 셈, 함, 야벳

* 출발하려 할 때 미리 계획한 지도를 가지고 그것에 따르라. <칼빈 쿨리지>

*매일 찬송 숫자에서, 앞 숫자는 새 찬송가 / 그 옆은 전 통일찬송가 장수이다. 숫자 다음 '동'자가 첨부된 것은 새찬송가와 통일찬송가 장수가 같은 찬송이다.

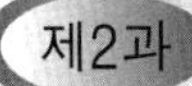
제2과

매일 예배로 시작하는 삶

찬송 / 199, 191, 187 / 통 234, 427, 171
성경 / 창세기 8:1-22
요절 / 요한복음 4:24
"하나님은 영이시니 예배하는 자가 영과 진리로 예배할 지니라."
목표 / 성도의 하루! 예배로 시작하는 태도를 기른다.

시작하는 말

창세기 4장의 가인의 족보에 이어 5장에서는 아담의 족보를 기록하고 있습니다. 그러나 인간의 번성 이면에는 죄악이 극도에 달하여 하나님께서는 인류를 물로 쓸어버리려는 심판을 준비하십니다. 견고한 신앙을 소유한 노아를 선택하시고, 자신과 가족을 홍수로부터 구원할 '방주를 지으라.'고 명령하십니다. 노아는 이 명령에 순종해 100년이나 걸려 방주 만드는 작업을 수행합니다. 노아와 그의 가족만 살아남고, 모든 인류는 '물 심판'으로 그들의 불신앙으로 멸하게 됩니다. 본문 창세기 8장에서 심판이 종결되고 방주에서 나온 노아는 여호와께 제단을 통해 예배를 드립니다. 세상에서 성도가 해야 될 가장 소중한 의무는 예배입니다.

오늘의 말씀

1. 하나님이 노아를 기억하셨습니다(창 8:1-12).

여호와의 심판인 홍수를 그치게 하신 하나님께서는 무엇보다 누구보다 먼저 '노아와 그와 함께 방주에 있는 모든 들짐승과 가축을 기억'하셨습니다(1절). 누군가가 당신을 기억해 준다면 정말 마음이 뿌듯할 것입니다. 홍수가 세상을 다 쓸어버리시는 그 와중에 하나님께서는 홍수가 끝나자마자 노아를 기억하셨습니다. 살아남은 자들의 회복과 생존을 위해 하나님께서 일하셨습니다. '하나님이 바람을 땅 위에 불게' 하셨습니다. 하나님의 손길이 닿은 곳마다 변화가 일어났습니다.

물이 줄어들었습니다. 깊음의 샘과 하늘의 창문이 닫히고 하늘에서 비가 그쳤습니다. 물이 땅에서 물러가고 점점 물러가서 150일 후에는 더 줄어들었습니다. 일곱째 달 그 달 열이렛 날에 방주가 아라랏 산에 머물렀습니다. 물이 점점 줄어들어 열째 달 곧 그 달 초하룻 날에 산들의 봉우리가 보였습니다. 사랑하는 성도 여러분! 하나님의 자상하심, 기억해 주심을 아시고, 그분의 도우심을 구하십시오. 그 구원의 손길을 찬양하십시오.

· 함께 읽어요 : 시편 8편 3~4절
"3 주의 손가락으로 만드신 주의 하늘과 주께서 베풀어두신 달과 별들을 내가 보오니 4 사람이 무엇이기에 주께서 그를 생각하시며 인자가 무엇이기에 주께서 그를 돌보시나이까."

2. 노아는 방주의 창문을 열어 제치었습니다(창 8:6~19).

신앙생활은 언제나 하나님이 하실 부분과 인간이 해야 할 부분으로 구분되어집니다. 홍수를 그치게 하자 노아는 방주에 낸 창문을 열었습니다. 자신이 만든 창이기도 한 창문을 열 때가 온 것입니다. 노아가 방주 뚜껑을 제치고 보니 지면에 물이 걷혔습니다. 하나님의 명령에 순종하여 함께 방주에서 나왔습니다. 구속의 과정에서도 ① 성부 하나님의 창조, ② 성자 예수님의 구속(救贖)하심, ③ 성령님의 인(印)치심과 구원을 적용하심은 인간이 감히 손대지 못할 영역인 것입니다. 하루에 비가 오고 눈이 내리고, 얼음이 녹아내리고 하는 일기조차 어쩔 수 없는 인간은 속수무책입니다. 그러나 우리 인간에게 부여하신 '문화의 명령'은 순종해서 생육하고 번성하여 땅에 충만해야 합니다. 땅을 정복해야 합니다. 바다와 물고기와 하늘의 새와 땅에 움직이는 모든 생물을 다스려야 합니다. 이것이 하나님이 주신 특권입니다.

사랑하는 성도 여러분! 여러분들이 해야 할 일들을 하나님이 해 주시라고 조르시지는 않으십니까? 신앙인이 가져야 할 트라이앵글인 '믿음' '소망' '사랑'은 만물의 시작부터 주님이 오실 때까지 쉬지 않고 가지고 연마해야 될 보물들입니다. '믿음'으로 열리지 않는 문이 어디 있으며, '소망'으로 이루지 못할 사건이 어디 있으며, '사랑'으로 치유되지 못할 병이 어디 있겠습니까? 세상이 다 변하고 없어진다 할지라도 믿음의 사람은 남아 있을 것입니다. 사랑하는 성도 여러분! 신앙인은 환경에 따라 약해지거나 변해서는 안 됩니다. 처음 받은 신앙을 끝까지 지켜가야 합니다. 다음 성경말씀을 깊이 묵상하시기 바랍니다.

· 함께 읽어요 : 고린도전서 13장 13절

"13 그런즉 믿음, 소망, 사랑, 이 세 가지는 항상 있을 것인데 그 중의 제일은 사랑이라."

3. 방주에서 나온 노아는 먼저 여호와께 번제를 드렸습니다(창 8:20-22).

현대인은 시간이 없다고 합니다. 그러나 자기가 하고 싶은 일들은 빠짐없이 다 합니다. 남은 시간을 드려 예배드리려고 하니 시간이 없는 것입니다. 매일 하나님의 얼굴을 구하십시오. 매일 그분의 이름을 부르며 찬양하십시오. 그분을 위해 드리는 시간을 정하십시오. 예배처럼 아름다운 것은 없습니다. 매일 예배를 드리면서 하나님을 모시고 항상 그분을 찬송하며, 기도하며, 시간과 정성을 드려야 하는 것입니다.

· 함께 읽어요 : 데살로니가전서 5장 16~18절

"16 항상 기뻐하라 17 쉬지 말고 기도하라 18 범사에 감사하라 이것이 그리스도 예수 안에서 너희를 향하신 하나님의 뜻이니라."

정리하는 말

사랑하는 성도 여러분! 매일매일 하나님의 얼굴을 향하십시오. 그분을 찬양하십시오. 그분을 사랑하며, 섬기며, 기도하십시오. 매일 그분을 위한 시간과 정성을 남겨 두십시오. 사도 바울은 데살로니가 교회 성도들에게 말세의 교훈을 주시면서 너희들은 항상 '쉬지 말고 기도하라.'고 했습니다. 요즘 하루하루의 삶이 불안합니다. 정말 성령의 도우심이 없이는 하루를 살기가 겁납니다. 날마다 복된 예배로 시작하시기 바랍니다.

평가와 결심

1. 노아가 방주에서 나온 후 하나님이 누구를 기억하셨습니까?
   (창 8:1, 노아와 그의 가족과 방주에 있는 들짐승과 가축)
2. 노아와 방주에 있는 가축을 위해 하신 일이 무엇이었습니까?
   (창 8:1, 하나님이 바람을 땅에 불게 하여 말리셨음)
3. 방주에서 나온 노아가 한 일이 무엇이었습니까?
   (창 8:20-22, 여호와께 제단을 쌓고 번제를 드렸음)

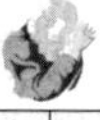

주간 경건의 시간 <2> · 날마다 말씀과 함께

요일 / 내용	주일/월(Mon)	화(Tue)	수(Wed)	목(Thu)	금(Fri)	토(Sat)
찬송	23동 / 73동	258 / 190	257 / 189	270 / 214	290 / 412	292 / 415
성경	창8: / 창9:	창 10:	창 11:	창 12:	창 13:	창 14:
적용	향기를 흠향 / 언약의 증거	셈 함 야벳 족보	바벨탑 흩어짐	아브람을 부르심	좌하면 우하고	롯의 사로잡힘

* 계획할 때는 신중하게, 행동할 때는 민첩하게 하라. <영·미 속담>

1단원 새 출발의 달

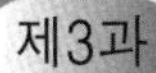

믿음으로 출발하는 삶

찬송 / 540, 532, 400, (399) / 통 219, 323, 463

성경 / 창세기 15:1-21

요절 / 창세기 15:6

"6 아브람이 여호와를 믿으니 여호와께서 이를 그의 의로 여기시고"

목표 / 실패했을 때라도 믿음으로 새 출발하는 태도를 기른다.

시작하는 말

아브람이 그처럼 사랑하고 아끼던 롯조차 물이 풍부한 요단 평야로 떠나자 아브람은 쓸쓸하고 외로웠을 것입니다. 거기에다 신앙의 조상이라는 아브람도 가나안 땅에 거한지 10년이나 되어도 그의 아내 사래가 자식을 낳지 못하자 '하나님의 언약'은 점점 멀어져 가는 것 같았습니다. 그러자 마음이 약해져 아내 사라의 말을 듣고 몸종 하갈을 취했습니다. 하나님의 약속을 기다리지 못했습니다. 그는 그만 사라의 제안에 굴복하고 맙니다. 신앙의 내리막길에는 흔히 '하나님의 말씀'이 들리지 않습니다. 사랑하는 성도 여러분! 하나님의 약속을 무시하면 제대로 되는 일이 없습니다.

오늘의 말씀

1. 아브람에게 여호와의 말씀이 임했습니다(창 15:1-).

본문 앞 장면인 13장에서 사랑하는 조카 롯이 아브람 품을 떠납니다. 울타리를 벗어난 롯에게 당장 위험이 닥쳐와 잡혀갔습니다. 아브람은 잡혀간 조카 롯과 그의 재물과 부녀와 친척을 찾아왔습니다. 아브람이 이러한 정신적인 고통이 찾아왔을 때, 환성 중에 아브람에게 여호와의 말씀이 임했습니다. "아브람아 두려워하지 말라 나는 네 방패요, 너의 지극히 큰 상급이니라." 그러자 아브람은 "주 여호와여 무엇을 내게 주시려 하나이까? 나는 자식이라고는 이 다메섹 사람 엘리에셀 뿐입니다." "제게 씨를 아니 주셨으니 내 집에서 길린 자가 내 상속자가 될 것입니다." 이렇게 말하자 "아니다 네 몸에서 날 자가 네 상속자가 되리라"고 하십니다. 사랑하는 성도 여러분! 기도하고서도 쉽게 응답되지 않을 때 어떤 마음과 태도를 갖습니까? 기도의 응답이 늦어지더라도 굳건한 약속 믿고서 기다리십시오. 반드시 이루어질 것입니다.

· 함께 읽어요 : 누가복음 17장 6절
"6 주께서 이르시되 너희에게 겨자씨 한 알만한 믿음이 있었더라면 이 뽕나무더러 뿌리가 뽑혀 바다에 심기어라 하였을 것이요 그것이 너희에게 순종하였으리라."

2. 하나님은 별 같이 많은 믿음의 자손을 보여주십니다(창 15: 5~8).

믿음의 조상 아브람에게 '네 몸에서 날 자가 네 상속자가 되리라'고 하신 여호와 하나님께서는 아브람을 이끌고 밖으로 나가십니다.

그리고 이렇게 말씀하십니다. "하늘을 우러러 뭇별을 셀 수 있나 보라. 또 그에게 이르시되 네 자손이 이와 같으리라."(5절) 그렇습니다. 전능하신 하나님께서 집에서 길린 자를 상속자가 되게 하실 리 없으십니다. 이 말씀을 아브람이 듣고 어떻게 했습니까? "아브람이 여호와를 믿으니 여호와께서 이를 의로 여기시고"(6절)라고 했습니다.

우리도 아브람처럼 가장 친하던 자에게 배신당하고, 믿었던 자에게 발등을 찍힐 때, 작은 믿음이 위태하게 흔들립니다. 하나님께서는 당신의 독생자를 십자가에 내어주시기까지 사랑한 그의 성도들에게 모든 것을 다 준비하시고, 예비하시며 믿음이 자라기만을 기다리십니다.

애굽의 군대들의 추격 속에 홍해가 가로막고 있을 때 여호와께서는 모세의 기도를 들으시고, 홍해를 가르시고 그들을 구원하셨습니다. 그러나 광야 40년을 지난 후 이스라엘 제2세대들에게는 지도자 여호수아를 통해 준비하게 하셨습니다. 언약궤를 멘 제사장들을 앞세우고 푸른 물 넘실거리는 요단 강을 바라보며 "온 땅의 주 여호와의 궤를 멘 제사장들의 발바닥이 요단 물을 밟고 멈추면 요단 물 곧 위에서부터 흘러내리던 물이 끊어지고 한 곳에 쌓여 서리라"(수 3:13)고 하셨습니다. 이제 백성들은 언약궤를 멘 제사장들을 따라 나섰다가 제사장들의 발이 요단 물가에 잠기자 곧 위에서부터 흘러내리던 물이 그쳐 건넜던 것입니다.

믿음은 점점 성장해야 합니다. 여러분! 눈에는 아무 증거 아니 보이고, 귀에 아무 소리 아니 들려도 믿음만을 가지고 나아가시기 바랍니다.

· 함께 찬송을 불러요 : ♬ 찬송가 545장 1절 ♬

"1 이 눈에 아무 증거 아니 뵈어도 믿음만을 가지고서 늘 걸으며/ 이 귀에 아무 소리 아니 들려도 하나님의 약속 위에 서리라.// 걸어가세 믿음 위에 서서 나가세. 나가세. 의심 버리고/ 걸어가세 믿음 위에 서서 눈과 귀에 아무 증거 없어도..//

3. 여호와께서는 '믿음'을 '의'(義)로 여겨주십니다(창 15:6~21).

구약 성경에서 믿음의 의(義)를 처음으로 언급하신 곳입니다. 아브람은 하나님께서 보여주신 것을 믿으니 '믿음의 조상'이 되었습니다. 이로써 오고 오는 모든 세대 사람들에게 믿음의 의(義)의 길을 열어주신 것입니다. 로마서 12장 1절에서 "그러므로 형제들아 내가 하나님의 모든 자비하심으로 너희를 권하노니 너희 몸을 하나님이 기뻐하시는 거룩한 산 제물로 드리라. 이는 너희가 드릴 영적 예배니라"고 했습니다. 신앙의 조상 아브람도 전능하신 여호와 하나님께서 찾아오심으로 언약을 다시 기억하고 신앙의 새 출발을 했습니다. 실패가 막장이 아닙니다. 믿음으로 새로운 출발을 하면 여호와 하나님께서 함께 해 주십니다.

· 함께 읽어요 : 로마서 1장 17절

"17 복음에는 하나님의 의가 나타나서 믿음으로 믿음에 이르게 하나니 기록된 바 오직 의인은 믿음으로 말미암아 살리라 함과 같으니라"

정리하는 말

오늘날 우리 성도들의 삶에는 한결 같이 순탄한 데가 보이지 않고, 험난할 때가 많습니다. 그러나 하나님의 약속은 그리스도 안에서 얼마든지 '예'가 될 수 있습니다(고후 1:20). 성도의 삶은 '믿음'이 없으면 살아가기에 삶이 더 힘들고, 재미가 없습니다. 왜냐하면 '길'이요, '진리'요, '생명'이신 그리스도를 등지고 걸어가기 때문에 '길'과 '빛'이 보이지 않습니다. 사랑하는 성도 여러분! 믿음으로 주님을 향해 희망과 꿈과 목표를 분명히 하시고, 새 출발하시기 바랍니다. 그러면 '성령 하나님'이 함께 하셔서 넉넉하게 승리하도록 해 주십니다.

평가와 결심

1. 아브람의 신앙의 재출발의 시점은 무엇 때문이었습니까?
   (창 15:1~5, 여호와 하나님의 말씀이 임하신 때문)
2. 하나님은 아브람에게 무엇을 보여주셨습니까?
   (창 15:4~5, 믿음의 눈을 열어 하늘의 뭇별 같은 자손을)
3. 여호와께서 '믿음'을 어떻게 여겨주셨습니까?
   (창 15:6, 아브람이 믿으니 이를 의<義>로 여겨 주심)

주간 경건의 시간 <3> · 날마다 말씀과 함께

요일 / 내용	주일/월(Mon)	화(Tue)	수(Wed)	목(Thu)	금(Fri)	토(Sat)
찬송	37동/ 36동	385/ 435	384/ 434	391/ 446	406/ 464	405/ 458
성경	창15:/ 창16:	창 17:	창 18:	창 19:	창 20:	창 21:
적용	믿음의 의(義)/ 이스마엘	할례 언약	아브라함의 기도	롯을 구원함	치료하사 생산케	웃게 하시니

* 일년지계는 정월 초하루에 있다. <일본 속담>

1단원 새 출발의 달

제4과

매사 준비하며 사는 삶

찬송 / 338, 354, 186 / 통 364, 394, 176
성경 / 창세기 22:1-22
요절 / 창세기 22:14
"아브라함이 그 땅 이름을 여호와 이레라 하였으므로 오늘날까지 사람들이 이르기를 여호와의 산에서 준비되리라 하더라."
목표 / 성도들의 삶에서 매사에 준비하며 살아가는 태도를 기른다.

시작하는 말

본문에서 아브라함은 신앙의 가장 큰 시험은 '이삭을 번제로 드리라'는 명령입니다. 이 순종하기 위해 마음 준비 못지않게, 나귀와 종, 번제에 쓸 나무 쪼개기 등 도구 준비로 최선을 다합니다. 비로소 사흘 길을 가 모리아 산 위를 오르면서 이삭과 대화한 내용입니다. "내 아버지여! 불과 나무는 여기 있거니와 번제할 어린양은 어디 있나이까?" "내 아들아! 번제할 어린 양은 하나님이 자기를 위하여 친히 준비하시리라." 그렇습니다. 아버지나 아들이나 매 한가지로 준비를 철저히 하고 확인해야 함을 배우게 됩니다. 어떤 이들은 기도만 하면 된다고 합니다. 그렇습니까? 참 신앙의 성도들에게는 '믿음의 준비'가 무엇보다 필요합니다.

오늘의 말씀

1. 부르심에 대답할 준비가 되어 있어야 합니다(창 22:1~2).

하나님이 아브라함을 시험하려고 '아브라함아!' 하고 그를 부르십니다.

그때 아브라함은 1절 말씀에서 "내가 여기 있나이다"라고 분명하고 당당하게 대답합니다. 에덴동산의 아담은 "아담아! 네가 어디 있느냐?" 물으실 때, 아담은 "내가 동산에서 하나님의 소리를 듣고 내가 벗었으므로 두려워하여 숨었나이다." 대답이 당당하지 못했습니다.

사랑하는 성도 여러분! 하나님께서 여러분들을 부르실 때 분명하고 당당하게 "주여! 내가 주님의 일을 하고자 여기 있습니다."라고 자신의 소속이나 위치를 분명하게, 당당하게 말할 수 있기를 바랍니다.

· 함께 읽어요 : 베드로전서 3장 15절

"15 너희 마음에 그리스도를 주로 삼아 거룩하게 하고 너희 속에 있는 소망에 관한 이유를 묻는 자에게는 대답할 것을 항상 준비하되 온유와 두려움으로 하고"

2. 주님의 명령에 순종하려면 준비되어 있어야 합니다(창 22:3~7).

본문 3절 한절 안에서 아브라함은 "① 일찍, ② 일어나, ③ 나귀에 안장을 지우고, ④ 두 종과 그의 아들, 이삭을 데리고, ⑤ 번제에 쓸 나무를 가지고, ⑥ 떠나, ⑦ 하나님이 자기에게 일러주신 곳으로 가더니" 이렇게 철저하게 준비하고도 아들, 이삭의 물음에 "내 아들아! 번제할 어린 양은 하나님이 자기를 위하여 친히 준비하시리라"는 대답할 말까지 준비했습니다. 참으로 섬세하게 순종하고 있는 걸 봅니다. 정말 성령의 인도하심이 아니면 도저히 할 수 없는 이런 철저한 준비가 부럽습니다.

사랑하는 성도 여러분! 세계 역사상에나 성경에 위대하게 쓰임 받은 인물들은 이렇게 철저하게 준비하는 꼼꼼한 성품을 가진 사람들이었습니다. 철저하게 준비하지 못하면 더 기다려야 합니다. 왜냐하면 준비된 사람만이 쓰임받기 때문입니다.원어, 여러분들의 삶의 현장은 사탄 마귀와의 살벌한 전쟁터입니다. 공무원이나 관료, 직장인이나 컴퓨터 프로그래머나 막노동을 하는 산업 근로자에 이르기까지 정말 하루하루를 섬세하게 계획하고 실천해 점검하고, 또 계획을 수정하고 실천해가야 승산이 있다는 것입니다. 대강 대강 살아가는 그런 시대는 벌써 지나갔습니다. 여러분이 가장 어려울 때 찾아오셔서 희망과 비전을 주시는 예수 그리스도를 만나시고, 잠 잘 때나 일할 때 늘 함께 하시는 보혜사 성령님과 항상 동행하시기를 바랍니다.

· 함께 읽어요 : 요한복음 14장 26절

"26 보혜사 곧 아버지께서 내 이름으로 보내실 성령 그가 너희에게 모든 것을 가르치고 내가 너희에게 말한 모든 것을 생각나게 하리라."

3. 철저하게 준비하면 '여호와 이레'의 복을 주십니다(창 22:9~19).

오늘날 성도들은 '은혜'나 '복'을 받고 '성공'이라면 머리가 깨질 만큼 발디딜 틈도 주지 않고 들이 밉니다. 그러나 원하는 만큼 세심하고 철저하게 준비해 가는 사람은 많지 않습니다. 정말 열심히 철저하게 공부한 학생은 시험 기간이 즐겁습니다. 준비는 성경 전체에 흐르고 있는 주제입니다.

아모스 선지자는 "이스라엘아 네 하나님 만나기를 준비하라"(암 4:12)고 외칩니다. 다윗은 이미 목동 시절에 그의 사역 전반에 필요한 부분을 양치기 소년시절부터 ① 맹수의 공격을 이기기 위해 체력을, ② 여호와 하나님을 찬양하기 위해 작시(作詩)와 악기 제작, 물매를 던져 이마를 맞출 만큼 치밀한 지력을, ③ 수금을 타면 병이 나을 만큼 기도와 치유의 영력 등을 스스로 준비하고 익혀갔던 것입니다. 아브라함이 철저하게 준비하니 부족한 부분은 '여호와 이레'(여호와 산에서 준비하심)의 복으로 채워 주셨던 것입니다. 수풀에 걸린 수양으로 대신 준비해 주신 것입니다.

· 함께 읽어요 : 아모스 4장 12절

"12 그러므로 이스라엘아 내가 이와 같이 네게 행하리라 내가 이것을 네게 행하리니 이스라엘아 네 하나님 만나기를 준비하라."

정리하는 말

오늘날 성도들과 특별히 젊은이들의 삶을 보면 저게 진정 성도가 가야 할 길인가? 그 길이라면 왜 저렇게 펑펑 놀고만 있는가? 왜 젊었을 때 철저하고 섬세하게 준비하지 않는가? 정말 안타까울 때가 많습니다. 사랑하는 성도 여러분! 주님을 향해! 미래를 향해! 희망과 꿈과 목표를 분명히 가지시고 철저하고 세밀하게 준비하면서 성공된 인생 살아가시기를 바랍니다.

평가와 결심

1. 여러분들이 첫째 준비해야 할 것이 무엇입니까?
   (창 22:1~2, 부르심에 대답할 준비)
2. 성도들이 인생길에서 둘째로 준비해야 할 것은 무엇입니까?
   (창 22:3-9, 주님의 명령 순종하려는 준비)
3. 철저하게 준비한 사람에게 주시는 여호와 하나님의 복은?
   (창세기 22:10-19, 14, 여호와 이레의 복)

주간 경건의 시간 <4> · 날마다 말씀과 함께

요일 내용	주일/월(Mon)	화(Tue)	수(Wed)	목(Thu)	금(Fri)	토(Sat)
찬송	39동 / 25동	338/ 364	393/ 447	95 / 82	246/ 221	268/ 202
성경	창22:/ 창23:	창 24:	창 25:	창 26:	창 27:	창 28:
적용	여호와이레/ 막벨라 굴	이삭의 결혼	아브라함의 별세	백배의 농사	맘껏 축복하소서	꿈에 사닥다리

* 계획은 사람이 하지만 이루시는 이는 하나님이시다. <영·미 격언>

제5과

브니엘을 구하며 사는 삶

찬송 / 488, 354, 186 / 통 539, 394, 176
성경 / 창세기 32:1-32
요절 / 창세기 32:31
"그가 브니엘을 지날 때에 해가 돋았고 그의 허벅다리로 인하여 절었더라."
목표 / 하나님의 얼굴을 구하며 살아가는 브니엘의 삶의 비결을 배운다.

시작하는 말

인간은 싫어하는 사람을 만나면 얼굴을 돌립니다. 평소 잘 지내던 사람이 배신을 하면 관계를 끊어버립니다. 본문에서 야곱은 얍복 강가에서 생애 최대의 외로움을 겪습니다. 하나님의 명령에 순종하여 큰 마음먹고 귀향하는 길에 20년 처가살이에다가 외삼촌 몰래 도망 나온 신세에 화해치 않은 형 에서가 400명의 군대를 거느리고 오고 있다는 것입니다.

야곱은 강 건너에 짐승과 가족을 다 보내 놓고, 홀로 밤을 지새우면서 하나님의 사람으로 더불어 밤새 씨름하다가 허벅지 관절이 위골되어 절었습니다. 헤밍웨이의 소설 『노인과 바다』에서 산티아고라는 노인처럼 야곱은 모두 다 잃었다는 느낌이었을 것입니다.

오늘의 말씀

1. 인생은 비전과 꿈의 크기에 따라 달라집니다(32:1-8).

야곱은 형, 에서의 낯을 피하여 밧담 아람 외삼촌의 집으로 피신 합니다. 거기서 오직 재산 모으기 위해서 노력합니다. 꿈에 보여 진 대로 얼룩무늬 있는 것, 점 있는 것, 아롱진 것들이 야곱의 것이라고 하면 그에게 보여 진 얼룩무늬 양들이 다 그의 것이 되었습니다. 요셉은 누명을 쓰고 보디발의 가정 옥중에 갇혔을 때라도 '형들의 곡식 단이 둘러서서 절하는 꿈'과 '해와 달과 열 한 별이 그에게 절하는 꿈'을 생각하면서 묵묵히 성실하게 일했습니다. 나다나엘 호손의 단편 『큰 바위 얼굴』 처럼 무엇을 바라보며 꿈을 꾸느냐에 따라 위대한 모습을 닮고, 인생이 달라지며 만들어져 가는 것입니다. 이것이 하나님이 주신 '꿈의 법칙'입니다. 꿈은 포기하지 않으면 언젠가는 이루어지는 것입니다. 야곱은 재산과 아내들을 앞세우고 꿈에도 그리던 고향을 향해 한걸음, 한걸음 발걸음을 옮기고 있습니다.

· 함께 읽어요 : 창세기 37장 7절

"7 우리가 밭에서 곡식 단을 묶더니 내 단은 일어서고 당신들의 단은 내 단을 둘러서서 절하더이다."

2. 꿈을 가지고 터널을 통과할 때 기도가 약입니다(창 32:9-12).

야곱은 절대 위기의 순간에 '내 조부 아브라함의 하나님! 내 아버지 이삭의 하나님 여호와'께 기도합니다. "네 고향 네 족속에게로 돌아가라. 내가 네게 은혜를 베풀리라"는 약속을 붙들고 간절히 기도합니다. 그리고 미약한 자신의 옛 기억을 토로합니다. 신세타령이 아니라 "나는 주께서 종에게 베푸신 모든 은총과 모든 진실하심을 조금도 감당할 수 없사오나 내가 내 지팡이만 가지고 이 요단을 건넜더니 지금은 두 떼나 이루었나이다"(10절)라고 지난날에 도우신 하나님께 확신에 찬 간증과 더불어 절대 절명의 위기 속에서 이렇게 기도합니다. "내가 주께 간구하오니 내 형의 손에서, 에서의 손에서 나를 건져내시옵소서"(11절)라고 말입니다.

사랑하는 성도 여러분! 여러분이 인생의 극한 고난의 터널을 통과할 때 무엇보다 진실하신 하나님의 약속이신 말씀을 붙들고 간절히 기도해 보십시오. 그리고 그 고난과 역경, 핍박을 밀쳐내려고만 하지 말고 잘 참아내고 견디면서 잔뼈가 굵어지기까지 성장통을 인내하며 꿈을 버리지 마십시오. 야곱은 철저하게 자신의 나태와 싸워 이긴 대기만성(大器晩成)의 본보기입니다. 여기에 그의 성공과 목표 달성을 위한 불굴의 노력과 고난의 터널에서의 기도는 문제해결의 열쇠가 되었습니다.

· 함께 읽어요 : 창세기 32장 11절
"11 내가 주께 간구하오니 내 형의 손에서, 에서의 손에서 나를 건져내시옵소서. 내가 그를 두려워함은 그가 와서 나와 내 처자들을 칠까 겁이 나기 때문이니이다."

3. 그 기도의 응답은 '이스라엘'과 '브니엘'이었습니다(창 32:13-32).

요즘은 저는 "하나님! 저를 기억하시고 긍휼히 여겨주옵소서"라는 기도를 많이 합니다. 오늘날 많은 신자들은 부와 명예와 영화를 구합니다. 그러나 진정 우리가 기도해야 될 것은 '하나님의 자비하심과 긍휼히 여김을 받는 것'입니다. 부흥 집회나 기도원 집회 등에서 은사를 사모하다가 방언이나 신유의 은사를 받는 것도 중요하지만 정작 필요한 것은 하나님이 인정해 주시는 '이스라엘'의 은혜요, '하나님의 얼굴'의 광채를 받고 입는 것입니다. 하나님을 마치 종처럼 부리는 것이 아니라 하나님께서 내려주시는 '하나님과 겨루어 이겼다'는 판정 그 자체인 것입니다. 돈을 벌어서 무엇 합니까? 유명해져서 무엇 합니까? 하나님께 외면당하면 성공이, 성공이 아니며, 행복이 불행일 수 있습니다. 하나님의 얼굴을 구하며 사시기 바랍니다.

· 함께 읽어요 : 시편 24장 3, 6절
"3 여호와의 산에 오를 자가 누구며 그의 거룩한 곳에 설 자가 누구인가
6 이는 여호와를 찾는 족속이요 야곱의 하나님의 얼굴을 구하는 자로다."

정리하는 말

오늘날 성도들의 삶을 보면 성도로서 무엇인가 열심히 봉사하며 살아가는 것 같은데, 하나님의 얼굴을 등지고 살아가는 이들이 많습니다. 왜 그렇습니까? 진리와 빛에 반항하며 선(善)에 등을 돌리고, 하나님께는 얼굴을 돌리고 어둠의 세력에 끌려 살아가기 때문입니다. 이들의 신앙의 자세는 흐트러져 있고, 방향을 잃고 무엇엔가 쫓기며 불안하게 살아가고 있습니다. 하나님의 얼굴을 구하며 빛에 살아가시기를 바랍니다.

평가와 결심

1. 야곱이 나름대로 성공하고 지금 꿈이 무엇이라고 생각합니까?
   (창 32:3-8, 재산을 지키고 안전을 도모하는 것)
2. 야곱이 그의 성공과 꿈을 지키는 유일한 방법이 무엇입니까?
   (창 32:9-12, 고난의 터널에서 하나님께 기도하는 것)
3. 야곱이 얍복강 기도로 얻은 은혜가 무엇이었습니까?
   (창세기 39:28-30, '이스라엘'이란 이름과 '브니엘'의 복)

주간 경건의 시간 <5> · 날마다 말씀과 함께

요일 / 내용	주일/월(Mon)	화(Tue)	수(Wed)	목(Thu)	금(Fri)	토(Sat)
찬송	25동 / 74동	266/ 200	320/ 350	336/ 383	370/ 455	388/ 441
성경	창29:/ 창30:	창 31:	창 32:	창 33:	창 34:	창 35:
적용	라헬/ 너로 인하여	벧엘의 하나님	하나님의 군대	에서의 화해	세겜에서의 욕	벧엘로 올라가자

* 사람이 이 세상에서 사는 것은 마치 달리는 백마가 틈 사이를 지나감처럼 빠르다.
<장자, B.C. 365~290, 중국 춘추전국시대 사상가, 도학자>

2단원 전심 기도의 달

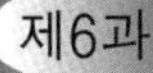

성결의 영으로 기도하라

찬송 / 441, 440, 439 / 통일 498, 497, 496

성경 / 로마서 1:1-17

요절 / 고린도전서 14:15

"그러면 어떻게 할까? 내가 영으로 기도하고 또 마음으로 기도하며 내가 영으로 찬송하고 또 마음으로 찬송하리라."

목표 / 성도의 삶은 기도의 삶인 줄 알고 성령으로 기도하는 습관을 가지게 한다.

시작하는 말

여러분! 성령 안에서 살아가는 길이 무엇이라고 생각하십니까? 육체를 지닌 사람들이 영으로 살아간다는 것은 수영만큼이나 힘이 듭니다. 자유형에서 호흡하는 법이 참 어렵습니다. 그러나 수영도 물에서 숨을 쉬며 헤쳐가는 법만 익히면 간단합니다. 그렇습니다. 신앙생활에서도 성령으로 기도하는 법만 익히면 자연적으로 성령의 인도를 받아 살게 되는 것입니다. 그래서 바울은 '내가 영으로 기도하고 또 마음으로 기도하며'(고전 14:15)라는 표현을 한 것입니다. 그러면 어떻게 성령으로 기도할 수 있을까요?

오늘의 말씀

1. 성령은 복음과 함께 이미 약속되었습니다(롬 1:1~4).

바울은 '복음을 위하여 택정함'을 입었다고 했습니다. 어린이들은 어머니의 태중의 양수에서 이미 헤엄치는 연습을 했기 때문에 태어나면 물에서 유영(遊泳)을 잘한다고 합니다. 바울은 '복음은 하나님이 선지자들을 통하여 그의 아들에 관하여 성경에 미리 약속하신 것'이라고 합니다.

그러면서 아들 예수 그리스도는 ① 육신으로는 다윗의 혈통에서 나셨고 ② 성령으로는 죽은 자들 가운데서 부활하신 능력으로 하나님의 아들로 선포되셨다고 합니다(3-4절). 다윗은 성령의 영감으로 시편 150편 중에 73편이 다윗의 시입니다. 다윗은 수금을 타면 악귀가 물러가는 영감을 지녔습니다. 사도들은 성령의 능력으로 병을 고치며 능력의 복음을 증언했습니다. 이는 다 약속하신 성령의 역사인 것입니다.

· 함께 읽어요 : 사도행전 2장 17절

"17 하나님이 말씀하시기를 말세에 내가 내 영을 모든 육체에 부어 주리니 너희의 자녀들은 예언할 것이요 너희의 젊은이들은 환상을 보고 너희의 늙은이들은 꿈을 꾸리라."

2. 나라와 교회 성도들에게 은혜와 평강을 주십니다(롬 1:5~17).

오늘날 세계 선교역사상 한국은 놀라운 영적 강국임을 인정합니다. 그 영적 성장의 원인은 새벽기도와 철야기도, 부흥집회와 기도원의 기도 운동입니다. 정말 직장생활하면서 새벽기도를 한다는 것은 정말 힘듭니다. 그러나 여러 어려운 중에서도 이를 이기고 기도에 매어달린 수많은 사람들로 인하여 이 나라가 발전했음을 믿으시기 바랍니다. 정말 기도는 직분자나 성도들에게 필수 불가결한 삶의 한 부분이며, 은혜와 평강의 산실이기도 합니다. 누가 세상을 망하기를 바라고 있습니까? 우리 성도들은 태초에 '하나님의 영', 성령님이 수면에 운행하심 같이 성령의 기도로 세상에 은혜와 평강을 제공해야 합니다. 자고로 위대한 신앙의 지도자들은 다 기도의 용장들이었습니다. 홍해를 건너게 한 모세의 기도! 태양을 멈추게 한 여호수아의 기도! 골리앗을 물리친 다윗의 기도! 사랑하는 성도 여러분! 겟세마네의 예수 그리스도의 피 눈물의 기도는 인류를 구속하시고 구원하셨습니다. 어느 시대나 기도로 하나님의 진노를 면한 것처럼, 민족이 은혜와 평강을 누리며 살아가는 비결은 오직 성령으로 기도하는 방법이 최고의 약속이며 유산입니다. 아래 성경 구절을 읽으시면서 다윗의 심장으로 기도하시기를 바랍니다.

· 함께 읽어요 : 시편 51편 10~11절

"10 하나님이여 내 속에 정한 마음을 창조하시고 내 안에 정직한 영을 새롭게 하소서 11 나를 주 앞에서 쫓아내지 마시며 주의 성령을 내게서 거두지 마소서."

3. 성령의 기도는 죄악을 이기며 성도를 의롭게 합니다(롬 1:17-32).

바울은 '하나님을 알 되 하나님을 영화롭게도 아니하며 감사하지도 아니하고 오히려 그 생각이 허망하여지며 미련한 마음이 어두워졌나니'(21절). 하나님의 영광을 썩어질 사람과 새와 짐승과 동물 모양의 우상으로 바꾸었고, 이 때문에 하나님께서 그들을 부끄러운 욕심에 내버려 두었다고 했습니다. 그들이 마음에 하나님 두기를 싫어하매 하나님께서 그들을 상실한 마음대로 내버려 두사 합당하지 못한 일을 하게 하셨다고 했습니다. 곧 불의, 추악, 탐욕, 악의, 시기, 살인, 분쟁, 사기, 악독, 수군수군함, 비방, 하나님께서 미워하는 자, 능욕하는 자, 자랑하는 자, 악을 도모하는 자, 부모 거역, 우매, 배약, 무정, 무자비 함 등 사형에 해당하는 자들을 믿음으로 옳다 인정하셔서 '의'(義)에 이르게 인도했습니다. 성령의 기도는 지은 죄를 통회케 하여 믿음으로 의로운 심령으로 바꾸어 죄악을 이기며 의로 살아가게 하십니다.

· 함께 읽어요 : 로마서 1장 17절

"17 복음에는 하나님의 의가 나타나서 믿음으로 믿음에 이르게 하나니 기록된 바 오직 의인은 믿음으로 말미암아 살리라 함과 같으니라."

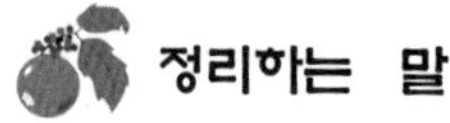

정리하는 말

여러분! 악이 가득한 세상을 이기며 살아가는 최선의 방법이 무엇입니까? 복음과 함께 약속된 성령으로 살아가는 방법입니다. 여러분들은 영으로 기도합니까? 아니면 욕심으로 기도합니까? 욕심으로 기도하면 기도가 이루어지지 않을 때 낙심하며 신앙이 무너집니다. 항상 기뻐하고, 쉬지 말고 기도하며, 범사에 감사하는 균형 잡힌 신앙생활을 위해 성결의 영으로 기도하시기를 간절히 소원하며 부탁드립니다.

평가와 결심

1. 복음과 약속된 것이 무엇입니까?(롬 1:1~4)
   (성결의 영 곧 성령임)
2. 성령께서 주시는 최상의 선물이 무엇입니까?(롬 1:7)
   (은혜와 평강)
3. 성령의 기도로 이기고 얻어지는 것이 무엇입니까?(롬 1:17~32)
   (죄악을 이기며 믿음으로 의롭게 함)

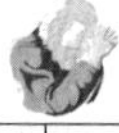

주간 경건의 시간 <6> · 날마다 말씀과 함께

요일 / 내용	주일/월(Mon)	화(Tue)	수(Wed)	목(Thu)	금(Fri)	토(Sat)
찬송	74동 / 87동	428 / 488	429 / 489	430 / 456	432 / 462	433 / 490 173/ 184
성경	롬 1: / 롬 2:	롬 3:	롬 4:	롬 5:	롬 6:	롬 7:/ 8:
적용	성결의 영 / 하나님의 심판	하나님의 의(義)	아브라함 의 믿음	의롭다하심 받은 자의 삶	하나님의 은사	율법과 죄/ 성령의 법

* 말이 적으면 적을수록 훌륭한 기도다. <마르틴 루터, 1483-1546, 독일 종교개혁자>

2단원 전심 기도의 달

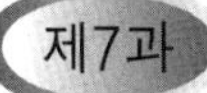
제7과

약속을 붙잡고 기도하라

찬송 / 434, 435, 436 / 통 491, 492, 493
성경 / 로마서 9:1-33
요절 / 로마서 9:9
"약속은 이것이니 명년 이 때에 내가 이르리니 사라에게 아들이 있으리라."
목표 / 약속을 붙잡고 전심으로 기도하는 태도를 기른다.

시작하는 말

믿음의 조상 아브라함도 하나님의 '약속을 붙잡고 기도'하는 데는 한계가 있었던 것 같습니다. 창세기 16장 16절 끝 절에서 아브라함이 하갈을 통해 이스마엘을 낳을 때가 86세였습니다. 17장 1절 '아브람이 99세 때'에야 여호와께서 아브람에게 나타나십니다. 잃어버린 세월이 무려 13년입니다. '하나님의 약속'을 잊어버린 결과는 이토록 처절하고 잔인합니다. 13년이나 여호와께서는 아브람에게서 숨으셨습니다. 사랑하는 성도 여러분! 여러분들은 하나님의 약속을 등한시 한적이 없으십니까? 하나님이 얼굴을 돌리신 적이 없으십니까? 아브람 한 사람의 복은 창세기 12장에 약속한 것처럼 이스라엘과 땅의 모든 족속에 미칩니다(창 12:3).

오늘의 말씀

1. 이스라엘에게 주신 약속과 복이 무엇입니까?(롬 9:1~7)

바울은 골육 친척의 구원과 생명을 위하여 자신이 저주를 받아 그리스도에게서 끊어질지라도 원하는 바라고 했습니다. 바울의 특별한 애족심이 돋보입니다. 역사적으로 모든 크리스천은 애국애족심이 각별했습니다. 야곱이 얍복 강가에서 끈질긴 기도는 그의 가족은 물론 후손에게 '이스라엘의 복'을 물려준 것입니다. 이스라엘 사람에게 주신 구체적인 복이 본문에 나열되었으니, '양자됨과 영광과 언약들과 율법을 세우신 것과 예배와 약속들'(4절), 그리스도가 이스라엘에게서 나오는 큰 복을 받은 것입니다. 바로 '그리스도는 만물 위에 계셔서 세세에 찬양 받으실 하나님'이십니다. 그분이 우리를 하나님과 화목하게 하셨습니다. 곧 '예배'를 통해 하나님께 나아갈 수 있으며, 하나님의 양자됨과 영광과 언약들을 누릴 수 있게 되었습니다. '제사 드림', 곧 '성령과 진리로 예배드림'으로 '성령님과 교제하며 동행'할 수 있게 된 것입니다.

· 함께 읽어요 : 요한복음 4장 24절, 로마서 12:1,
"24 하나님은 영이시니 예배하는 자가 영과 진리로 예배할지니라."
"1 그러므로 형제들아 내가 하나님의 모든 자비하심으로 너희를 권하노니 너희 몸을 하나님이 기뻐하시는 거룩한 산 제물로 드리라. 이는 너희의 드릴 영적[1] 예배니라."

2. 아브라함에게 주신 약속의 자녀의 씨여야 합니다(롬 9:8~13).

성경을 읽으면서 이해가 되지 않는 부분이 있다면 바로 여기 있습니다. "내가 야곱은 사랑하고 에서는 미워하였다"는 말씀입니다. 이는 어머니 리브가가 그를 임신했을 때 '큰 자가 어린 자를 섬기리라'는 예언적 축복(롬 9:12)과 팥죽 한 그릇으로 장자권을 매수한 사건(창 27:1~45)에서 벌써 '축복'이 보입니다. 벧엘에서 받은 하나님의 약속을 믿으며, 그는 하나님의 집(성전)과 십일조의 약속(창 2820~22), 외삼촌의 딸들과 결혼하여 12지파의 민족 골격을 형성, 끈질긴 기도를 통한 '이스라엘의 복'을 받아냈습니다(창 32:28). 에서가 값싸게 여겼던 '장자의 축복'은 가나안의 기업뿐만 아니라 그의 후손들의 구원에 대한 약속까지도 포함되어 있었습니다. 그의 이

1) '영적'(*λογικήν/ λογικός*:로기코스) 예배란 '합당한' 예배, '마땅한' 예배를 말한다.

름인 '야곱'과 '이스라엘'은 민족 전체를 가리키거나 민족을 대표하는 이름이 되었습니다. 사랑의 하나님께서 왜 야곱을 편애하셨는지에 대한 의문은 그의 생애를 더듬어보면 이해가 됩니다. 하나님은 야곱처럼 그분의 약속을 든든히 붙잡고 살아가는 인생들에게 야곱처럼 축복을 허락하신 것이 분명하다는 것이 성경에 나타난 일관된 진리인 것입니다. 아브라함에게 주신 약속이 야곱에게 그리고 요셉에게로 이어진 것입니다.

· 함께 읽어요 : 로마서 9장 11절

"11 그 자식들이 아직 나지도 아니하고 무슨 선이나 악을 행하지 아니한 때에 택하심을 따라 되는 하나님의 뜻이 행위로 말미암지 않고 오직 부르시는 이로 말미암아 서게 하려 하사"

3. 하나님의 약속의 성취는 의로우신 성취이십니다(롬 9:14~33).

모세에게 "내가 긍휼히 여길 자를 긍휼히 여기고 불쌍히 여길 자를 불쌍히 여기리라" 하셨으며, 하나님께서는 바로를 강퍅하게 하심같이 '하나님의 주권 하에서 긍휼히 여길 자는 긍휼히 여기시고 완악하게 하실 자는 완악하게' 하십니다(18절). 그러나 하나님께서 불의하시거나 고의적으로 골탕을 먹이시는 그런 분이 아니십니다. 그러므로 하나님의 약속은 선하시며, 악한 자 하나라도 돌아오기를 오래도록 기다리시는 분이십니다.

호세아 선지자의 글에도 "내가 백성이 아닌 자를 내 백성이라, 사랑하지 아니한 자를 사랑한 자라 부르리라"(호 2:23)고 하십니다.

'의를 따르지 아니한 이방인들이 의를 얻었으니 곧 믿음에서 난 의'라고 하십니다. 아멘 할렐루야! 오직 믿음으로 된 의인은 사는 법입니다. 그리스도를 믿는 자는 결코 부끄러움을 당하지 아니합니다.

· 함께 읽어요 : 로마서 9장 30절

"30 그런즉 우리가 무슨 말을 하리요 의를 따르지 아니한 이방인들이 의를 얻었으니 곧 믿음에서 난 의요."

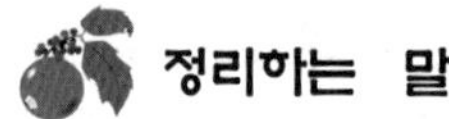

정리하는 말

사랑하는 성도 여러분! 세상에서 '약속'을 지키지 않는 사람이 정말 얄미운 사람입니다. 하나님께서는 구약에서 약속하신 약속을 그대로 성취하셨습니다. 예수 그리스도께서도 십자가상에서 '다 이루었다.'고 하셨습니다. 바울은 "…이는 성경대로 그리스도께서 우리 죄를 위하여 죽으시고, 장사 지낸 바 되셨다가 성경대로 사흘 만에 다시 살아나사"(고전 15:3하~4)라고 했습니다. 약속을 믿고 약속을 붙잡고 기도하셔서 기도의 응답을 받으시고, 날마다 승리하시기를 바랍니다.

평가와 결심

1. 양자됨과 율법, 영광과 예배와 약속들을 누구에게 주셨습니까?
   (롬 9:1~5, 이스라엘 사람에게 주심)
2. 아브라함에게 주신 최고의 약속이 무엇입니까?
   (롬 9:6~8, 약속의 자녀의 씨)
3. 하나님의 약속의 성취가 불의하십니까?
   (롬 9:14~33, 아닙니다. 의로운 성취이심)

주간 경건의 시간 <7> · 날마다 말씀과 함께

요일 / 내용	주일/월(Mon)	화(Tue)	수(Wed)	목(Thu)	금(Fri)	토(Sat)
찬송	36동 / 37동	438 / 495	442 / 499	443 /	444 /	445 / 502
성경	롬 9: / 10:	롬 11:	롬 12:	롬 13:	롬 14:	롬 15:/ 16:
적용	약속의 자녀/ 믿음의 말씀	이스라엘의 남은 자	영적 예배의 삶	사랑의 빚	믿음이 연약한 자	선과 덕/ 교회 문안

* 인간의 삶은 궁핍의 연속이므로 끊임없이 간구함이 당연하다. <사무엘 오스굿>

2단원 전심 기도의 달

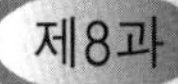
제8과

하나님의 능력을 구하라

찬송 / 347, 400, 493, 399 / 통 382, 463, 545
성경 / 고린도전서 4:1~21
요절 / 고린도전서 4:20
"하나님의 나라는 말에 있지 아니하고 오직 능력에 있음이라."
목표 / 언약의 말씀을 기초해 하나님의 능력을 구하는 태도를 갖게 한다.

시작하는 말

세상에는 일꾼이라 자처하는 자가 많습니다. 누구는 누구의 사람이라고 합니다. 1절에 보면 바울 사도와 함께 일하는 자들을 '그리스도의 일꾼' 또는 '하나님의 비밀을 맡은 자'로 여기라고 합니다.

고린도 교회는 당파와 분쟁, 제사와 은사 문제, 음란 등 입에 담지 못할 사건 사고들이 많이 있었습니다. 한마디로 문제가 많았습니다. 이런 교회의 목회자들은 정말 힘들고 피가 마릅니다. 이때에 먼저 목회자들과 동역자들의 위상을 말씀합니다. 그리고 대처 방법을 모색하고 가르치며, 교훈들을 말씀하면서 '능력' 받을 것을 암시하고 있습니다.

오늘의 말씀

1. 맡은 자들에게 구할 것은 '충성'입니다(고전 4:1~5).

오늘날도 교회 내에서 교역자들에 대한 성도들의 지지도가 비교가 됩니다. 그래서 비평하고 파당이 생깁니다. 본문에서 바울 사도야말로 그리스도의 일꾼이요, 하나님의 비밀을 맡은 자입니다. 그들은 이전에 아볼로에게서, 또한 게바에게서 그리고 지금은 바울에게서 은혜와 복을 받고 있습니다. 자기가 좋아하는 목회자의 장점에 대하여 수군수군하며 다니자 자연히 서로 감정의 골이 깊어지기 시작하고, 결국 교회의 평형이 깨지는 위협을 받게 되었습니다. 이런 문제가 초기에 진화되지 않으면 교역자들에 대한 불만이 심지어 교회에 대한 불신으로 치달아 교회 봉사와 충성은 제쳐두고 감정 싸움에만 앞서게 됩니다. 믿음도 식어지고, 충성은커녕, 교회분열까지 초래하는 경우가 생깁니다. 사람의 판단은 중요치 않습니다. 판단은 주님께 맡기고, 일을 맡은 자들에게 구할 것은 오직 '충성'뿐인 줄 아시기 바랍니다.

· 함께 읽어요 : 고린도전서 4장 12절
"12 그리고 맡은 자들에게 구할 것은 충성이니라."

2. 그리스도의 일꾼은 '말씀'과 '기도'에 충실해야 합니다(고전 4:6-13).

농기구가 귀할 때는 시골에서 없는 농기구를 이웃집에서 빌려다가 사용했습니다. 농사꾼은 농기구가, 어부에게는 어구(漁具)가 있어야 합니다. 바울 이전에 시무했던 아볼로는 변론술이 뛰어나고 구약성경 지식에 정통했습니다. 베드로는 예수님의 수제자였던 만큼 나름대로 비교가 되었습니다. 성도들은 이런 목회자들을 두고 서로 비교해 서열을 메긴다거나 판단해서는 안 됩니다. 하나님의 사역자들이 최선을 다해 말씀 연구에 최선을 다하며, 영적 기도에 매달려 성령의 능력을 얻어야 합니다.

하나님의 종들에게 대해 자신이 가장 잘 아는 것처럼 그들의 설교자와 교사와 사역자로서의 은사를 판단할 수 있는 능력이 자신에게만 있다고 하면서 교만해져서는 안 되는 것입니다. 오직 그리스도의 일꾼은 바울이 목회자 디모데에게 권면한 것처럼 늘 감사하면서 "하나님의 말씀과 기도로 거룩하여 짐이라"(딤전 4:5). 이 말씀을 묵상하면서 거룩한 행실과 경건함으로 주님 맞을 준비를 합시다. 혹 성도 중에 믿음에서 떠나 미혹하는 영과 귀신의 가르침을 따르는 자들은 경계해야 합니다.

· 함께 읽어요 : 디모데전서 4장 1절
"1 그러나 성령이 밝히 말씀하시기를 후일에 어떤 사람들이 믿음에서 떠나 미혹하는 영과 귀신의 가르침을 따르리라 하셨으니"

3. 하나님의 나라는 실제적인 '능력'에 있습니다(고전 4:14~21).

예수께서 전하신 복음의 일성이 '하나님의 나라'였습니다. 오늘날 세상은 점점 귀신의 나라에 접근했다 해도 과언이 아닙니다. 정치적인 힘으로 포교를 하는가하면 이제는 경제적으로 오일 머니(Oil money)까지 상륙하여 그간 부흥 성장했던 대한민국의 영적인 영토를 점점 압박해 오고 있습니다. 주님이 원하셨던 하나님의 나라! 주의 종들이 그토록 기다렸던 그의 나라! 우리 성도들은 천국 일꾼들입니다. 하나님 나라 건설을 위하여 우리가 해야 할 일을 위해 '능력'을 받아야 합니다. 성령을 충만히 받아 열리는 열매들을 맺어야 하나님 나라에 들어갈 수 있습니다. '무엇을 먹을까 무엇을 마실까 무엇을 입을까?' 그것보다 더 긴급한 것이 있습니다. '하나님의 나라'와 그의 '의'(義)를 구해야 합니다. '천국 잔치'에 참여하고, 그의 '의'를 위해 오늘 우리는 '믿음과 순종의 기름'을 준비하고, '소망의 심지'를 돋워야 합니다. 구원과 생명은 깨어있는 자에게 주어집니다. 깨어 믿음의 장부답게 굳게 서서 등불을 밝히고, 사랑과 인내와 신앙으로 가파른 세상을 이겨 가시기를 바랍니다.

· 함께 읽어요 : 마태복음 6장 33절
"33 너희는 먼저 그의 나라와 그의 의를 구하라 그리하면 이 모든 것이 너희에게 더하시리라."

정리하는 말

세상에서 믿음생활을 하다보면 교역자들의 속을 지질히도 썩이는 분들이 있습니다. 마치 목사를 위해 신앙생활을 해주는 것처럼 행동하는 분들 말입니다. 나무나 같아야 베어낸다고 하지요. 떠나지도 않고 무던히 괴롭히는 분들을 구역장님은 어떻게 하시겠습니까? 대책이 없습니다. 사도 바울 같은 권능이나 있어야 하지 않겠습니까? 하나님의 나라는 말에 있지 않고 '능력'에 있다고 했습니다. 복음의 능력! 사랑의 능력! 치유의 능력 받아, 가르침을 받는 자들을 믿음, 소망, 사랑의 골드 트라이앵글 보물로, 날마다 성령 충만하게 하여 승리하게 하시기를 바랍니다.

평가와 결심

1. 맡은 자들에게 구할 것이 무엇입니까?
   (고전 4:2, 충성임)
2. 그리스도의 일꾼은 무엇에 충실해야 합니까?
   (딤전 4:5, 날마다 거룩해 지는 말씀과 기도에)
3. 하나님의 나라는 말보다 무엇에 있다고 하였습니까?
   (고전 4:20, 능력에 있다고 함)

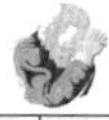

주간 경건의 시간 <8> · 날마다 말씀과 함께

요일 / 내용	주일/월(Mon)	화(Tue)	수(Wed)	목(Thu)	금(Fri)	토(Sat)
찬송	39동/ 73동	320/ 350	325/ 359	359/ 401	366/ 485	426/ 215
성경	고전 1: / 2:	고전 3:	고전 4:	고전 5:	고전 6:	고전7:/ 8:
적용	은혜와 평강 / 십자가	하나님의 동역자들	그리스도의 일꾼	음행한 자 판단하라	세상 법정 송사 거부	결혼 / 례 우상 제물

* 사랑으로 거리낌 없이 구하는 소박한 심령은 응답을 받는다. <죤 그린리프, 미국 시인>

2단원 전심 기도의 달

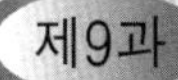

하나님의 영광을 구하라

찬송 / 539, 427, 428 / 통 483, 516, 488
성경 / 고린도전서 10:1-33
요절 / 고린도전서 10:31
"그런즉 너희가 먹든지 마시든지 무엇을 하든지 다 하나님의 영광을 위하여 하라."
목표 / 성도들마다 '하나님의 영광'을 구하며 살아가는 태도를 기른다.

시작하는 말

우리는 흔히 '하나님께 영광을 돌린다.'는 표현을 자주 씁니다. 일반적으로 부(富)와 소유, 성공과 능력의 빛나는 명예를 뜻하는 단어이나 히브리어 카-보-드(כָּבוֹד)의 의미는 '무게'와 '덩어리'라는 뜻입니다. 신학용어로 성경 전체의 역사에서 큰 비중을 차지하며 계시의 모든 내용도 실상은 '여호와의 영광'에 그 목적을 두고 있습니다. 시내 산에서 모세는 구름에 싸인 눈부신 '여호와의 영광'을 보았습니다. 본문에서의 명령 '하나님의 영광을 위하여 하라'는 말씀에 순종하며 살아가야 합니다.

오늘의 말씀

1. 이스라엘의 배신적인 행위를 경고로 삼아야 합니다(고전 10:1~5).

이스라엘 백성들은 광야생활에 필요한 모든 것을 공급받았습니다. ①

하나님의 임재와 인도하심의 구름이 있었습니다(출 13:21~22). ② 홍해를 기적적으로 건넜습니다(출 14:13~31). ③ 구름과 바다에서 세례를 받고 모세와 그의 지도력을 따르게 되었습니다(1~2절). ④ 하나님께서 주시는 신령한 음식을 먹고, 신령한 음료를 마셨습니다(3~4절). ⑤ 반석인 그리스도의 임재가 있었습니다(4절). 그러나 이스라엘 백성들은 애굽의 노예 상태에서 해방을 주셔서 자유를 누렸건만 신실한 믿음을 지켜 가나안에 들어간 자는 소수인 여호수아와 갈렙 뿐이었습니다(민 32:12).

· 함께 읽어요 : 민수기 32장 12절
"12 그러나 그나스 사람 여분네의 아들 갈렙과 눈의 아들 여호수아는 여호와를 온전히 따랐느니라하시고"

2. 성도들에게는 감당할 시험들을 주십니다(고전 10:6~22).

하나님께서 이스라엘 백성들과 성도들에게 이스라엘을 거울로 삼아 주시는 경고입니다. ① 악한 것을 갈망하는 죄를 범하지 말라(6~12절). 탐식 탐욕의 죄(맛있는 애굽의 음식타령, 민 11:4~34), ② 간음과 음행죄(8절), ③ 주를 시험하는 죄(9절), ④ 우상 숭배의 죄(7절-이방 신에게 제사하는 행위나, 14절-금송아지 만들어 섬김). ⑤ 원망하고 탓하며 불평하는 죄를 범했습니다(출 14:11, 민 14:2).

오늘날에도 날이면 날마다 다가오는 시험들이 말로 다 할 수 없습니다. 그러나 주님께서는 우리 성도들이 감당할 시험까지만 주신다는 것입니다. 미리 겁을 먹고 떨 필요는 없습니다. 사랑하는 성도 여러분! 담대한 믿음을 가지시고 승리하며 이기시기를 간절히 소원합니다.

· 함께 읽어요 : 고린도전서 10장 13절
"13 사람이 감당할 시험 밖에는 너희가 당한 것이 없나니 오직 하나님은 미쁘사 너희가 감당하지 못할 시험 당함을 허락하지 아니하시고 시험 당할 즈음에 또한 피할 길을 내사 너희로 능히 감당하게 하시느니라."

3. 무엇을 하든지 하나님의 영광을 위하여 해야 합니다(고전10:23-33).

그리스도의 피에 참여하는 '축복의 잔'과 그리스도의 몸에 참여하는 '떼는 떡'은 성례전을 의미합니다. 주님이 정하신 '성례', 곧 '세례와 성찬'은 예배 중의 '예배'입니다. 예배 시간이야말로, 성례 예배에 참여하는 시간이야말로 최고 최상의 삼위 하나님께 드려지는 헌신인 것입니다.

'하나님의 독생자' 예수 그리스도께서 몸 버려 피 흘려주셨는데, 무엇이 아까운 게 있겠습니까?' 그러나 초대 교회의 성도들이나 오늘날 우리 성도들은 자신의 몸을 감싸는 데는 수 백 만원이 아깝지 않게 생각합니다. 그러나 주님의 성례전 장식에는 허술합니다. 펠프스 박사2)가 작사한 찬송 216장 1절과 2절을 고요히 눈 감고 함께 가사를 음미하면서 불러보세요.

♬ 1절 성자의 귀한 몸 날 위하여/ 버리신 그 사랑 고마워라./
내 머리 숙여서 주님께 비는 말/ 나 무엇 주님께 바치리까?
2절 지금도 날 위해 간구하심/ 이 옅은 믿음이 아옵나니
주님의 참 사랑 고맙고 놀라워/ 찬송과 기도를 쉬지 않네. ♬

우리의 구원은 값싼 구속이나 구원이 아닙니다. 하나님의 독생자 예수 그리스도께서 몸소 십자가를 지시고, 성령 하나님이 살리셔서 하나님의 보좌에 앉히신 분! 모든 영광을 주 하나님께! 독생자 그리스도께! 성령 하나님께 돌리시며 살아가는 복된 인생들이 되시기를 바랍니다.

· 함께 읽어요 : 이사야 55장 9절

"9 이는 하늘이 땅보다 높음 같이 내 길은 너희의 길보다 높으며 내 생각은 너희의 생각보다 높음이니라."

---

2) 이 찬송가의 가사를 쓴 실바누스 드라이덴 펠프스(S. D. Phelps, 1816~1895) 박사는 미국 코네티컷 주 태생의 목사로 문서선교에 힘썼던 분이다. 곡은 미국 필라델피아 출생의 목사요, 교수인 로버트 로우리(R. Lowry, 1826~1899)가 붙였다.

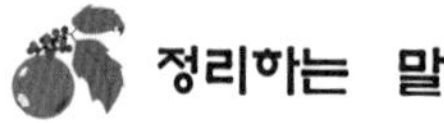

정리하는 말

성도 여러분! 어쩌면 우리는 이스라엘 백성, 고라와 다단과 아비람과 온과 같은 패역한 무리들과 다를 바 없는 사람들입니다. 우리는 모세와 주님처럼 무슨 일을 만나든지 하나님 앞에 엎드려 기도하며 문제마다 어떻게 하면 하나님께 영광을 돌릴 것인지를 생각하면서 찬송가의 가사처럼 그 사랑 고마워 찬송과 기도로 인간의 모든 영광을 주 하나님께 돌리시며 살아가시며, 하나님의 영광을 구하며 살아가시기 바랍니다.

평가와 결심

1. 이스라엘에게 모든 것을 제공해 주신 결과는 무엇이었습니까?
   (고전 10:1-5, 불평과 원망으로 일관한 배신이었음)
2. 하나님께서 주시는 시험은 어떤 정도, 어떤 방법으로 주십니까?
   (고전 10:13, 감당할 시험을 주시며 피할 길까지 주심)
3. 사람이 무엇을 하든지 어떻게 해야 하겠습니까?
   (고전 10:31, 하나님의 영광을 위하여 해야 함)

주간 경건의 시간 <9> · 날마다 말씀과 함께

요일 / 내용	주일/월(Mon)	화(Tue)	수(Wed)	목(Thu)	금(Fri)	토(Sat)
찬송	83동 / 23동	314/ 511	315/ 511	329/ 267	353/ 391	369/ 487
성경	고전 9: / 10:	고전 11:	고전 12:	고전 13:	고전 14:	고전15/ 16:
적용	사도의 권리/ 우상 숭배	여자의 머리	성령의 은사	사랑	방언과 예언	부활/ 연보

* 아침에 하나님으로부터 도망친 자는 하루 종일 그를 발견하지 못한다.

<존 번연, 1628~1688, 영구 침례교 목사, 천로역정 저자>

3단원 전도 실천의 달

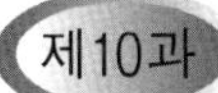
제10과

성령 세례를 받으라

찬송 / 191, 187, 186 / 통 427, 171, 176

성경 / 사도행전 1:1~26

요절 / 사도행전 1:5

"요한은 물로 세례를 베풀었으나 너희는 몇 날이 못 되어 성령으로 세례를 받으리라 하셨느니라."

목표 / 전도의 실천의 달에 성령 세례를 받고 전도하는 태도를 기른다.

시작하는 말

해마다 신년 초에는 전도를 강조합니다. 그러나 새학기가 시작되고 새 봄이 시작되는 이 시기에도 전도실천의 명령에 순종하기를 바랍니다. 사도행전은 사도 바울과 약 1~2년 동안 선교여행을 했던 누가가 누가복음의 속편으로 기록했습니다. 사도행전의 요절인 1장 8절에는 "오직 성령이 너희에게 임하시면 너희가 권능을 받고 예루살렘과 온 유대와 사마리아와 땅 끝까지 이르러 내 증인이 되리라 하시니라" 했습니다. 말하자면 '성령'과 '전도'는 불가분리의 관계요. 성령이 곧 예수의 탄생과 죽으심과 부활의 증인이시기 때문입니다.

오늘의 말씀

1. 복음의 핵심은 예수 그리스도의 죽음과 부활입니다(행 1:1~3).

누가는 이미 누가복음을 통해서 ① 예수 그리스도의 탄생과 ② 복음

사역과 ③ 십자가의 죽으심과 ④ 부활을 증언하기 위해 붓을 들었습니다. 그리고 목격자들의 증언과 일꾼 된 자들이 전하여 준 내력과 기록들을 수집하고 살폈습니다. 이제는 제2편으로 ① 사도들에게 성령으로 명하시고 ② 승천하신 날까지의 일을 기록했습니다. 누가는 약간의 복음 지식을 가지고 있었던, 복음에 대해 '차례대로' 알 필요가 있는 이방인 개종자인 데오빌로(*Θεόφιλος*, 하나님의 소중한 사람) 각하에게 확실하게 사도행전을 기록해 전달했습니다. 사도행전은 ① 1~12장까지는 베드로를 중심한 복음 사역인데, 핵심 메시지는 '회개하라'이며, ② 13~28장까지는 바울을 중심한 사역인데, 이 말씀의 핵심 내용은 '믿으라'는 것입니다.

· 함께 읽어요 : 사도행전 16장 31절
"31 이르되 주 예수를 믿으라. 그리하면 너와 네 집이 구원을 받으리라 하고"

2. 전파하는 메시지의 동력은 '믿음'입니다(행 1:4~14).

예수님의 12제자들의 복음의 주체는 ① 동정녀 탄생으로 성육신 되신 예수 그리스도! ② 십자가에서 대속의 죽음을 죽으신 예수 그리스도! ③ 성결의 영으로 부활하신 그리스도를 전하고 있는 것입니다.

로마서 10장 17절에 "그러므로 믿음은 들음에서 나며 들음은 그리스도의 말씀으로 말미암았으니라"고 했습니다. 바울은 '믿지 아니하는 이를 어찌 부르리요. 듣지도 못한 이를 어찌 믿으리요 전파하는 자가 없이 어찌 들으리요.'(롬 10:14)라고 강조합니다. 영원한 구원 열차는 믿음의 동력에 의해서 출발하는 것입니다. 찬란한 영광의 복음! 믿음의 생명줄은 전도로 말미암아 이어지는 것입니다. 우리가 주님께 받은 사명을 감당하려면 서로 믿고 한 마음이 되어야 가능합니다. 이것이 교회 부흥의 원리입니다. 믿음은 복음전파를 촉진하고 가능케 하는 열쇠입니다.

· 함께 읽어요 : 사도행전 1장 14절

"14 여자들과 예수의 어머니 마리아와 예수의 아우들과 더불어 마음을 같이하여 오로지 기도에 힘쓰더라."

3. 합심기도의 결과 '성령 세례'를 받았습니다(행 1:15~2:4).

오늘날 우리나라 신자들은 광신적인 데가 많습니다. 성경에서 약속한 것을 기다리는 인내가 부족합니다. 요한의 물 세례를 받은 자들도 성령 세례가 필요한 시점까지 기다려야 합니다. 성령 세례를 받아 무엇합니까? 예수님의 지상 사역은 하나님 나라와 성령에 대한 약속을 선포하시는 것이었습니다. 아버지의 약속하신 것은 하나님의 가장 큰 선물입니다. 성령은 하나님의 임재하심 그 자체이며, 하나님께서는 믿는 자에게 성령을 주신다고 했습니다. 세례 요한은 말하기를 "나는 너희로 회개하게 하기 위하여 물로 세례를 베풀거니와 내 뒤에 오시는 이는 나보다 능력이 많으시니 성령과 불로 너희에게 세례를 베푸실 것이요"(마 3:11) 라고 했습니다.

예루살렘 교회의 예수님의 제자들과 성도들은 성령의 감동대로 결원이 된 가룟 유다 대신 요한의 세례로부터 제자들과 함께 다니던 자 중에서 봉사와 직무를 대신할 자를 택하니 맛디아가 열 한 사도의 수에 들어갔습니다. 그리고 감람 산에서 예루살렘으로 돌아와 기도를 계속했습니다. 그러던 중에 오순절 날 그들이 함께 한 곳에 모였더니 홀연히 하늘로부터 급하고 강한 바람 같은 소리가 있어 그들이 앉은 온 집에 '불의 혀처럼 갈라지는 것'들이 보였습니다. 각 사람 위에 성령이 임하여 그들이 다 성령 충만함을 받고 성령이 말하게 하심을 따라 다른 언어로 말하기를 시작했습니다. 이제 그들은 세상을 향해 담대히 나가서 복음 전파할 준비가 된 것입니다.

· 함께 읽어요 : 사도행전 2장 4절

"4 그들이 다 성령의 충만함을 받고 성령이 말하게 하심을 따라 다른 언어로 말하기를 시작 하니라."

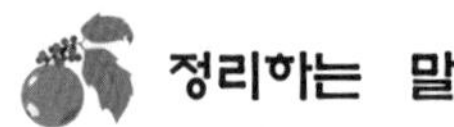

정리하는 말

오늘날 성도들 중에 성도로서 해야 할 일은 뒤로 한 채 성령의 은사만 받겠다고 설쳐대는 분들이 간혹 있습니다. 사랑하는 성도 여러분! 초대 예루살렘 교회의 성령세례를 받으려고 했던 그때의 모습을, 말씀을 통해 조용히 읽어가면서 묵상하시기를 바랍니다. 생명을 살리는 전도를 하기 원하신다면 먼저 '성령 세례'를 받으십시오. 그리고 성령의 인도하심을 바라십시오. 어렵고 힘들 때 주님은 가장 가까이에서 도우실 것입니다.

평가와 결심

1. 복음전파의 핵심이 무엇입니까?
   (행 1:1-3, 예수 그리스도의 죽음과 부활)
2. 복음 전파의 동력(動力)이 무엇으로부터 시작합니까?
   (행 1:4~14, 성령과 믿음의 동력)
3. 약속을 기다리며 같이 합심해서 기도한 결과는 무엇입니까?
   (행 2:1~4, 성령 충만함을 받음)

주간 경건의 시간 <10> 날마다 말씀과 함께

요일 / 내용	주일/월(Mon)	화(Tue)	수(Wed)	목(Thu)	금(Fri)	토(Sat)
찬송	145동 / 89동	186/ 176	187/ 171	197/ 178	196/ 174	174/ 161
성경	행 1: / 2:	행 3:	행 4:	행 5:	행 6:	행 7:
적용	성령 세례/ 성령 충만	베드로와 요한	공회에서 전도	아나니아와 삽비라	일곱 집사	스데반의 설교

* 성공적인 전도의 비결 세 가지는 자신을 보이지 않게 감추는 것이요, 자신을 보이지 않게 더 감추는 것이요, 자신을 보이지 않게 오히려 감추는 것이다. <막 까이 피엘스>

3단원 전도 실천의 달

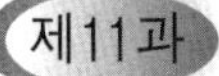

성령 받기를 기도하라

찬송 / 182, 183, 184 / 통일 169, 172, 173

성경 / 사도행전 8:1~40

요절 / 사도행전 8:17

"이에 두 사도가 그들에게 안수하매 성령을 받는지라."

목표 / 성령 받기를 위하여 기도하는 삶을 실천하도록 한다.

시작하는 말

'생명의 복음'은 핍박을 받으면 받을수록 더 확산되어가는 것을 보게 됩니다. 마치 민들레의 홀씨가 강한 바람에 흩날려 멀리 퍼지는 것과 흡사합니다. 성경 역사적으로도 예루살렘 교회가 핍박을 당하자 사도 외에는 산지사방으로 흩어져 이방 선교의 중심지가 된 안디옥, 그리고, 구라파의 복음의 거점 노릇한 마게도냐 지방, 청교도들의 신대륙으로의 이주 등 상상할 수 없을 정도로 복음은 확산되었습니다. 그 이면에는 반드시 성령의 역사가 있었던 것입니다. 상거래 형식으로 성령받기를 원했던 잘못된 방법의 경계도 있었습니다. 복음전도를 위해서는 우선적으로 '성령 세례'를 받아야 하고 '성령 충만함'이 있어야 합니다.

오늘의 말씀

1. 스데반 순교와 핍박이 복음 확신의 계기가 되었습니다(행 8:1~4).

7장에서의 스데반 집사의 메시지는 이스라엘을 최종적으로 부르시는 하나님의 초청이었습니다. 그럼에도 불구하고 거절한다면 그분의 교회를 다른 곳에 세우실 것이라는 것입니다. 다소 출신 사울이라는 선동자에 의해 스데반이 죽은 바로 그 날로부터 박해가 시작되어 매우 빠르게 진행되었습니다. 와중에 경건한 사람들이 스데반을 장사지냈습니다. 사울은 가는 곳마다 교회를 말살시키려 남녀 모두를 핍박했습니다(3절). 믿는 자들은 놀라 도망쳤습니다. 교회는 유대와 사마리아와 모든 땅으로 흩어졌으나 사도들은 계속 예루살렘에 남아있었습니다.

· 함께 읽어요 : 사도행전 8장 1절
"1 그 날에 예루살렘에 있는 교회에 큰 박해가 있어 사도 외에는 다 유대와 사마리아 모든 땅으로 흩어지니라."

2. 빌립은 사마리아 성에 내려가 전도했습니다(행 8:4~17).

예루살렘 교회의 일곱 집사 중에 한 사람인 빌립은 집사이면서 실속있는 복음전파를 하는 전도자였습니다. 그는 사마리아로 내려가 그리스도를 전파했습니다. 그런데 복음을 전하던 중에 백성을 속이는 마술사 시몬이 믿고 세례를 받았습니다. 물 세례는 받았지만 성령 세례를 받지 못한 것 같습니다. 예루살렘에 있던 사도 베드로와 요한이 내려가 물세례만 알던 그곳에 성령받기를 간절히 기도했더니 많은 사람들이 성령을 받았습니다. 빌립 집사는 사랑이 충만했고, 성령이 충만하여 전도와 봉사에 열정적인 집사였습니다. 사명감이 불타는 사람이었습니다.

빌립은 주님을 알았고, 성령 충만해 있었습니다(행 6:3, 5). 그에게는 성령의 능력이 있었으므로(행 8:6~7), 자신 있게 복음을 전했습니다. 성령이 충만해 있어야 전도가 쉬워지고, 열심히 기도하게 됩니다.

· 함께 읽어요 : 사도행전 8장 17절
"17 이에 두 사도가 그들에게 안수하매 성령을 받는지라.."

3. 성령이 가사로 내려가는 길까지 가라 하셨습니다(행 8:26~40).

본문 18절 이하의 마술사와의 대화 내용을 다같이 교독해 봅시다.

"18 시몬이 사도들의 안수로 성령 받는 것을 보고 돈을 드려"

"19 '이 권능을 내게도 주어 누구든지 내가 안수하는 사람은 성령을 받게 하여 주소서'하니

"20 베드로가 이르되 '네가 하나님의 선물을 돈 주고 살줄로 생각하였으니 네 은과 네가 함께 망할지어다."

"21 하나님 앞에서 네 마음이 바르지 못하니 이 도에는 네가 관계도 없고 분깃 될 것도 없느니라."

"22 그러므로 너의 이 악함을 회개하고 주께 기도하라 혹 마음에 품은 것을 사하여 주시리라."

"23 시몬이 대답하여 이르되 나를 위하여 주께 기도하여 말한 것이 하나도 내게 임하지 않게 하소서 하니라."

이 대화 속에서 성령의 은사를 상거래처럼 취급하는 마술사 시몬의 어리석음을 보게 됩니다. 문제는 시몬뿐만 아니라 여러분도 성령의 은사를 대가를 주고서, 받으려 했다면 회개하시기를 바랍니다. 빌립은 주의 사자가 명한 대로 가사까지 내려갑니다. 거기 예루살렘에서 예배드리고 돌아가는 에티오피아 여왕의 국고를 맡은 관리인 내시가 선지자 이사야의 글을 읽는데, 이해하지 못하고 읽는 성경을 풀어 복음을 전했습니다. 그리고 가다가 물이 있는 곳에서 세례를 베풀었습니다. 물에서 올라올 때에 성령이 빌립을 이끌어가셨습니다. 이 얼마나 복음 전하는 자의 큰 행복입니까? 이 모두가 성령 충만한 전도의 결과이기도 합니다. 성령 충만 받기를 위해 기도하시기를 바랍니다.

· 함께 읽어요 : 사도행전 4장 31절

"31 빌기를 다하매 모인 곳이 진동하더니 무리가 다 성령이 충만하여 담대히 하나님의 말씀을 전하니라."

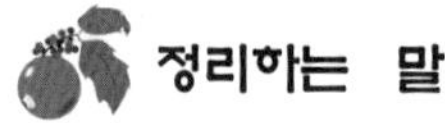

정리하는 말

사랑하는 여러분! 현대를 살아가면서 전도의 필요성을 절감합니다. 성령의 사람이어야 실속 있는 전도를 할 수 있다는 것을 배웠습니다. 빌립 집사의 전도는 귀감이 됩니다. 사도 베드로와 요한이 성령 받기를 기도하는, 간절한 기도가 이 시대의 목회자들에게도 필요합니다. 구역에서, 그리고 속회에서 교역자를 대신해 일하시는 여러분들! 성령 받기를 기도함으로써 '성령 충만함'을 받아, 그 능력으로 전도하시기를 바랍니다.

평가와 결심

1. 스데반 순교 후 핍박이 일자 무슨 일이 벌어졌습니까?
   (행 8:1~4, 사도들 외에는 다 각처로 흩어져 전도했음)
2. 빌립 집사는 어디에 가서 전도했습니까?
   (행 8:4~17, 사마리아 성까지 내려감)
3. 가사로 내려가는 길까지 내려가라고 하신 분은 누구십니까?
   (행 8:26~40, 성령님)

주간 경건의 시간 <11> · 날마다 말씀과 함께

요일 / 내용	주일/월(Mon)	화(Tue)	수(Wed)	목(Thu)	금(Fri)	토(Sat)
찬송	89동 / 88동	400 / 463	401 / 457	404 / 458	406 / 464	407 / 465
성경	행 8: / 9:	행 10:	행 11:	행 12:	행 13:	행 14:
적용	교회 핍박/ 사울의 회개	고넬료의 초청	예루살렘 교회에 보고	야고보 순교	바나바와 바울 파송	루스드라 전도

* 내가 복음을 전하지 않으면 지옥에 가리라. <빌리 선데이, 1863-1935, 미국 전도자>

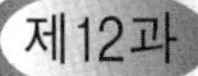

성령님께 순종하라

찬송 / 360, 353, 436 / 통 389, 391, 401

성경 / 사도행전 16:1-40

요절 / 사도행전 16:7

"무시아 앞에 이르러 비두니아로 가고자 애쓰되 예수의 영이 허락하지 아니하시는지라."

목표 / 성령님의 명령대로 순종하며 살아가는 태도를 기른다.

시작하는 말

여러분들은 하루의 생활을 어떻게 시작하며 살아가십니까? 되는 대로 살아가십니까? 아니면 철저한 나의 계획 가운데 살아가십니까? 본문에 바울은 차분히 두 가지 사역을 계획하고 진행합니다. ① 구라파 선교를 진행하고 있는 바울은 평생을 함께할 동역자 디모데라는 재목을 만나 그에게 할례를 받도록 한 것은 유대인을 전도하도록 하기 위함이었습니다(1~5절). ② 두 번씩이나 시도했던 아시아 선교를 포기하고 마게도냐, 즉 유럽으로 선교행로를 바꿉니다(6~10). 사랑하는 성도 여러분! 여러분은 마음속에 고요히 기도하며 떠오르는 성령의 인도하심을 따르고 계십니까? 성령의 지시하심을 따라 일하십니까? 성령님께 순종하시기 바랍니다.

오늘의 말씀

1. 바울은 환상 중에 본 마게도냐 사람들의 부름에 순종합니다(행 1:1-10).

우리 크리스천들이 왜 기도해야 합니까? 하나님의 뜻이 이것인지 저

것인지 불분명하기 때문에 기도해야 합니다. 내가 계획을 세웠지만 진행하시고 성취하시는 분은 하나님이시기 때문입니다(렘 33:2). 오늘 받을 은혜의 분량과 내일 받을 은혜의 잔이 다르기 때문입니다.

본문을 보십시오. 바울은 아시아에서 말씀을 전하지 못하게 하자 브루기아와 갈라디아 땅으로 다녀가 무시아 앞에 이르러 비두니아로 가고자 애썼지만 '예수의 영'(성령)이 허락지 아니하십니다. 여러분! 여러분의 계획과 어떤 일이 제대로 이루어지지 않을 때 불평하거나 원망하지 마시고, 잠간 멈춰 서서 아브람의 종 엘리에셀처럼 '묵도'(마음속으로 읊조림의 말)하십시오(창 24:45). 마음으로 하는 기도도 응답됩니다. 기도 중에 떠오르는 성령의 지시하심의 환상을 가볍게 생각하지 마세요.

· 함께 읽어요 : 사도행전 16장 9절

"9 밤에 환상이 바울에게 보이니 마게도냐 사람 하나가 서서 그에게 청하여 이르되 '마게도냐로 건너와서 우리를 도우라' 하거늘"

2. 하나님의 사역을 감당하면서 기도로 재확인하세요(행 16:11~15).

바울은 성령의 지시하심인줄 깨닫고 이에 즉시 순종합니다. 그리하여 드로아에서 배로 떠나 사모드라게로 직행하여 이튿날 네압볼리로 가고 마게도냐의 첫 성 빌립보에 이릅니다. 하나님의 백성들은 귀한 직분을 감당할 때에도 요나처럼 불순종하다가 끌려가듯이 하면 안 됩니다. 보여지는 계시를 따라서 직행 코스를 선택해야 합니다. 교회 봉사를 할 때도 즉시 순종하십시오. 이리 저리 빠질 길만 찾고 있지 않습니까? 바울은 마게도냐 첫 성 빌립보에 이르러 안식일에 기도할 곳을 찾아 강가에 나가 거기 앉아서 모인 여자들에게 말합니다.

그때 두아디라 시(市)의 옷감 장사로서 하나님을 섬기는 루디아라 하는 여자의 마음을 열어 바울의 말을 따르게 하십니다. 이것이 후일 바울이 '기쁨의 편지'(빌립보서)를 보낸 빌립보 교회의 시작입니다. 그와 그 집이 다 세례를 받고 그녀는 그녀의 집에 머물도록 강권했습니다.

기쁜 마음으로, 즐겁게, 하고 싶은 봉사로 주의 종을 집에 초청하면 '축복의 가정'으로 변합니다(행 10:1~5). 우리 성도들은 하나님이 주시는 축복을 즐기고 누릴 권리가 있습니다. 하나님의 축복이 여러분들의 가정에 머물고 있는가를 매일 매일 확인하시고, 매 순간 하나님의 축복을 기대하시며 살아가시기를 바랍니다.

· 함께 읽어요 : 시편 127편 1절

"1 여호와께서 집을 세우지 아니하시면 세우는 자의 수고가 헛되며, 여호와께서 성을 지키지 아니하시면 파수꾼의 깨어있음이 헛되도다."

3. 기쁜 마음으로 성령께 순종하면 복이 됩니다(행 16:16~40).

기도하는 사람에게는 이일이 기다리고 있습니다. 바울은 기도하는 곳으로 가다가 점치는 귀신 들린 여종 하나를 만나게 됩니다. 그가 따라와 "이 사람들은 지극히 높은 하나님의 종으로서 구원의 길을 너희에게 전하는 자라" 하고 여러 날을 소리 지릅니다. 바울은 그녀에게서 귀신을 쫓아 주었습니다. 여종의 주인은 바울과 실라를 붙잡아 고발했습니다. 옷을 벗기고는 많이 매로 친 후에 옥에 가두었습니다. 밤중에 바울과 실라가 기도하고 찬송합니다. 죄수들이 듣습니다. 갑자기 지진이 나서 감옥의 터가 움직이고 문이 다 열리며 모든 사람의 매인 것이 다 벗어졌습니다. 간수가 깨어 옥문들이 열린 것을 보고 죄수들이 도망한 줄 생각하고 자결하려 합니다. 바울은 "네 몸을 상하지 말라. 우리가 다 여기 있노라 하니 간수가 등불을 달라고 하며 뛰어 들어가 무서워 떨며 바울과 실라 앞에 엎드리고 그들을 데리고 나가 이르되 '주 예수를 믿으라. 그리하면 너와 네 집이 구원을 받으리라' 하고 말씀을 전하니 그 시각에 간수가 그들을 데려다가 그 맞은 자리를 씻이주고 그 온 가족이 다 세례를 받았습니다. 이렇게 하여 간수의 가정이 다 구원을 받은 것입니다.

· 함께 읽어요 : 신명기 28장 2절

"2 네가 네 하나님 여호와의 말씀을 청종하면 이 모든 복이 네게 임하며 네게 이르리니"

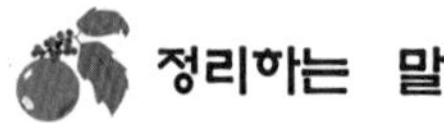

정리하는 말

성도 여러분! 본문에서 하나님의 종 바울은 복음 전파의 사명을 다하면서 그때그때 성령으로 충전되어 문제들을 해결해 감을 봅니다. 하나님의 종들은 사역 중에 일어나는 핍박이 도리어 복음 전파의 연결고리가 되는 것을 보게 됩니다. 성령으로 시작하고, 성령으로 기도하며, 성령으로 전도하면 하나님께서 방향을 제시해 주시고, 고난의 터널일지라도 하나님의 은혜로 인도하시고 보호해 주심을 믿으시기를 바랍니다.

평가와 결심

1. 바울은 선교 일정 중에 본 환상을 어떻게 처리하였습니까?
   (행 16:1~10, 건너와 우리를 도우라는 성령의 뜻에 순종함)
2. 복음 선교 사역을 감당하면서 어떻게 해야 합니까?
   (행 16:11~15, 기도하면서 성령의 뜻에 순종해야 함)
3. 기쁜 마음으로 성령께 순종하면 어떻게 됩니까?
   (행 16:16-40, 고난과 핍박의 상황이 복된 상황으로 변화됨)

주간 경건의 시간 <12> · 날마다 말씀과 함께

요일 / 내용	주일/월(Mon)	화(Tue)	수(Wed)	목(Thu)	금(Fri)	토(Sat)
찬송	9동 / 4동	313/ 352	462/ 517	461 / 519	543/ 342	542/ 340
성경	행15:/ 16:	행 17:	행 18:	행 19:	행 20:	행 21:
적용	예루살렘 회의/ 예수 영	데살로니가 아덴	고린도 전도	에베소 전도	마게도냐 헬라	야고보 방문

* 내가 철학을 전파하였더니 사람들은 나를 칭찬했다. 그러나 내가 그리스도를 전했더니 사람들은 회개 하였다. <A. P. 깁스 >

제13과

하나님의 나라를 전파하라

찬송 / 580, 575, 569 / 통 371, 302, 442
성경 / 사도행전 28:1~31
요절 / 사도행전 28:31
"하나님의 나라를 전파하며 주 예수 그리스도에 관한 모든 것을 담대하게 거침없이 전하더라."
목표 / 하나님의 나라를 전파하며 만왕의 왕을 섬기는 태도를 기른다.

시작하는 말

오늘 본문의 내용은 로마로 향하는 배를 타고 천신만고 끝에 로마에 도착하는 과정 속에서 일하시는 하나님의 손길을 보게 됩니다. 여러분의 관심은 무엇입니까? 우리의 관심은 오직 한 가지 '하나님의 나라'를 전파하게 하시고, 성취하게 하시는 하나님의 뜻을 실천하는 사도 바울을 끝까지 지켜주시고 인도해 주시는 분이 성령님이시라는 것입니다.

마태복음에서 전해지는 예수님 메시지의 중심적인 요소가 '하나님의 나라'입니다. 마가는 예수님의 메시지를 "때가 찼고 하나님 나라가 가까웠으니 회개하고 복음을 믿으라"(막1:15)는 말씀으로 요약합니다.

오늘의 말씀

1. '하나님 나라'를 전하는 종을 돌보시고 보호하십니다(행 28:1~6).

사도행전 27장에서 바울이 탄 배가 난파되었지만 하나님께서는 구원하시겠다고 약속하신 대로, 실제로 바울뿐만 아니라 배에 탔던 모든 사람들을 다 구원해 주셨습니다. 격렬한 폭풍이 14일 동안이나 밀려 올 때 모두 비관적이었지만 하나님의 종 바울을 통해 한 생명도 상하지 않겠다는 약속을 지켜주셨습니다. 바울은 그때 일을 이렇게 회고합니다.

"형제들아 우리가 아시아에서 당한 환난을 너희가 모르기를 원하지 아니하노니 힘에 겹도록 심한 고난을 당하여 살 소망까지 끊어지고…." (고전 1:8) 절망적인 상황에서 원수들은 조롱할 것이고, 우리 같으면 살 소망조차 포기해 버렸을 것입니다. 그러나 우레들에게는 주님은 약속대로 세상 끝 날까지 지켜 주십니다.

· 함께 읽어요 : 마태복음 28장 20절

"20 내가 너희에게 분부한 모든 것을 가르쳐 지키게 하라 볼지어다. 내가 세상 끝 날까지 너희와 함께 있으리라 하시니라."

2. 하나님의 복음 전파에는 기적을 동반 합니다(행 28:7~15).

본문은 멜리데라는 섬에 구사일생으로 살아난 다음 원주민들의 동정에도 불구하고 바울의 손에 매달린 독사 때문에 원주민들은 "이 사람은 살인한 자로다 바다에서는 구조를 받았으나 공의가 그를 살지 못하게 함이로다"고 하면서 모두 절망에 빠졌습니다. 그러나 기적적으로 불에 떨어버리고 아무 이상이 없자 이들은 바울을 '신'(神)이라고 했습니다. 이 섬의 가장 높은 사람인 보블리오의 부친이 열병과 이질에 걸렸습니다. 바울이 안수하여 기도하자 낫게 되었습니다. 섬 가운데 다른 병자들도 고침을 받았습니다.

여러분은 수많은 믿음의 사람을 통하여 간증을 들었을 것입니다. 누구도 의지할 데 없는 아프리카에서, 이슬람권에서, 중국에서, 오지에서, 복음을 전하는 선교사들의 눈물의 수고를 들으셨을 것입니다. 그들은 오직 하나님, 예수님, 성령님만을 의지하여 복음을 전하고 있습니다. 학교를 세우고 병원을 세워서 구원사역을 묵묵하게 수행하고 있습니다. 지금도 하나님의 놀라운 능력이 바울에게처럼 선교사들의 복음 전파 현장에서 일어나고 있습니다. 복음 전파 자체가 기적인 것을 믿으시기 바랍니다. 여러분! 믿음의 기도는 병든 자를 일으키시고 살리심을 믿으시고 복음 전파에 전념하시기 바랍니다.

· 함께 읽어요 : 야고보서 5장 15절
"15 믿음의 기도는 병든 자를 구원하리니 주께서 그를 일으키시리라. 혹시 죄를 범하였을지라도 사하심을 받으리라."

3. 거침없이 하나님 나라를 전파해야 합니다(행 28:16~31).

바울은 예루살렘에서 로마인의 손에 죄수로 내어준 바 되었으나 로마인은 심문하여 죽일 죄목이 없으므로 석방하려 했지만 유대인들이 반대하였습니다. 그러자 당시 황제였던 가이사(씨저) 황제에게 상소하여 로마에 까지 온 것입니다. 이제 그에게는 유대 나라에서 편지도 없고, 바울에 대하여 좋지 못한 말을 하는 사람도 없었습니다. 다만 '사상'을 검증하려했지만 이 파에 대해서는 어디서든지 반대를 받는 줄 알기 때문에 인정했습니다. 바울은 맘 놓고 아침부터 저녁까지 하나님의 말씀을 강론하며 하나님의 나라를 증언하고, 모세의 율법과 선지자의 말씀을 통해 예수님에 대하여 전하고 권면했습니다. 참으로 담대했고 거침이 없었습니다. 우리의 복음 전파도 바울처럼 담대하게 하시기 바랍니다.

· 함께 읽어요 : 사도행전 28장 30~31절
"30 바울이 온 이태를 사기 셋집에 머물면서 자기에게 오는 사람을 다 영접하고 31 하나님의 나라를 전파하여 주 예수 그리스도에 고나하여 모든 것을 담대하게 거침없이 가르치더라."

정리하는 말

복음은 핍박 상황 하에서는 더 강합니다. 그러나 자유로운 상황 하에서 믿음을 지킨다는 것은 긴장이 풀려 오히려 어려울 수도 있습니다. 그러나 바울은 예루살렘에서 로마까지의 험난한 상황 하에서도 이겨냈습니다. 이제 자유로운 상황 하에서 오직 하나님의 나라를 전파하고, 주 예수 그리스도에 관한 모든 것을 담대하게, 그리고 거침없이 전파했습니다. 여러분! 하나님을 사랑하는 자, 곧 그의 뜻대로 부르심을 입은 자들에게는 모든 것이 합력하여 선(善)을 이루는 것입니다(롬 8:28). 이 사실을 명심하시고 복음 전파에 최선을 다해 정진하시기 바랍니다.

평가와 결심

1. 하나님의 나라를 전파하는 자들에게 주시는 특권이 무엇입니까?
   (행 28:1~6, 세상 끝 날까지 지키시고 보호해 주신다는 약속 주심)
2. 하나님의 나라 복음 전도자들에게 주시는 은혜가 무엇입니까?
   (행 28:7~15, 하나님의 은사와 기적의 체험을 주심)
3. 하나님의 나라를 전파하는 자의 태도는 어떠해야 하겠습니까?
   (행 28:16-31, 하나님의 나라와 주 예수의 복음을 거침없이 전해야 함)

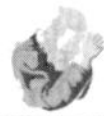

주간 경건의 시간 <13> · 날마다 말씀과 함께

요일 / 내용	주일/월(Mon)	화(Tue)	수(Wed)	목(Thu)	금(Fri)	토(Sat)
찬송	21동 / 25동	420/ 212	419/ 478	426/ 215	425/ 217	428/ 488
성경	행 22:/ 23:	행 24:	행 25:	행 26:	행 27:	행 28:
적용	바울의 간증/ 공회 앞 설교	바울이 고발당함	가이사에게 상소	간증 설교	로마로 압송	로마 전도

* 일어나 저 큰 성읍 니느웨로 가서 내가 네게 명한 바를 그들에게 선포하라 하신지라.

<요나서 3:2 >

4단원 말씀 사모의 달

말씀을 잘 받아 먹어라

찬송 / 205, 204, 202 / 통 236, 379, 241
성경 / 야고보서 1:1~27
요절 / 야고보서 1:21
"그러므로 모든 더러운 것과 넘치는 악을 내버리고 너희 영혼을 능히 구원할 바 마음에 심어진 말씀을 온유함으로 받으라."
목표 / 전도자나 성도를 신령한 말씀을 잘 받아 먹는 일꾼으로 기른다.

시작하는 말

자라는 어린 아이들을 잘 관찰해 보면 건강하게 잘 크는 아이들의 공통점은 잘 먹고, 잘 놀고, 잘 잔다는 것입니다. 요즘 어린이들은 조숙하다고 합니다. 그 이유가 무얼까요? 듣고 보고 느끼는 것이 많다는 말입니다. 참으로 어린애들을 가진 부모들은 '우리 애들을 어떻게 하면 잘 기를 수 있을까?' 하고 고민을 많이 합니다. 요즘 시대는 진짜 신자 얻기가 모래밭에서 깨알을 찾는 것 같습니다. 그런데다 초신자들과 상담을 하다보면 너무 아는 것이 많아 오히려 걱정이 앞섭니다. 우리는 순수한 하나님의 말씀을 내가 먼저 읽고 연구하여 경험한 대로 가르쳐 야 합니다.

오늘의 말씀

1. 말씀의 지혜를 달라고 기도해야 합니다(약 1:1~8).

야고보 사도는 주님의 동생으로서 초대 예루살렘교회의 훌륭한 감독이었습니다. 당시에 성도들이 내외적으로 당하는 여러 가지 시험을 알고 있었습니다. 야고보는 교회 지도자로서 그들에게 해결 방법을 제시합니다.

① 시험을 만나거든 기쁘게 여기라(2절). ② 믿음의 시련은 인내를 만들어 낸다(3절). ③ 인내를 온전히 이루라(4절). 시련과 시험을 적극적으로 극복해 나가면 놀라운 일이 생깁니다. 이는 한 개인이 온전해 진다는 것입니다. 성장하면서 적합한 상태, 잘 발육된 상태, 완전히 성장한 상태가 되는 것입니다. 봄에 수선화가 노랗게 피어날 때 참으로 꽃이 예쁩니다. 이것을 오래 보고 싶어서 화분에 옮겨 찬바람을 피해 실내에 놓아두면 어떻게 됩니까? 꽃이 밖에서 핀 꽃보다 예쁘지 않고, 꽃 잎줄기는 노랗게 변해 볼품이 없게 됩니다. 왜 그럴까요? 수선화는 겨우내 자라던 그 차갑고 메마르고, 언 땅을 이기면서 잎과 꽃을 피워야 예쁜 것입니다. 말씀도 우리의 삶의 현장에서 적용하고 실천하며 열심히 기도할 때 성령께서 놀라운 깨달음을 주시는 것입니다.

· 함께 읽어요 : 야고보서 1장 4절

"4 인내를 온전히 이루라 이는 너희로 온전하고 구비하여 조금도 부족함이 없게 하려 함이라."

2. '시련을 이긴 자'에게 '생명의 면류관'을 주십니다(약 1:9~18).

우리는 항상 "네가 죽도록 충성하라 그리하면 내가 '생명의 면류관'을 네게 주리라"(계 2:10하)는 말씀을 귀하게 여깁니다. 그런데 오늘 본문 말씀에는 '시험을 참는 자', '시련을 견디어 낸 자'에게도 '생명의 면류관'을 얻을 것이기 때문에 복되다고 했습니다.

하나님이 우리를 시험하는 것이 아니고 자기가 미혹에 빠져 시험에 드는 것입니다. 온갖 좋은 은사와 온전한 선물이 다 위로부터 빛의 아버지께로부터 내려오는 것입니다(17절). 정말 하나님께서는 피조물 중에서 우리로 첫 열매가 되게 하시려고 자기의 뜻을 따라 진리의 말씀으로 우리를 낳으셨습니다.

· 함께 읽어요 : 야고보서 1장 17절
"17 온갖 좋은 은사와 온전한 선물이 다 위로부터 빛들의 아버지께로부터 내려오나니 그는 변함도 없으시고 회전하는 그림자도 없으시니라."

3. 말씀을 잘 듣고 그대로 실천하고 행해야 합니다(약 1:19~27).

신앙생활 중에 가장 어려운 부분이 있다면 말씀을 듣기는 쉽게 하지만, 행하고 그대로 실천하기는 잘하지 못한다는 것입니다. 모든 것이 그렇습니다. 이론과 실제는 말처럼 그렇게 쉽게 되지 않는다는 것입니다. 그러므로 야고보 사도는 "사람마다 듣기는 속히 하고, 말하기는 더디 하며 성내기도 더디 하라"고 했습니다. 왜냐고요? 사람이 성내는 것이 하나님의 의(義)를 이루지 못하기 때문입니다((20절).

옛적 풍습에 아기를 낳은 집에는 '삼 줄'을 걸어 놓습니다. 부정 타기 때문이랍니다. 부정이란 질병이나 부패의 원인들이며, 이를 차단하려는 지혜로운 조처였습니다. 어린 아기들은 그만큼 병균이나 오염물질에 대한 예방 능력이 떨어지기 때문입니다. 흔히 위장이 약한 사람의 경우는 부패한 음식이나 차가운 음식은 삼가 해야 합니다. 소화에 지장이 되기 때문입니다. 옳습니다. 신앙생활에 있어서 초신자에게 주의해야 할 점이 있습니다.

① 초 신자들의 경우에는 이해하기 쉬운 말씀으로 가르쳐주어야 합니다.
② 실천하기 쉬운 말씀부터 실천해 가면서 성취감을 높여야 합니다.
③ 건너뛰지 말고 하루하루 말씀을 매일 묵상하도록 해야 합니다.
④ 배고픔을 느낄 때 말씀으로 영적인 충족함을 주어야 합니다.

· 함께 읽어요 : 베드로전서 2장 2절
"2 갓난아기들 같이 순전하고 신령한 젖을 사모하라 이는 그로 말미암아 너희로 구원에 이르도록 자라게 하려 함이라."

정리하는 말

사랑하는 성도 여러분! 초대 예루살렘 교회의 야고보 사도는 참으로 무릎이 약대 무릎처럼 되도록 기도도 많이 했고, 특별히 실천적 믿음을 강조한 분입니다. 믿음이 약한 분들에게 교회 내 불평이나 위축감이 가는 말들은 삼가 해 주시고, 먼저 신앙생활 하신 분들이 초신자의 믿음의 뿌리가 잘 박혀 말씀을 잘 받도록 산모처럼 해산하는 고통을 해가면서 가꿔 가시기 바랍니다. 신령한 젖을 사모하도록 하시기 바랍니다.

평가와 결심

1. 시험 많은 현대에 먼저 기도해야 할 제목이 무엇입니까?
(약 1:5, 말씀의 지혜를 달라고 기도해야 함)
2. 시련을 이긴 자에게 무엇을 약속하셨습니까?
(약 1:12, 생명의 면류관)
3. 신앙생활 중에서 가장 어려운 부분이 있다면 무엇입니까?
(행 2:1~4, 말씀대로 실천하는 것)

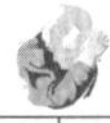

주간 경건의 시간 <14> 날마다 말씀과 함께

요일 / 내용	주일/월(Mon)	화(Tue)	수(Wed)	목(Thu)	금(Fri)	토(Sat)
찬송	145동 / 89동	186/ 176	187/ 171	197/ 178	196/ 174	174/ 161
성경	약 1: / 약 2:	약 3:	약 4:	약 5:	벧전 1:	벧전 2:
적용	온전한 선물/ 귀신도 떤다	입에서 찬송	주 앞에 낮추라	믿음의 기도	보배로운 피	거룩한 제사장

* 세상 사람들은 '내가 살아 있는 한 소망이 있다'라고 말하나 하나님의 자녀들은 산 소망을 가지고 있으므로 '내가 죽어도 소망이 있다'고 말한다. <로버트 라이튼, 스코틀랜드 대 주교>

제15과

신령한 젖을 사모하라

찬송 / 198, 251, 202 / 통일 284, 137, 241
성경 / 베드로전서 2:1~25
요절 / 베드로전서 2:2
"갓난아기들 같이 순전하고 신령한 젖을 사모하라 이는 그로 말미암아 너희로 구원에 이르도록 자라게 하려 함이라."
목표 / 성령으로 살아가기 위해 신령한 젖을 사모하도록 한다.

시작하는 말

성령 충만한 믿음으로 살아가기 위해서는 먼저 '영적인 성장'을 해야 합니다. 동식물을 막론하고 생장에 필요한 영양분이나 요소들을 섭취해야만 성장하는 법입니다. 본문에서는 먼저 버려야 할 것을 말씀하고, 다음에 취할 것을 언급하고 있습니다. 아기가 자랄 때 자세히 보면 버려야 할 것들 즉 땀이나 노폐물들을 잘 배출하고 배설합니다. 신앙 성장을 위해서도 아기가 성장할 때와 마찬가지로 버려야 할 것을 먼저 버리도록 해야 합니다. 그리고 섭취해야할 것을 섭취해야 하는 것입니다. 여러분들이 버려야 할 것은 무엇이고, 취해야 할 것은 무엇이겠습니까?

오늘의 말씀

1. 성령으로 살아가기 위해 버려야 할 것이 무엇입니까?(벧전 2:1).

성령(聖靈)과 신령(神靈)은 다릅니다. 은혜를 사모하는 분들은 신령한 목사님을 좋아합니다. 엄밀히 말한다면 신령이 아니라 성령이 충만한 목사님이라고 해야 합니다. 산(山) 기도나 기도원에서 영(靈)에 몰입하여 기도하시는 분들 가운데 성령을 사모하다가 욕심으로 '산신령'(山神靈) 같이 사시는 분들이 혹 있습니다. 매우 민감한 부분이긴 합니다만 '미혹하는 영'과 '귀신의 가르침'을 따르는 자들이 있다는 말씀입니다. 성도들에게 접근하여 점을 쳐주듯 미래를 예언한다고 하는 이들을 멀리하시기 바랍니다. 성령 하나님께서 싫어하십니다. 성령으로 살아가기 위해 본문에서는 '악독', '기만', '외식', '시기', '비방'을 버리라고 했습니다. '버리고'라는 헬라어(*Ἀποθέμενοι,* 아포데메노이) 말은 '옷을 벗는다'는 의미입니다. 영적 성장을 위해서는 버려야 할 것들을 버려야 합니다.

· 함께 읽어요 : 베드로전서 2장 1절
"1 그러므로 모든 악독과 모든 기만과 외식과 시기와 모든 비방하는 말을 버리고"

2. 신령한 젖 곧 말씀을 사모해야 합니다(벧전 2:2~8).

믿는 자가 성령으로 살아가기 위해서는 '신령한 젖'을 사모해야 합니다. 여기 '신령한'이란 말은 오해의 소지가 있어서 원어의 뜻을 밝힙니다. 이 말의 헬라어(ἄδολον, 아도론)는 '거짓 없는', '신실한'이란 뜻입니다. 그리고 '사모한다'는 말의 헬라어(*ἐπιποθήσατε,* 에피포데사테)는 '갈망하다', '바라다'라는 매우 강한 의미를 담고 있습니다.

여러분은 하나님의 말씀을 읽을 때나 설교를 들으실 때 목마른 사슴이 물을 찾듯 사모함이 있어야 합니다. '순전하다'(ἄδολος: 아돌로스)라는 말은 '그 어떤 것과도 섞이지 않았다'는 의미입니다. 갈증이 난다고 바닷물을 마시면 갈증이 더 심해집니다. 사람들은 성경 말씀 아닌 철학이나 심리학이나 건강에 대하여 관심을 보여 이런 것들로 배불리려고 애쓸지도 모릅니다. 그러나 이 중 어느 것도 순전하지 못합니다. 이런 모든 것들은 인간이 죽을 때 함께 사라진다는 사실입니다. 그런 어느 것과도 섞이지 않은 완전하고 순수한 것은 오직 '하나님의 말씀'입니다. 하나님의 말씀은 영원히 변치 않습니다. 그러므로 사랑하는 성도 여러분! 하나님의 말씀인 성경 말씀을 갈망하고 사모하시기 바랍니다.

· 함께 읽어요 : 베드로전서 2장 2절
"2 갓난아기들 같이 순전하고 신령한 젖을 사모하라 이는 그로 말미암아 너희로 구원에 이르도록 자라게 하려 함이라."

3. 거룩한 나라 백성들은 신령한 집으로 세워져가야 합니다 (벧전 2:4~25).

세상 나라들은 멸망 받을 것입니다. 귀신의 나라도 패망할 것입니다. 그러나 하나님의 거룩한 백성이 들어갈 하나님의 나라는 영원 무궁히 존재할 것입니다. '하나님의 나라'는 산 돌 같이 신령한 집으로 세워져야 합니다. 그 집은 그리스도의 보배로운 모퉁잇돌로 지어져 성도들은 그리스도의 보배로운 피로 구속, 곧 죄 사함을 받은 '하나님 나라'의 성전 재목들이기에 결코 썩거나 상하지 아니해야 합니다.

성도들은 영원한 하나님 나라의 백성으로서 흠이 없고 온전한 백성으로서 보전되어, 하나님 나라 신령한 집으로 세워져 가야 합니다. 하나님 나라의 재목들인 '택하신 족속, 왕 같은 제사장, 거룩한 나라, 그의 소유된 백성'은 정결하고, 흠이 없고 올곧아야 쓰임 받으며 신령한 집으로 지어져 가는 것입니다. 영혼을 거슬러 싸우는 육체의 정욕을 제어하고, 행실을 선하게 가져야 합니다. 하나님의 종과 같이 뭇사람을 공경하며, 형제를 사랑하며, 하나님을 두려워하여 왕을 존대해야 합니다.

· 함께 읽어요 : 베드로전서 2장 5절
"5 너희도 산 돌 같이 신령한 집으로 세워지고 예수 그리스도로 말미암아 하나님이 기쁘게 받으실 신령한 제사를 드릴 거룩한 제사장이 될지니라."

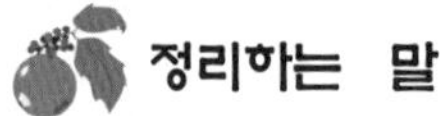

정리하는 말

사랑하는 여러분! 여러분들은 과연 세상 나라에 속해 살아갑니까? 아니면 하나님 나라에 속해 살아갑니까? 여러분은 거룩한 나라 백성, 택하신 족속, 왕 같은 제사장, 그의 소유된 백성이니 어둠에서 불러내어 빛에 들어가게 하신 이의 아름다운 덕을 선포하며 찬양하며 살아가시기를 간절히 소원합니다. 죄에서 자유를 얻게 하셨으니 그 자유로 악을 저지르는데 쓰지 마시고, 오직 하나님의 종과 같이 살아가시기 바랍니다.

평가와 결심

1. 성령으로 살아가기 위해 버려야 할 것이 무엇입니까?
   (벧전 2:1, 악독, 기만, 외식, 시기, 비방하는 말)
2. 성령으로 살아가기 위해 사모해야 할 것이 무엇입니까?
   (벧전 2:2, 신령한 젖)
3. 거룩한 나라 백성들은 어떻게 세워져가야 합니까?
   (벧전 2:5, 신령한 집으로 세워져가야 함)

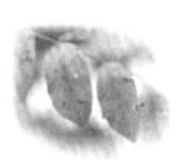

주간 경건의 시간 <15> · 날마다 말씀과 함께

요일 / 내용	주일/월(Mon)	화(Tue)	수(Wed)	목(Thu)	금(Fri)	토(Sat)
찬송	89동 / 88동	400 / 463	401 / 457	404 / 458	406 / 464	407 / 465
성경	벧전 3:/ 4:	벧전 5:	벧후 1:	벧후 2:	벧후 3:	요일 1:
적용	아내와 남편/ 선한 청지기	하나님의 양 무리	부르심과 택하심	거짓 선지자	하나님의 날	생명의 말씀

* 거대한 소망이 우리들로 하여금 인간을 만든다.<빅토르 위고, 1802~1885, 프랑스 작가>

기름부음으로 살아라

찬송 / 182, 184, 183 / 통 169, 173, 172
성경 / 요한일서 2:1-29
요절 / 요한일서 2:20
"너희는 거룩하신 자에게서 기름 부음을 받고 모든 것을 아느니라."
목표 / 성령님의 기름 부으심으로 살아가는 태도를 기른다.

시작하는 말

여러분! 요즘 세상 살기가 얼마나 어렵습니까? 왜 그렇습니까? 세상이 악하기 때문에 살기가 어려운 것입니다. 본문 요한일서에서는 '악한 세상을 이기는 방법'을 말씀하고 있습니다. 요한일서 1장에서는 '생명의 말씀', 2장에서는 '성령의 기름 부으심', 3장에서는 '하나님의 씨', 4장에서는 '하나님의 사랑', 5장에서는 '세상을 이기는 믿음'을 말씀하고 있습니다. 본문에서는 '성령의 기름 부으심'을 구체적으로 설명하고 있습니다. 성경의 모든 사역자들이 공통적으로 받았던 '성령의 기름 부으심'은 우리 성도들이 받아도 되고 받지 않아도 되는 것이 아니라 반드시 받아야 하는 필수적인 요건인 것입니다.

오늘의 말씀

1. 성령의 사역은 먼저 '그리스도의 죽으심'을 알게 하시고 우리 죄에 대하여 대언해 주십니다(요일 1:1~2).

우리 크리스천들이 알아야 할 가장 기초적인 '복음 지식'이 무엇입니까? 우리 인생들은 예수님이 ① '허물과 죄' 때문에 죽었다(엡 2:1)는 것과, 그러나 '여인의 후손'(창 3:15)으로 오셨으며, ② 그리스도 예수님의 '십자가의 대속의 죽으심' 때문에 우리를 살리셨다는 것입니다. 그러나 인간은 영이 어두워져서 이 사실을 일부러 잊어버리려고 하며, 자신의 행위나 의로움 때문에 구원 받을 것이라고 오해하고 있습니다. 그리스도께서는 '대언자'(*παράκλητον*: 파라클레톤)로 '허물과 죄로 죽었던 우리를 위해 변호'해 주십니다. "공의의 하나님! 내가 십자가에서 그(누구)의 죄를 위해 죽었습니다. 나의 대속의 은혜로 그(누구)를 살려 주세요"라고 말입니다. 여기 '대언자'라는 말의 헬라어는 '성령'(파라클레토스, 요 14:16)이라는 말과 똑같습니다. 바로 '예수의 영'(행 16:7)이신 것입니다.

· 함께 읽어요 : 요한일서 2장 2절

"2 나의 자녀들아 내가 이것을 너희에게 씀은 너희로 죄를 범하여도 아버지 앞에서 우리에게 대언자가 있으니 곧 의로우신 예수 그리스도시라."

2. 그리스도는 우리 죄를 위한 '화목제물'이십니다(요일 1:2~6).

예수 그리스도를 안다는 것은 그분이 우리의 죄악을 담당하시고 십자가 위에서 하나님과 우리 사이에 '화목제물'이 되셨다는 사실을 아는 것입니다. 신앙생활에서 가장 중요한 한 가지는 하나님과의 관계를 어떻게 수정하고 바르게 가지느냐 하는 것입니다. 세상 그 누구도 우리를 위해 화목 제물이 되어주지 않았습니다. 우리를 낳으신 부모도 형제도 자매도 조상들도 죄악을 사해준다거나 담당해 준 적이 없습니다. 개신교회에서는 담당 목회자에게 상담은 할 수 있지만 '고해성사'를 하거나 성례로 인정치도 않습니다. 왜 그렇습니까? 인간이 하나님께 우리의 죄를 고백하고 예수 그리스도의 십자가의 대속하심을 믿도록 하기 위해서입니다. 우리가 무지한 인생이기 때문에 성령님께서 감화와 감동으로 '화목제물' 되심을 알게 해 주시는 것입니다. 성령의 기름 부으심을 통해 모든 것을 알게 된다는 말씀입니다(요일 2:20). 세상에 있는 모든 것이 '육신의 정욕'과 '안목의 정욕'과 '이생의 자랑'이니 다 세상으로부터 온 것입니다(요일 2:16). 이 세상도, 그 정욕도 지나가되 오직 '하나님의 뜻'을 행하는 자는 영원히 거하는 것입니다.

· 함께 읽어요 : 요한1서 2장 17절
"17 이 세상도 그 정욕도 지나가되 오직 하나님의 뜻을 행하는 자는 영원히 거하느니라."

3. '사랑의 새 계명'을 기억하고 실천하게 하십니다(요일 2:7~29).

길가 사람들에게 전도하면 흔히 이렇게 말합니다. "교회? 예수 믿어? 하나님 사랑? 웃기지마, 교회가 밥 먹여 주냐? 예수가 세금 내 주냐? 하나님이 어디 있어." 그렇다면 밥만 먹여주면 살아갑니까? 세금 내주면 편하게 잘 살 자신이 있습니까? 아닙니다. 세상이 이렇게라도 망하지 않고 돌아가는 것은 우리 목사님들, B장로님, L권사님, J집사님께서 새벽마다 눈물로 기도하기 때문인 줄 아시기 바랍니다. 예수께서 세상에 물질적인 복만을 주셨다면 이 세상은 어떻게 되었을까요? 아마도 세상은 먹고 마시고 취하고 썩어져 벌써 망했을 것입니다. 세계 여러 곳을 여행하다 보면 십자가로 수놓은 나라마다 '사랑의 손길'로 서로 도와주며 잘 살아가더란 말씀입니다. 그리스도께서 십자가 사랑을 주셨습니다. 찬송을 부릅니다. ♬ 성자의 귀한 몸 날 위하여 버리신 그 사랑 고마워라. ♬ 십자가의 사랑! 친구를 위해 목숨을 버리셨습니다. 공의의 하나님도 이 사랑에 녹아지셨습니다. 우리 죄를 기억지도 않으십니다. '하나님은 사랑이십니다.' 그리스도께서 '서로 사랑하라'는 새 계명을 주신 것입니다.

· 함께 읽어요 : 요한1서 2장 8절
"8 다시 내가 너희에게 새 계명을 쓰노니 그에게와 너희에게도 참된 것이라 이는 어둠이 지나가고 참빛이 벌써 비침이니라."

정리하는 말

성도 여러분! 본문에서 '성령의 기름 부으심'을 통해서 우리 성도들에게 주시는 놀라운 은혜와 은사가 무엇인가를 밝혀주셨습니다. '허물과 죄로 죽었던 우리'를 위해 그리스도께서 '화목제물'이 되셨다는 사실과 '사랑의 새 계명'을 주셨다는 복된 소식입니다. 감동되시지 않습니까? '성령의 기름 부으심'을 바로 이해해야 합니다. 아직도 '입신, 방언, 예언, 방언 통역, 신유 은사'만을 기대하십니까? 오늘도 잔잔히 부어주시는 '성령의 기름 부으심'으로 생명과 사랑의 삶을 살아가시기 바랍니다.

평가와 결심

1. 성령의 기름 부으심은 첫째 무엇을 알게 해 주십니까?
   (요일 2:1~2, 그리스도의 죽으심과 대속하심)
2. 성령의 기름 부으심은 둘째 무엇을 알게 해 주십니까?
   (요일 2:2~6, 그리스도께서 화목제물이 되셨음)
3. 성령의 기름 부으심은 셋째 무엇을 알게 해 주십니까?
   (요일 2:7~29, 사랑의 새 계명을 기억하고 실천하게 하심)

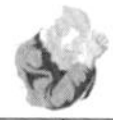

주간 경건의 시간 <16> · 날마다 말씀과 함께

요일 / 내용	주일/월(Mon)	화(Tue)	수(Wed)	목(Thu)	금(Fri)	토(Sat)
찬송	9동 / 4동	313/ 352	462/ 517	461 / 519	543/ 342	542/ 340
성경	요일 2:/ 3:	요일 4:	요일 5:	요이 1:	요삼 1:	유다 1:
적용	육신의 정욕/죄 불법	하나님의 영	믿음으로 승리	계명대로 진리를	영혼이 잘 됨같이	불의 형벌

* 인간은 의식적으로 자기가 바라는 것을 믿는다.

<율리우스 케사르, B.C. 100?~44, 로마 장군, 정치가>

4단원 말씀 사모의 달

제17과

주님의 재림을 사모하라

찬송 / 177, 179, 180 / 통 164, 167, 168

성경 / 요한계시록 1:1~20

요절 / 요한계시록 1:7

"볼지어다. 그가 구름을 타고 오시리라 각 사람의 눈이 그를 보겠고 그를 찌른 자들도 볼 것이요 땅에 있는 모든 족속이 그로 말미암아 애곡하리니 그러하리라 아멘."

목표 / 재림하실 주님을 사모하며 믿음을 지키며 살아가는 태도를 기른다.

시작하는 말

오늘 본문 요한계시록의 계시는 세상의 예언자들, 점쟁이들, 점성가들, 종교가들과 현격한 대조가 됩니다. 세상에 있는 무수한 예언자들은 다 자기를 과시합니다. 자기만 하나님을 알며 하나님으로부터 계시를 받았다고 주장합니다. 여기 본문 요한계시록은 하나님의 아들이 친히 쓰신 계시(Ἀποκάλυψις: 아포칼립시스)[1])요 책입니다. 당시에는 일어나지 않은 미래에 있을 사건들을 말씀하시면서 '반드시 재림하실 것이니, 재림의 주님을 사모하며 살라'는 것입니다.

오늘의 말씀

1. '그리스도'께서 자신의 종들에게 계시를 주셨습니다(계 1:1~3).

초대교회의 믿는 자들은 재림 사건이 금방, 그들이 살아있을 동안에

1) 계시(Ἀποκάλυψις: 아포칼립시스)란 하나님께서 인간을 위해서 하나님 자신과 그 목적, 행동에 대한 참 지식을 인간에게 신중히 밝히시는 것을 가리킨다.

일어날 것으로 기대하고 고대했습니다. 그도 그럴 것이 구약에 예언하신 대로 "…성경대로 그리스도께서 우리 죄를 위하여 죽으시고, 장사지낸 바 되셨다가 성경대로 사흘 만에 다시 살아나사…"(고전 15:3~4). 제자들에게 보이셨다가 감람원이라는 산에서 "너희 가운데서 하늘로 올려지신 이 예수는 하늘로 가심을 본 그대로 오시리라."(행 1:11) 말씀하셨거니와 본문에서 주신 계시록에는 '속히 될 일'이라고 말씀하셨기 때문입니다. 하나님의 시간은 사람의 시계와 다르게 시간을 잽니다. "주께는 하루가 천년 같고 천 년이 하루 같다는 이 한 가지를 잊지 말라"고 베드로 사도는 말했습니다(벧후 3:8). 예수 그리스도께서는 자신의 종들 곧 그리스도를 진정으로 믿고 따르며 순종하는 자들에게 열려졌으며, 요한계시록은 그리스도를 진정으로 따르지 않는 자들에게는 인봉된 내용의 책인 것입니다.

· 함께 읽어요 : 요한계시록 1장 1절

"1 예수 그리스도의 계시라 이는 하나님이 그에게 주사 반드시 속히 일어날 일들을 그 종들에게 보이시려고 그의 천사를 그 종 요한에게 보내어 알게 하신 것이라."

2. 예언의 말씀에는 복이 약속되어 있습니다(계 1:3~7).

우리가 '복'(福)이라고 하면 가난한 시절을 상기하며 늘 물질적인 '복'을 생각하기 쉽습니다. 그러나 성경을 자세히 읽다보면 구약 모세5경에는 대부분 소산물에 대한 복과 치유와 건강에 대한 복을 약속하셨습니다. 그러나 선지서들을 보면 죄에 대한 책망과 회복에 대한 약속, 그리고 물질적이며 육신적인 세상, 타락한 세상에 구세주의 약속, 하나님의 공의(公義)와 사회 정의(正義)의 실현들을 예언합니다. 그러나 그것으로도 해결되지 않는 인간 본연의 심성을 고치시는 그리스도의 대속의 피, 성령의 약속을 하나님의 말씀을 통해 선포하십니다. 그리고 계시록에서는 "이 예언의 말씀을 읽는 자와 듣는 자와 그 가운데에 기록한 것을 지키는 자는 복이 있나니 때가 가까움이라"(계 1:3)고 했습니다. '예언의 말씀'인 '성경'을 읽기만 해도, 듣기만 해도 복이 있고, 또한 말씀을 지키는 자가 복이 있다고 했습니다. 날마다 성경말씀을 읽고, 듣고, 지키시며 복된 인생 살아가시기를 간절히 소원합니다.

· 함께 읽어요 : 요한 계시록 1장 3절
"3 이 예언의 말씀을 읽는 자와 듣는 자와 그 가운데에 기록한 것을 지키는 자가 복이 있나니 때가 가까움이라."

3. 알파와 오메가이신 주님 재림을 기다리며 사십시오(계 1:8~20).

사랑하는 성도 여러분! 요즘은 발을 디디며 문밖을 나가기가 무서운 세상입니다. 소돔 고모라가 멸망하기 전 그 음란하고 사악함이 세상을 불안하게 하고 있습니다. 지혜로운 다섯 처녀들처럼 등을 가지고 성령의 보배로운 기름과 믿음과 순종의 기름을 함께 준비하고 소망의 심지를 돋워야 하겠습니다(마 25:13). 미련한 다섯 처녀처럼 "보라! 신랑이로다. 맞으러 나오라!" 하면, 그 때서야 기름 준비하러 나간다면 신랑과 길이 어그러지는 것입니다. 성경은 가르쳐 줍니다. "그러므로 깨어 있으라. 어느 날에 너희 주가 임할는지 너희가 알지 못함이니라"(마 24:42). "이러므로 너희도 준비하고 있으라. 생각지 않은 때에 인자가 오리라."(마 24:44) 하셨습니다. 사랑하는 성도 여러분! 지금은 깊은 잠에서 깨어 준비할 때입니다. 만왕의 왕 주님을 기다리며 살아가시기 바랍니다.

· 함께 읽어요 : 베드로후서 3장 12~13절
"12 하나님의 날이 임하기를 바라보고 간절히 사모하라 그 날에 하늘이 불에 타서 풀어지고 물질이 뜨거운 불에 녹아지려니와 13 우리는 그의 약속대로 의가 있는 곳인 새 하늘과 새 땅을 바라보도다."

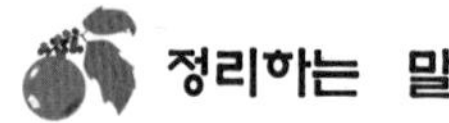

정리하는 말

사랑하는 성도 여러분! 지금은 요한계시록의 그리스도의 계시가 더 이상 닫혀 있지 않고, 열어서 보여주시는 것입니다. 이제 신앙의 긴장의 끈을 조이면서 깊은 낙망과 실패와 나태의 잠에서 깨어나시기 바랍니다. 신실한 주의 종들에게 보여주신 확실한 계시를 유념하시기 바랍니다. 조심스럽게 '성령의 기름'을 준비하고 기록되어진 성경말씀을 자세히 읽고 묵상하면서 다시 오신다고 약속하신 주 예수 그리스도의 재림을 기다리며 신랑이신 주님을 맞을 준비를 하시며 기쁨으로 살아가시기 바랍니다.

평가와 결심

1. 누구에게 속히 일어날 일들을 보이시려고 하셨습니까?
(계 1:1~3, 주의 종들에게)
2. '예언의 말씀'은 어떻게 하는 자가 복이 있다고 하였습니까?
(계 1:3, 읽는 자와 듣는 자와 지키는 자)
3. 말세를 살아가는 우리가 어떻게 살아가야 하겠습니까?
(계 1:8~20, 재림하실 주님을 기다리며 살아가야 함)

주간 경건의 시간 <17> · 날마다 말씀과 함께

요일 / 내용	주일/월(Mon)	화(Tue)	수(Wed)	목(Thu)	금(Fri)	토(Sat)
찬송	37동 / 36동	28동/29동	25동/23동	39동/73동	74동/83동	176/ 163
성경	계 1: / 2:	계 3:/ 4:	계 5:/ 6:	계 7:/ 8:	계 9:/ 10:	계 11:
적용	그리스도 계시/ 4교회편지	3교회편지 /열린 문	어린양/ 일곱인	14만4천/ 금향로	무저갱열쇠 /두루마리	두 증인

* 나무에 꽃이 필 동안에는 열매를 먹을 수 없다.

<벤저민 디즈레일리, 1804~1881, 영국 정치가, 작가>

제18과

말씀을 지키며 살아라

찬송 / 177, 179, 180 / 통 164, 167, 168
성경 / 요한계시록 21:1~27
요절 / 요한계시록 22:7
"보라 내가 속히 오리니 이 두루마리의 예언의 말씀을 지키는 자는 복이 있으리라 하더라."
목표 / 재림의 주님을 기다리면서 말씀을 지키며 살아가는 태도를 기른다.

시작하는 말

오늘 본문에는 영원한 세계를 보여주십니다. 그 날에 이 세상의 모든 악하고 부정적인 것들이 정복되고 파괴될 것입니다. 경건치 않고 악한 것들, 그리고 우리를 고통스럽고 아프게 하는 것들, 타락과 죽음 등 이 모든 것들이 소멸되고 사라질 것입니다. 사탄과 이 세상의 경건치 않고 악한 것들을 멸하시고 새 하늘과 새 땅을 만드실 것입니다. 이제 하나님께서는 만물을 새롭게 하실 것입니다. 그 영원한 나라에 들어가기 위해 우리는 무엇을 해야 하겠습니까? 말씀을 지키시며 살아가시기를 바랍니다.

오늘의 말씀

1. '처음 창조하셨던 하늘과 땅'을 새롭게 하실 것입니다(계 21:1~3).

창조주 하나님께서는 말씀으로 세상을 창조하셨습니다. 그러나 창조하신 에덴동산은 하나님의 언약의 말씀이 깨뜨려지면서 불행이 찾아왔습니다. 불평, 원망, 실패와 좌절의 눈물, 두려움, 배신 이런 죄악들이 인류를 슬프게 만들었습니다. 이제 지금까지의 지겨운 시간들을 만들어 낸 일월성신은 파괴되고 다시 새 하늘을 만드실 것입니다. 더 이상 뇌성 벽력, 태풍, 재난의 홍수, 가뭄이 없어질 것입니다. 죄악의 땅 저주 받은 땅, 불완전한 땅이 사라질 것입니다. 더 이상 가시와 엉겅퀴가 있거나, 비옥하지 못하고 생산력이 없는 토양을 바꾸어 새로운 땅을 만드실 것입니다. 더 이상 굶주림이나 기근, 질병이나 노화, 쇠약이나 죽음이 없을 것입니다.

· 함께 읽어요 : 요한 계시록 21장 1절

"1 또 내가 새 하늘과 새 땅을 보니 처음 하늘과 처음 땅이 없어졌고, 바다도 다시 있지 않더라."

2. 새 하늘과 새 땅 새 예루살렘이 있을 것입니다(계 21:2, 9~23).

하나님이 새롭게 만드신 새 하늘과 새 땅에는 하나님의 새 성읍, 즉 거룩한 도성인 새 예루살렘이 새 땅의 수도가 될 것입니다. 그것은 바로 하나님의 임재를 상징하는 곳이 될 것입니다. 거룩한 성읍은 믿는 자들에게 그들이 우주의 전역에서 하나님을 섬기고 있다는 것을 증거 할 수 있는 장소를 제공할 것입니다. 하늘의 성읍은 사람들과 함께 거하기 위해 내려오는 하나님의 임재를 상징하는 장막입니다.

새 하늘과 새 땅에는 하나님의 임재의 중심이 되고 예수 그리스도께서 거하시며 우주를 통치하실 특별한 장소인 성읍이 있을 것입니다. 그 성읍이 바로 거룩한 성, '새 예루살렘'입니다. 이것은 하나님께서 요한에게 마지막 주시는 환상이요, 가장 영광스러운 환상입니다. 사도 요한을 그 성읍으로 인도한 자는 일곱 대접 심판 중 하나를 땅에 쏟았던 일곱 천사 가운데 하나였습니다. 누구든지 하나님의 아들 예수 그리스도를 믿고, 새 예루살렘에서 하나님과 그분의 아들과 영원히 살기를 원하는 자에게는 성읍의 시민이 될 수 있는 자격이 주어집니다(9~10절).

천사는 성령으로 요한을 데리고 높은 산으로 올라가 그에게 하나님의 영광스러운 성읍을 보여주었습니다. 새 예루살렘에는 ① 성읍의 영광이 있습니다(11절). ② 성곽이 있습니다(12절). ③ 열두 개의 문이 있습니다(12~13절). ④ 열 두 개의 기초석이 있습니다(14절). 그리고 그 성읍의 형태는 ① 정방형이요. ② 엄청나게 커 길이와 너비와 높이가 1,500마일(2,400km)이요. ③ 성벽 두께는 144규빗(약 80미터)입니다. 성읍의 규모는 하나님의 아들 예수 그리스도를 통해 하나님께 오는 모든 사람을 수용하기에 충분한 공간입니다.

· 함께 읽어요 : 요한 계시록 21장 4절
"4 모든 눈물을 그 눈에서 닦아 주시니 다시는 사망이 없고 애통하는 것이나 곡하는 것이나 아픈 것이 다시 있지 아니하리니 처음 것들이 다 지나갔음이러라"

3. '새 예루살렘' 성읍을 건축한 재료들이 있습니다(계 21:18~21).

사랑하는 성도 여러분! '새 예루살렘' 성읍의 색깔이 아름다움과 그 화려함이 극상입니다. ① 성곽은 벽옥(초록빛 수정)으로 만들어졌습니다. ② 성읍은 유리처럼 맑은 정금으로 만들어졌습니다. ③ 기초 석은 열 두 개의 보석으로 꾸몄습니다. 그 보석은 벽옥, 남보석, 옥수, 녹보석, 홍마노, 홍보석, 황옥, 녹옥, 담황옥, 비취옥, 청옥, 자수정입니다. ④ 열두 문은 커다란 12개의 진주로 되어 있습니다. ⑤ 성읍 거리는 유리처럼 투명한 순금으로 만들어져 있습니다.

성도 여러분! 보석보다 더 찬란하고 영광스런 하나님의 광휘와 광채를 상상해 보십시오. 그 아름다움은 우주에 가득 찬 황홀한 장면일 것입니다. 하늘의 도성은 어떤 값을 지불하고도 들어갈 만한 가치, 무한한 가치가 있다는 말입니다. 그 성에는 하나님과 그리스도와 성령님과 계속적인 교제와 교통 가운데 예배가 끊이지 않을 것입니다. 세상에서처럼 성전이나 예배의식을 가르칠 필요 없이 교제가 계속 될 것입니다.

· 함께 읽어요 : 요한복음 4장 24절
"24 하나님은 영이시니 예배하는 자가 영과 진리로 예배할지니라."

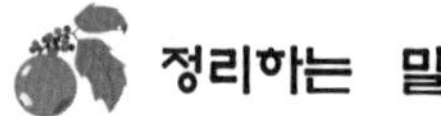

정리하는 말

사랑하는 성도 여러분! 이 세상의 영화는 풀의 꽃과 같습니다. 언젠가는 시들고 사라져버립니다. 그러나 새 하늘과 새 땅! 하나님과 그리스도의 보좌가 있는 성읍, 즉 새 예루살렘 성읍에는 빛, 하나님과 어린 양이신 주 예수 그리스도의 빛이 있습니다. 거기 거할 시민이 있을 것입니다. 하나님의 영광의 빛 가운데 다니며, 하나님에 대한 완전한 지식 가운데, 완전한 빛, 순결과 의(義), 그리고 무엇을 어떻게 행해야 할 것인지를 아는 성도들이 완전한 지혜 가운데 섬길 것임을 믿으시기 바랍니다.

평가와 결심

1. 우리가 거할 영원한 성읍 그 나라는 어떤 모습일까요?
   (계 21:1~3, 처음 것과 아주 다른 새 하늘과 새 땅임)
2. '새 하늘과 새 땅'의 중심지는 어디 일까요?
   (계 21:3, 새 예루살렘 성)
3. 새 예루살렘 성에서 성도들은 어떻게 섬길 것입니까?
   (계 21:18~21, 완전한 지식, 순결과 의, 지혜로 섬길 것임)

주간 경건의 시간 <18> · 날마다 말씀과 함께

요일 / 내용	주일/월(Mon)	화(Tue)	수(Wed)	목(Thu)	금(Fri)	토(Sat)
찬송	73동 / 36동	93동/28동	29동/27동	1동/ 21동	39동/83동	123동
성경	계12: / 13:	계14:/15:	계16:/17:	계18:/19:	계20:/21:	계 22:
적용	여자와 용/ 짐승 두 마리	새 노래/ 세마포	일곱 대접/음녀	바벨론/옳은 행실	천년왕국/ 새 하늘	주 예수의 은혜

* 적은 마음속에 결코 큰 소망을 놓을 수 없다.

<젠킨 로이드 존스, 1880년경, 미국 종교인 저술가>

5단원 충만한 가정의 달

제19과

성령으로 묶여진 가정

찬송 / 526. 525, 570 / 통 316, 315, 453
성경 / 룻기 1:1-22
요절 / 룻기 1:16하반절
"어머니께서 가시는 곳에 나도 가고 어머니께서 머무시는 곳에 나도 머물겠나이다. 어머니의 백성이 나의 백성이 되고 어머니의 하나님이 나의 하나님이 되시리니"
목표 / 가정의 구성원인 식구들이 성령으로 묶여지도록 지도한다.

시작하는 말

사사들이 치리하던 시대에 유다 '베들레헴'에 에브랏 사람 엘리멜렉 가정에 흉년이 들었습니다. 그런 와중에 이 가정은 재난을 견디지 못하고 하나님이 주신 기업을 버리고 모압 지방으로 이주했습니다. 모압 지방으로 이주한 것은 징계를 피하여 간 불신앙과 불순종의 죄를 더한 것이 되었습니다. 이방 땅에서 엘리멜렉이 죽고, 모압 여자들과 결혼한 두 아들도 죽었습니다. 정말 이 가정은 신앙의 부흥이 필요한 가정이었습니다. 여러분! 가정이 성령 충만한 가정이 되도록 기도하시기 바랍니다.

오늘의 말씀

1. 세상 사람들이나 성도들의 가정에도 재난은 닥쳐옵니다(룻 1:1~5).

유다 베들레헴(בֵּית לֶחֶם, 뻬이트 레헴, 떡집)에 흉년이 들었습니다. 세상을 살다보면 세상 사람들만 재난을 만나는 게 아닙니다. 성도들도 재난을 만납니다. 성도들에게 오는 재난은 하나님의 징계든지 경고든지 반드시 이유가 있습니다. 사사 시대 베들레헴 에브랏 사람 엘리멜렉 가정에 흉년이 찾아왔습니다. 본문은 성도들에게 재난이 찾아오면 어떻게 이겨나갈 것인가를 교훈하고 있습니다. 엘리멜렉 가정은 흉년을 피해 이방 땅 모압 지방으로 내려갔습니다. 재난이란 놈은 피하면 피하는 곳 끝까지 따라옵니다. 가장인 엘리멜렉이 죽고, 두 아들 말론과 기룐도 모압 여자들과 결혼했다가 죽고 말았습니다. 이게 무슨 변고입니까? 시어머니와 며느리들이 다 과부가 된 것입니다.

· 함께 읽어요 : 룻기 1장 5절
"5 말론과 기룐 두 삶이 다 죽고 그 여인은 두 아들과 남편의 뒤에 남았더라."

2. 시어머니 나오미와 룻은 베들레헴으로 돌아옵니다(룻 1:6~18).

험난한 인생길에서 가장 어렵고 힘든 것은 실패의 밑바닥에서 오뚝이처럼 다시 일어나는 일입니다. 밑바닥까지 내려갔다가 다시 회복하는 과정은 쉽지 않습니다. 그러기에 인생역전이란 말이 있는 것입니다. 여기 시어머니 나오미가 예루살렘에 양식을 주셨다는 소식을 듣고 귀향을 결심합니다. 며느리들에게 사실을 토로합니다. "너희들은 아직도 젊고 길이 창창하니 좋은 사람 만나 재혼하여라." 이때 오르바는 시어머니에게 입 맞추고 돌아가되, 룻은 시어머니를 붙좇았습니다. "네 동서는 그의 백성과 그의 신들에게로 돌아가나니 너도 너의 동서를 따라 돌아가라." 이 말을 듣고 룻과 시어머니 나오미와의 대화는 세상에서 가장 아름다운 신앙고백의 대화였습니다.

16절을 보세요. "룻이 이르되 내게 어머니를 떠나며 어머니를 따르지 말고 돌아가라 강권하지 마옵소서. 어머니께서 가시는 곳에 나도 가고 어머니께서 머무시는 곳에 나도 머물겠나이다. 어머니의 백성이 나의 백성이 되고 어머니의 하나님이 나의 하나님이 되시리니" 얼마나 흐뭇한 신앙고백입니까? 참으로 정직하고 신선한 신앙고백입니다.

· 함께 읽어요 : 룻기 1장 17절

"17 어머니께서 죽으시는 곳에서 나도 죽어 거기 묻힐 것이라. 만일 내가 죽는 일 외에 어머니를 떠나면 여호와께서 내게 벌을 내리시고 더 내리시기를 원하나이다하는지라."

3. 시어머니와 며느리 룻이 성령으로 묶여졌습니다(룻 1:18~22).

18절을 보세요. "나오미가 룻이 자기와 함께 가기로 굳게 결심함을 보고 그에게 말하기를 그치니라." 모압 여인이 하나님의 백성 '이스라엘 백성'이 되는 순간입니다. 참으로 남편 엘리멜렉을 잃고 슬픔에 잠겼을 때 말론과 기룐이 결혼해서 오르바와 룻이라는 자부를 맞고 기쁨이 찾아왔습니다. 그러나 그 기쁨도 잠간, 두 아들이 죽자 나오미는 절망에 빠졌을 때입니다. 자부 룻과의 대화중에 나오미는 하나님이 주시는 평안과 성령 안에서 느끼는 기쁨을 맛봅니다. 이 세상의 소망은 구름 같습니다. 풀잎의 이슬 같습니다. 그 영화가 풀의 꽃과 같아서 곧 시들고 맙니다.

시어머니 나오미와 며느리 룻은 출신 나라도 다르고 사상도 달랐습니다. 그러나 유일신 여호와 하나님 신앙으로 하나 되었습니다. 성령으로 하나 되어 묶여졌습니다. 이제 이들에게 불행은 멀리 달아나 다른 사람들의 이야기가 되었습니다. 사랑하는 성도 여러분! 가정에 성령 충만하시기 바랍니다. 여러분의 가정, 평안과 기쁨 충만한 가정이 될 것입니다.

· 함께 읽어요 : 요한복음 14장 27절

"27 평안을 너희에게 끼치노니 곧 나의 평안을 너희에게 주노라 내가 너희에게 주는 것은 세상이 주는 것과 같지 아니하니라. 너희는 마음에 근심하지도 말고 두려워하지도 말라."

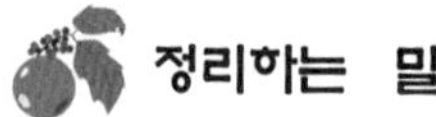

정리하는 말

이스라엘의 사사 시대는 정치적으로나 국가적으로 심히 불안한 시대였습니다. 정치적으로 불안한 때에 엎친 데 겹친 격으로 느닷없이 찾아오는 흉년이나 재난이 몹시 견디기 힘든 상황이었을 것입니다. 할 수 없이 모압 지방으로 내려갔다가 재산 잃고, 남편 떠나보내고, 상황이 말이 아니었습니다. 그러나 예루살렘으로 돌아와 신앙 회복하니 문제가 풀렸습니다. 돌아온 룻은 다윗 왕의 증조모가 되는 가문의 복을 누렸습니다. 여러분! 귀한 신앙의 계승으로 가문을 성공으로 이끄시기 바랍니다.

평가와 결심

1. 재난과 흉년이 세상사람 누구에게 찾아옵니까?
   (룻 1:1~5, 세상 사람들에게만 아니라 성도에게도 찾아옴)
2. 모압에서 실패한 시어머니와 자부가 어떻게 극복합니까?
   (룻 1:6-18, 시어머니의 백성에게로 돌아와 신앙회복으로)
3. 현명한 자부 룻이 어떻게 문제를 풀어갑니까?
   (룻 119~22, 시어머니에게 순종하고 보아스와 재혼함)

주간 경건의 시간 <18> · 날마다 말씀과 함께

요일 / 내용	주일/월(Mon)	화(Tue)	수(Wed)	목(Thu)	금(Fri)	토(Sat)
찬송	146동/ 74동	10 / 34	12 / 22	91동	252 / 184	254/ 186
성경	룻 1:/ 2:	3:	4:	삼상 1:	삼상 2:	삼상 3:
적용	나오미와 룻/ 보아스 만남	룻과 보아스	다윗의 증조모	한나의 애통	한나의 기도	사무엘 부르심

* 우리에게 생명을 주신 신(神)이, 동시에 우리에게 자유도 주셨다.

<토마스 제퍼슨, 1743~1826, 미국 3대 대통령>

여호와의 영이 임한 사울

찬송 / 341, 342, 357 / 통 367, 395, 397
성경 / 사무엘상 10:1-27
요절 / 사무엘상 10:6
"네게는 여호와의 영이 크게 임하리니 너도 그들과 함께 예언을 하고 변하여 새 사람이 되리라."
목표 / 여호와의 영이 임한 삶으로 살아가도록 한다.

시작하는 말

사무엘은 이스라엘 역사상 매우 중요한 위치와 역할을 감당한 위대한 지도자입니다. 그러나 그의 아들들은 사무엘과 달리 행악을 자행했습니다. 그들은 아버지가 감당해 온 사역을 물려받을 자격이나 능력이 없었습니다. 이에 백성들은 사무엘을 찾아와서 이방 민족들과 같은 '왕'을 세워달라고 요청했습니다. 왕정제도는 이미 오래 전에 예언된 것이지만 백성들의 요구는 하나님이 계획하신 것과는 많이 달랐습니다. 이스라엘은 하나님이 정하신 방법과 시기에 따른 왕정이 아닌 이방 나라들의 왕정을 요구했던 것입니다.

오늘의 말씀

1. 기름부음 받은 사울에게 징조가 임했습니다(삼상 10:1~8).

사무엘은 사울에게 기름을 붓고 하나님께서 그를 이스라엘의 왕으로 삼으셨다는 사실을 전했습니다. 그리고 이어서 그 사실을 확신케 하는 세 가지 징조가 임할 것이라고 했습니다.

① 첫 번째 징조는 라헬의 묘실 곁에서 두 사람을 만나게 되리라.

② 두 번째 징조는 다볼 상수리 나무에 이를 때 벧엘로 올라가는 세 사람을 만나게 될 것이다. 하나는 염소 새끼를 이끌었고, 하나는 떡 세 덩이를 가졌는데, 사울에게 떡 두 덩이를 주겠다는 것은 사울이 이들에게서 예물의 일부를 받는다는 것이며, 이것은 하나님께서 그를 이스라엘 왕으로 택하셨음을 인정해주심을 확증시켜 주는 것입니다.

③ 세 번째 징조는 하나님의 산에 이르러 블레셋 사람의 영문이 있는 성읍으로 들어갈 때 산당에서 악기를 앞세우며 예언하며 내려오는 선지자의 무리를 만나리라. 그때 사울에게 '하나님의 신'이 임하고 그는 '새 사람'으로 변화될 것이었습니다.

· 함께 읽어요 : 사무엘상 10장 7절

"7 이 징조가 네게 임하거든 너는 기회를 따라 행하라 하나님이 너와 함께 하시느니라."

2. 사울은 새 사람으로 변화되었습니다(삼상 10:9~16).

여기서 주목해야 할 사실은 사울에게 예언한 징조들은 사울로 하여금 자신이 하나님으로부터 택함을 받았다는 확신을 주었다는 것입니다. 사울은 변화되어 새사람이 되었습니다.

사울이 사무엘에게서 떠나려고 돌이킬 때에 하나님이 '새 마음'을 주셨고, 그 날 그 징조도 다 응했던 것입니다. 그들이 산에 이를 때 선지자의 무리가 그를 영접하고 하나님의 영이 사울에게 크게 임하므로 그가 그들 중에서 예언을 했습니다. 이것은 물론 하나님께서 그에게 역사하신 결과였습니다. 그러나 사울은 겸손히 그 은혜에 감사하고 자신에게 일어난 일에 대하여 드러내지 않고 간직한 것은 하나님의 은혜에 대한 믿는 자의 책임 있는 태도가 무엇인지를 보여줍니다.

· 함께 읽어요 : 사무엘상 10장 16절
"16 사울이 그의 숙부에게 말하되 그가 암나귀들을 찾았다고 우리에게 분명히 말하더이다하고 사무엘이 말하던 나라의 일은 말하지 아니하니라."

3. 사울이 미스바에서 공식 이스라엘 왕이 되었습니다(10:17~27).

사무엘은 이스라엘 백성들을 미스바로 불러 여호와께서 그들의 요구를 따라 왕을 세우실 것을 전합니다. 그러나 그는 왕을 뽑기 전에 먼저 이스라엘 백성들의 패역함을 지적했습니다. 사무엘의 이러한 질책은 단순히 그들의 잘못을 지적하기 위한 것이 아니라 그들의 요구대로 왕을 세우지만 여전히 하나님을 신뢰하는 것만이 이스라엘이 모든 대적들로부터 구원받고 안정을 누리는 유일한 길임을 깨우쳐 주려는 것이었습니다. 그들이 왕을 세워달라고 한 것은 하나님을 버리고 자기들 뜻대로 살겠다고 한 것입니다. 이는 그 선택으로 인한 모든 결과에 대해 책임을 져야 한다는 것을 의미합니다. 본문에는 그들이 스스로 제비뽑아 왕을 선택하는 과정이 소개되고 있습니다. 그들이 제비뽑을지라도 일을 작정하시는 분은 하나님이시므로 그 제비뽑기를 통해서도 하나님의 뜻이 세워질 것이었습니다.

제비뽑기의 결과 사울이 뽑혔습니다. 그를 찾았으나 보이지 않았습니다. 그가 짐 보따리 속에 숨은 것을 하나님이 가르쳐 주셨습니다. 사울은 키가 크고 외모가 준수했기 때문에 왕을 요구했던 사람들의 마음은 만족해했습니다. 사울은 공식적으로 이스라엘 왕이 되었고, 백성들은 환호했습니다.

· 함께 읽어요 : 사무엘상 10장 24절
"24 사무엘이 모든 백성에게 이르되 너희는 여호와께서 택하신 자를 보느냐 모든 백성 중에 짝할 이가 없느니라하니 모든 백성이 왕의 만세를 외쳐 부르니라."

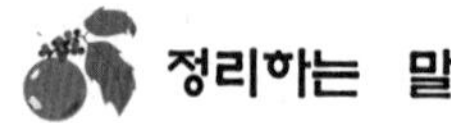

정리하는 말

성도 여러분! 사무엘은 이스라엘의 마지막 사사요 선지자였습니다. 그는 사사시대를 종식시키고 이스라엘에 왕정제도를 세우는데 기여했습니다. 사무엘은 사울을 준비시켜 이스라엘 초대 왕으로 기름 붓고 등극시켰습니다. 가장 중요한 것은 하나님이 사울에게 새 마음을 주셨다는 것입니다. 사울에게 여호와의 영이 크게 임하였다는 것입니다. 나라 일이나 가정사나 개인사나 여호와의 영(성령)이 임하셔서 승리하시기 바랍니다.

평가와 결심

1. 사울에게 기름 부었을 때 사울에게 무슨 일이 일어났습니까?
   (삼상 10:1~6, 세 가지 징조가 임함)
2. 사울이 기름부음을 받은 후 어떤 변화가 일어났습니까?
   (삼상 10:7~10, 하나님이 새 마음을 주셨고, 하나님의 영이 임함)
3. 사울이 왕이 된 절차는 어떠했습니까?
   (삼상 10:17~27, 사울이 제비 뽑혔고, 공식 왕이 됨)

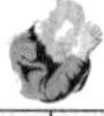

주간 경건의 시간 <20> · 날마다 말씀과 함께

내용 \ 요일	주일/월(Mon)	화(Tue)	수(Wed)	목(Thu)	금(Fri)	토(Sat)
찬송	37동/ 86동	304 / 404	305 / 405	309 / 409	314 / 510	315 / 512
성경	삼상 4:/ 5:	삼상 6:	삼상 7:	삼상 8:	삼상 9:	삼상 10:
적용	언약궤 빼김 / 독한 종기	언약궤 돌아옴	에벤에셀	왕을 요구	사무엘 만남	여호와의 영

* 자유는 획득하는 것보다 간직하는 것이 더 어렵다. <J. C. 컬훈>

성령에 감동된 다윗

찬송 / 250, 249, 254 / 통 182, 249, 186
성경 / 사무엘상 16:1-23
요절 / 사무엘상 16:13상반절
"사무엘이 기름 뿔 병을 가져다가 그의 형제 중에서 그에게 부었더니 이 날 이후로 다윗이 여호와의 영에게 크게 감동 되니라."
목표 / 성령(聖靈)에 크게 감동 되어 살아가는 삶을 살아가도록 한다.

시작하는 말

아말렉 족속을 모두 진멸하라는 말씀을 자기 편의대로 해석하여 불순종한 사울을 버리시겠다고 하신 하나님께서 새로운 왕을 택하십니다. 이것은 이전에 사울이 사무엘이 선지자가 오기 전 제사를 드린 일로 하나님께서 마음에 맞는 사람을 구하여 이스라엘 백성의 지도자로 삼으시겠다는 말씀(삼상 13:13-14)의 성취이기도 합니다. 본문은 아말렉 진멸에 대한 불순종에 대한 심판을 선포한 후 외모가 뛰어나고 사람들에게 호감을 주는 사울보다 이제 그분의 마음에 합한 자, 외모가 아니라 중심을 보시고 이스라엘 왕으로 준비되어 있는 자를 택하셨습니다.

오늘의 말씀

1. 사무엘에게 새로운 사명을 주셨습니다(삼상 16:1~3).

요즘 외모에 대한 관심이 많습니다. 취직이나 결혼 상대자를 찾는 데도 사람들은 '얼짱'을 찾습니다. 외모가 훤칠하고 사람들의 호감을 사는 사울을 세워 이스라엘 왕으로 삼으셨습니다. 하나님입니다. 그런데 사울은 안하무인격인 행동과 불순종으로 말미암아 사무엘 선지자까지도 실망했습니다. 의기소침해 있는 사무엘에게 하나님은 새로운 사명을 주셨습니다.

① 버림받은 사울로 인해 슬퍼하고 있지만 말아라.

② 사울을 대신할 왕을 이미 예비해 두셨다는 것입니다.

③ 예비한 자는 하나님만이 아시고 가르쳐 주실 것입니다. 이제 사무엘은 제사 드리는 것처럼 암송아지를 끌고 이새의 집에 가라고 하십니다. 이새의 아들 중 한 사람에게 기름을 부으실 것입니다.

· 함께 읽어요 : 사무엘상 16장 1절하반절

"1 ……너는 뿔에 기름을 채워 가지고 가라 내가 너를 베들레헴 사람 이새에게로 보내리니 이는 내가 그의 아들 중에서 한 왕을 보았느니라하시니라."

2. 사무엘이 다윗에게 기름을 부었습니다(삼상 16:4-12).

사무엘이 베들레헴 사람 이새의 집에 가 하나님이 선택한 왕이 될 사람이 누구인지는 몰라도 말씀에 순종하여 기름을 부을 준비를 합니다.

① 사무엘이 이새의 가정을 제사에 청합니다(4~5절). 갑작스러운 사무엘 선지자의 방문에 성읍 장로들은 두려워 "평강을 위해 오시나이까?" 라고 물었습니다. 사사인 사무엘의 예고 없는 방문에 의아해 했습니다. '평강을 위함이라.' 간단하게 대답하고서 '스스로 성결하게 하고 함께 제사하자.' 그리고 이새와 그 아들들을 성결케 하고 제사에 청했습니다.

② 사무엘이 이새의 아들들을 한 명씩 살펴봅니다(6~11절). 사무엘의 청함에 따라 이새의 아들들이 오자 자기 앞으로 지나가게 한 것으로 보입니다. 맏아들 엘리압은 누가 보아도 신장과 용모가 뛰어났습니다. 하나님께서는 '나 여호와는 중심을 보느니라.' 하십니다. 맏아들 엘리압으

로부터 일곱째까지 동일한 응답입니다. 세상의 기준과 하나님의 기준이 다르다는 것을 보게 됩니다.

· 함께 읽어요 : 사무엘상 16장 7절
"7 여호와께서 사무엘에게 이르시되 그의 용모와 키를 보지 말라 내가 이미 그를 버렸노라 내가 보는 것은 사람과 같지 아니하니 사람은 외모를 보거니와 나 여호와는 중심을 보느니라."

3. 사무엘이 다윗에게 기름 부으니 여호와 영에 감동 됩니다 (삼상 16:12-23).

아들 일곱째까지 사무엘 앞을 지나갔지만 하나님의 택하신 자가 없었습니다. 이새에게 묻습니다. "네 아들들이 다 여기 있느냐?" "아직 말째가 남았는데 그가 양을 지키나이다." "보내어 그를 데려오라 그가 여기 오기까지는 우리가 식사자리에 앉지 아니하겠노라"(11절). 우리가 여기서 유념해야 할 점은 예배시간에는 상전이나 하인이나 남녀노소를 막론하고 차별이나 예외 없이 다 참예해야 한다는 것입니다.

성실히 양을 지키다 부름을 받은 다윗은 내면적인 아름다움이 표출되어 그의 빛이 붉고 눈이 빼어나고 얼굴이 아름다웠습니다. 여호와께서 '일어나 그에게 기름을 부으라'고 했습니다. 다윗의 기름 부음 받음은 이번이 첫 번째요, 사울 사후(死後)에 유다 지파로부터가 두 번째요, 통일왕국이 세워지면서 세 번째 기름부음 받기까지 그는 오랜 기간 동안 연단을 받습니다. 우선 다윗에게는 사울 왕의 부름 받아 궁정악사로 있으면서 그가 수금을 타면 사울에게서 악신이 떠나는 신유역사(神癒役事)가 나타났습니다.

· 함께 읽어요 : 사무엘상 16장 23절
"23 하나님께서 부리시는 악령이 사울에게 이를 때에 다윗이 수금을 들고 와서 손으로 탄즉 사울이 상쾌하여 낫고 악령이 그에게서 떠나더라."

정리하는 말

사랑하는 성도 여러분! 하나님의 능력에 사로잡힌 자들을 괴롭힐 수 없습니다. 육신과 영혼이 건강한 자들은 악령에 휘둘릴 수 없습니다. 귀신과 악령은 믿음이 연역한 이들을 엄습합니다. 성령 충만한 자를 넘 볼 수 없습니다. 성령은 연약한 믿음의 소유자를 위해 귀한 일꾼을 세우시고 사명을 감당하게 하십니다. 부름받은 하나님의 종들은 악령의 역사를 제어하고 복음의 능력을 나타냅니다. 여러분도 성령에 감동된 예수 그리스도의 종이 되시길 간절히 소원합니다.

평가와 결심

1. 사무엘에게 사명을 주시고 수행토록 하신 분이 누구십니까?
   (삼상 16:13, 영호와의 영)
2. 사무엘이 이새의 아들 중 하나님께서 택한 사람은 누구입니까?
   (삼상 16:18, 이새의 말째 여덟째아들인 다윗)
3. 사무엘이 기름 부음을 받은 다윗은 어떤 일을 하였습니까?
   (삼상 16:14~23, 여호와의 영 떠난 사울에게 수금 연주로 상쾌하게 함)

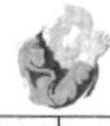

주간 경건의 시간 <21> · 날마다 말씀과 함께

요일 내용	주일/월(Mon)	화(Tue)	수(Wed)	목(Thu)	금(Fri)	토(Sat)
찬송	88동 / 93동	266 / 200	320 / 350	336 / 383	370 / 455	388 / 441
성경	삼상11:/12:	삼상 13:	삼상 14:	삼상 15:	삼상 16:	삼상 17:
적용	하나님의 영 / 기도 쉬는 죄	블레셋과 전쟁	처음 제단	순종이 제사보다	여호와의 영	골리앗의 모욕

* 우리는 자유를 위해 싸운다. 그것은 우리의 독자적 신념이요, 우리의 이방인에 대한 유일한 공약이다. <존 F. 케네디, 1817~1963, 미국 정치가, 35대 대통령>

5단원 충만한 가정의 달

자기 생명같이 사랑하라

찬송 / 197, 196, 195 / 통일 178, 174, 175

성경 / 사무엘상 20:1-42

요절 / 요한복음 15:13

"사람이 친구를 위하여 목숨을 버리면 이보다 더 큰 사랑이 없나니"

목표 / 요나단처럼 친구를 자기 생명같이 사랑하는 태도를 기른다.

시작하는 말

여러분! 세상에 가장 아름다운 우정이 바로 오늘 본문에 나오는 다윗과 요나단의 우정입니다. 요즘은 동성연애 때문에 이런 우정이 폄하되는 경우도 있지만 다윗과 요나단의 경우에는 참으로 본받고 싶은 우정이었습니다. 다윗 속에 머무시는 성령이 이렇게 아름다운 우정을 탄생시키셨습니다. 누가 왕의 대권을 친구에게 양보하겠습니까? 누가 자기를 희생하고 왕권을 포기하겠습니까? 그러나 기름 부음 받은 후 여호와의 영이 임재 해 있는 다윗은 산천을 보면 찬양시가 흘러내리고, 대적들을 보면 용맹이 누구도 따를 수 없이 강하게 일어나 이스라엘의 역사의 판도를 바꾸어 놓았던 것입니다. 사랑의 열매를 맺으시기 바랍니다.

오늘의 말씀

1. 다윗의 결백한 성품이 우정을 키워나갔습니다(삼상 20:1~4).

하나님의 도우심으로 자신을 죽이려는 사울을 피한 다윗은 요나단을 찾아가 자신의 처지와 결백을 호소합니다. 자신이 사울에게 위협을 당할만한 어떤 악도 행하지 않았음을 토로하며 요나단에게 결백을 호소합니다. ① "내가 무엇을 하였으며." 이 말에서 다윗은 사울에게 해를 끼칠만한 아무런 일도 하지 않았다는 것입니다. ② "내 죄악이 무엇이며." 이 말에서 다윗은 사울에게도 더 나아가 하나님의 율법에 비추어도 죄를 범하지 않았다는 것입니다. ③ "네 부친 앞에서 나의 죄가 무엇이 관대." 이 말에서 다윗은 자신이 행한 것은 중심을 다해 사울을 섬긴 것뿐인데 어찌하여 자신의 생명을 빼앗으려 하는지 도무지 이해할 수 없다는 것입니다. 이러한 다윗의 결백한 삶이 우정을 점점 키워갔습니다.

· 함께 읽어요 : 사무엘상 20장 4절

"4 요나단이 다윗에게 이르되 네 마음의 소원이 무엇이든지 내가 너를 위하여 그것을 이루리라."

2. 다윗과 요나단이 서로 긴밀하게 협력합니다(삼상 20:5~23).

여러분은 다윗처럼 절박한 심령을 호소할 친구가 있습니까? 본문에는 다윗이 요나단에게 자신의 절박한 심정을 호소한데 이어 오리무중(五里霧中)[1]인 사울의 마음을 파악하기 위해 친구 요나단과 상의합니다. 매월삭에 하나님께 온 가족이 제사 드리며 상면하는 그곳에 다윗이 사울의 마음을 알아내려고 제사에 빠짐으로 화를 발하는 일이 있었다는 것을 다윗에게 알렸습니다. 이제 다윗을 죽이려는 사울의 음모가 무산된 후 사울의 의중을 정확히 파악하기 위해서 가족 제사를 핑계로 요나단에게 말하고 그 다음날도 빠졌습니다. 이때 사울은 자신의 살해 계획이 무산되자 요나단에게 화를 내며 30-31절에 "패역무도한 계집의 소생아 네가 이새의 아들을 택한 것이 네 수치와 네 어미의 벌거벗은 수치됨을

1) 오리무중(五里霧中)이란 짙은 안개 속에 있어 방향을 알 수 없음과 같이, 무슨 일에 대해 알 길이 없음을 비유하는 말이다.

네가 알지 못하랴, 이새의 아들이 땅에 사는 동안은 너와 네 나라가 든든히 서지 못하리라" 합니다. 그리고 요나단에게 "그를 내게로 끌어 오라 그는 죽어야 할 자라"고 나무랍니다. 요나단이 아버지에게 다윗을 변호하면서 "그가 죽을 일이 무엇이니이까? 무엇을 행하였나이까?"라고 대답을 하자 단창을 던져 죽이려 합니다. 요나단은 그 자리를 떠납니다.

· 함께 읽어요 : 사무엘상 20장 33절
"33 사울이 요나단에게 단창을 던져 죽이려 한지라 요나단이 그의 아버지가 다윗을 죽이기로 결심한 줄 알고 34 심히 노하여 식탁에서 떠나고 그 달의 둘째 날에는 먹지 아니하였으니 이는 그의 아버지가 다윗을 욕되게 하였으므로 다윗을 위하여 슬퍼함이었더라."

3. 요나단은 다윗에게 사울의 의중(위험)을 전달하고 언약을 합니다 (삼상 20:24~~42).

다윗을 죽이려는 사울의 의지가 돌이킬 수 없는 상태임을 확인한 요나단은 약속했던 대로(19~20절) 이 사실을 다윗에게 알립니다. 다윗과 요나단이 만나기로 한 날 병기를 든 소년을 데리고 다윗이 있는 들에 이릅니다. 쏜 화살과 대화를 통해 다윗이 돌아와야 할지 떠나야 할지를 알려줍니다. 살의에 찬 사울의 모습을 전하고 병기든 소년을 먼저 성으로 보내고 나서 다윗을 만나 울며 이별합니다. 이 안타까움을 말로 다 표현하지 못합니다. 이제 다윗은 왕의 원수가 되어 정처 없는 방랑의 길을 떠납니다. 사울과 다윗 사이를 보호막처럼 받치고 있는 요나단, 그는 참으로 다윗과 같이 생명처럼 친구를 사랑한 우정의 본보기입니다.

· 함께 읽어요 : 사무엘상 20장 42절
"42 요나단이 다윗에게 이르되 평안히 가라 우리 두 사람이 여호와의 이름으로 맹세하여 이르기를 여호와께서 영원히 나와 너 사이에 계시고 내 자손과 네 자손 사이에 계시리라 하였느니라하니 다윗은 일어나 떠나고 요나단은 성읍으로 들어 가니라."

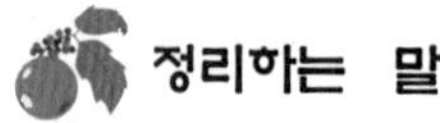

정리하는 말

성도 여러분! 요즘 세상에 약속을 지키고, 우정을 지킨다는 것은 참으로 어렵고 힘든 세상이 되었습니다. 그러나 다윗과 요나단이 왕권을 포기할 만큼 사랑과 우정을 더 중요시 했던 점이 돋보입니다. 요즘 친구는 경쟁상대로 변해가고, 돈과 명예를 위해 생명을 거는 경쟁과 출세 위주로, 목적을 위한 전략에서는 친구도 없고, 부모도 형제도 무시하는 극단적인 행태로 변질되어가고 있습니다. 본문의 다윗과 요나단이 '자기 생명처럼 사랑하는 우정'의 표본을 본받아 살아가시기를 간절히 소원합니다.

평가와 결심

1. 다윗과 요나단의 우정이 계속할 수 있었던 것은 무엇 때문입니까?
   (삼상 20:1~4, 여호와의 영으로 인한 다윗의 결백한 성품 때문임)
2. 다윗과 요나단의 우정이 발전할 수 있었던 것은 무엇 때문입니까?
   (삼상 20:5~23, 신실한 성품과 서로의 사정을 호소하고 상의 함)
3. 다윗과 요나단의 우정이 성공할 수 있었던 이유는 무엇입니까?
   (삼상 20:24~42, 서로가 약속을 꼭 지켰기 때문)

주간 경건의 시간 <22> · 날마다 말씀과 함께

요일 / 내용	주일/월(Mon)	화(Tue)	수(Wed)	목(Thu)	금(Fri)	토(Sat)
찬송	93동 / 91동	442 / 499	441/ 498	440 / 497	439/ 496	438/ 495
성경	삼상18:/ 19:	삼상 20:	삼상 21:	삼상 22:	삼상 23:	삼상 24:
적용	메랍 미갈/라마 나욧	생명같이 사랑	골리앗의 칼	에돔 사람 도엑	광야 요새	겉옷 자락

* 때때로 옳고 바른 것에 근거한 자부심보다 더 이득을 보는 것은 없다.

<존 던, 1608~1674, 영국 시인>

6단원 이웃 사랑의 달

제23과

여호와께 물어 행하라

찬송 / 313, 312, 315 / 통 352, 341, 512
성경 / 사무엘상 30:1-31
요절 / 에스라 8:21

"그 때에 내가 아하와 강가에서 금식을 선포하고 우리 하나님 앞에서 스스로 겸비하여 우리와 우리 어린 아이와 모든 소유를 위하여 평안한 길을 그에게 간구하였으니"

목표 / 나라의 위기 상황을 성령으로 기도하며 해결해 가도록 한다.

시작하는 말

우리나라 역사에서 6월은 가장 잔인한 달입니다. 동족상잔의 비극적인 사건으로 남북이 지금까지 서로 총을 겨누며 살아가고 있습니다. 해마다 6월이면 우리 성도들은 참으로 이 나라를 위해 기도하며 이웃 사랑 실천해 가면 살아야 하겠습니다. 본문에 다윗과 그의 사람들이 사울을 피해 블레셋 땅에 거했었는데, 이스라엘과 블레셋과의 전쟁이 일어나자 블레셋 방백들이 다윗은 사울의 신하라면서 못마땅하게 여겨 불만을 털어놓자 아기스 왕은 다윗에게 자제해 줄 것을 부탁합니다.

오늘의 말씀

1. 다윗이 처자가 있는 시글락으로 돌아옵니다(삼상 30:1~6).

다윗은 사울을 피해 자신의 식솔들을 거느리고 블레셋 아기스 왕 수

하에 들어갑니다. 어느 날 아기스 왕의 간청으로 사울과 맞서는 길보아 전투에 참전케 되는 어쩔 수 없는 상황에 처하게 됩니다. 이때 하나님께서는 블레셋 방백들을 충동하여 동족상잔의 비극을 피하게 해 주십니다. 결국 다윗과 그 일행은 시글락으로 되돌아오지만 시글락 전투에 참전한 틈을 타서 아말렉 족속이 시글락을 노략하고 그들의 처자들을 사로잡아 가버렸습니다. 모두 절망에 빠져 있는 터에 처자들까지 사로잡혀 갔으니 엎친데 덮친 격으로 동료들로부터 배척받을 위기에 처했습니다.

· 함께 읽어요 : 삼상 30장 6절

"6 백성들이 자녀들 때문에 마음이 슬퍼서 다윗을 돌로 치자 하니 다윗이 크게 다급하였으나 그의 하나님 여호와를 힘입고 용기를 얻었더라."

2. 다윗이 일어나 아말렉을 뒤좇아 갑니다(삼상 30:7~15).

하나님께서는 자기 일행에 의해 목숨을 잃게 될지도 모르는 절박한 때 하나님만 의지하고 인도하심을 구하며, 다윗이 여호와께 묻습니다. "내가 이 군대를 추격하면 따라잡겠나이까?" "그를 쫓아가라 네가 반드시 따라잡고 도로 찾으리라." 다윗은 응답을 받고서 행동을 개시합니다. ① 다윗은 400인으로 아말렉을 추격합니다(9~10절). ② 지쳐서 뒤처진 200명으로 남아 지키도록 합니다. ③ 정신을 잃고 버려진 아말렉 사람의 종이었던 애굽 사람 하나를 살려 길잡이로 앞세우고서 아말렉을 추격해 갑니다. 여기서 아말렉 사람의 몰인정함 그리고 쓰러진 소년에게 먹을 것을 주며 위기 속에서도 호의를 베푸는 다윗의 태도가 돋보입니다.

· 함께 읽어요 : 사무엘상 30장 15절

"15 다윗이 그에게 이르되 네가 나를 그 군대에게로 인도하겠느냐 하니 그가 이르되 당신이 나를 죽이지도 아니하고 내 주인의 수중에 넘기지도 아니하겠다고 하나님의 이름으로 내게 맹세하소서. 그리하면 내가 당신을 그 군대로 인도하리이다 하니라."

3. 다윗이 아말렉을 진멸하고 처자들을 찾아왔습니다(삼상 30:16~30).

다윗은 절박한 위기 속에서도 지혜로 아말렉 사람의 종이었던 적군의 잔류병 한 사람에게 인자를 베풉니다. 사흘을 아무 것도 먹지도 마시지도 못한 애굽 소년에게 호의를 베풀었습니다. 아말렉 사람의 종이었던 애굽 소년을 돌보아 그가 회복되자 그를 길 안내자로 삼아 필사적으로 아말렉을 추격했습니다.

① 애굽 소년의 안내로 다윗은 아말렉을 따라잡았습니다(16절).

② 다윗의 추격대는 승리의 자축연에 먹고 마시며 춤추는 아말렉 족속의 진영에 이르렀습니다.

③ 다윗 일행은 단 하루 만에 아말렉 족속을 진멸시키고 사로잡힌 처자들과 그 모든 소유를 되찾아왔습니다. 아말렉 족속으로부터 막대한 전리품까지 취하는 대성과를 거두었습니다.

④ 다윗은 전리품을 공평하게 분배했습니다(21~30절). 브솔에 남아있던 200명과 합류하자 전리품 분배를 공평한 분배 원칙에 따라 모든 사람에게 골고루 나누어주었습니다. 다윗의 공평한 처사에 모든 백성이 감동받게 됩니다. 이러한 실례를 참고로 공평한 전리품 분배 규정을 만들어 시행하도록 했습니다.

⑤ 다윗이 유다 장로들에게도 전리품을 보냈습니다(26~30절).

다윗은 전리품을 보내면서 '여호와의 원수에게서 탈취한 것들'이라도 강조합니다. 말하자면 전쟁의 승리가 하나님의 도우심으로 이겨 탈취했으니 나누는 것이 당연하다는 논리입니다. 이로서 이스라엘 전체의 숙적인 아말렉 족속을 완전히 응징하는 계기가 되었던 것입니다.

· 함께 읽어요 : 사무엘상 30장 24절

"24 이 일에 누가 너희에게 듣겠느냐 전장에 내려갔던 자의 분깃이나 소유물 곁에 머물렀던 자의 분깃이 동일할지니 같이 분배할 것이니라 하고"

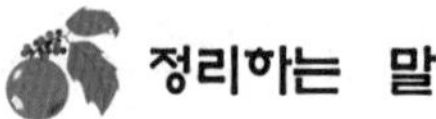

정리하는 말

본문 아래 사무엘상 31장에는 블레셋 사람들이 이스라엘을 치매 이스라엘 사람들이 블레셋 사람들 앞에서 도망하여 길보아 산에서 엎드러져 죽었습니다. 추격전에 사울의 아들 요나단과 아비나답과 말기수아를 죽입니다. 사울은 자기 칼에 엎드러져 죽습니다. 길르앗 야베스 장수들이 밤새도록 달려 벧산 성벽에 못박은 사울과 세 아들의 시체를 내려 가지고 야베스에 돌아가서 불사르고 뼈를 야베스 에셀 나무 아래 장사하고 7일 동안 금식했습니다. 참으로 다윗의 신앙 인격이 참 감동적입니다.

평가와 결심

1. 다윗이 시글락으로 돌아와 보니 어떤 일이 벌어졌습니까?
   (삼상 30:1~6, 아말렉 사람들이 침노하여 처자들과 재물을 탈취해 감)
2. 다윗은 아말렉을 추격하기 전 누구에 묻습니까?
   (삼상 30:6-8, 여호와로 인하여 힘을 얻고 여호와께 물음)
3. 아말렉을 추격하여 따라잡고 친 결과는 어떠했습니까?
   (삼상 30:16~20, 처자와 빼앗겼던 모든 것을 도로 찾아옴)

주간 경건의 시간 <23> · 날마다 말씀과 함께

요일 / 내용	주일/월(Mon)	화(Tue)	수(Wed)	목(Thu)	금(Fri)	토(Sat)
찬송	146동/ 74동	10 / 34	12 / 22	91동	252 / 184	254/ 186
성경	삼상25:/ 26:	삼상 27:	삼상 28:	삼상 29:	삼상 30:	삼상 31:
적용	아비가일/ 사울 살려줌	블레셋 땅 아기스	신접한 여인, 사울	다윗을 싫어함	아말렉을 침	사울 가족 최후

* 진리가 자기가 죄인임을 증명하지나 않을 까 하고 겁내기 시작하는 사람처럼 불쌍한 자는 없다. <블래즈 파스칼, 1623~1662, 프랑스 수학자, 철학자>

6단원 이웃 사랑의 달

제24과

율례와 규례를 가르치라

찬송 / 68. 67, 305 / 통 32, 31, 405
성경 / 에스라 7:1-28
요절 / 에스라 7:10

"에스라가 여호와의 율법을 연구하여 준행하며 율례와 규례를 이스라엘에게 가르치기로 결심하였더라."

목표 / 여호와의 율례와 규례 교육으로 나라가 부강하게 됨을 알게 한다.

시작하는 말

성경에 애국자가 많지만 본문에 나오는 에스라는 이스라엘 백성들의 제2차 포로귀환을 주도한 인물입니다. 에스라는 꺼져가는 불씨에서 나라를 다시 일으키기 위해 최선의 방법으로 '여호와의 율례와 규례를 가르치기를 결심하고 실천했던 위대한 인물'입니다. 제2차 귀환은 바사의 아닥사스다 왕 즉위 7년째인 주전 458년인데, 이를 주도한 인물이 에스라입니다. 제1차 귀환 후 성전 건축이 반대에 부딪쳐 중단되었지만 다리오 왕 때 전 고레스 왕의 조서를 다시 찾고 학개와 스가랴의 권면으로 성전건축을 마치고 성대하게 유월절을 지킵니다. 6장 사건 후 60여 년이 흐르자 언약백성으로서의 정체성을 상실하고 하나님의 말씀은 무시되고, 영적 쇠퇴가 극에 달했을 때 에스라가 등장합니다.

오늘의 말씀

1. 에스라의 인물과 그의 족보가 소개됩니다(스 7:1~5).

제1차 바벨론 포로귀환을 주도했던 인물은 유다 총독 '스룹바벨'과 대제사장 '예수아'였습니다(5:2절). 그들이 한창 활동 하던 시대로부터 어언 60여년이 흘렀습니다. 새로운 시대에 하나님께서는 새로운 사역을 위해 새로운 인물을 준비하고 계셨습니다. 에스라는 그렇게 준비된 인물이었고, 다음 세대는 느헤미야가 또 준비됩니다. 에스라는 어떻겠습니까?

① 대제사장 아론의 16대 손입니다(5절). 제사와 율법을 가르칠 사명이 있는 부친 밑에서 태어나 율례와 규례를 가르칠 결심을 합니다. 에스라는 대제사장 가문의 후손으로서 백성들에게 율법을 가르칠 수 있는 합법적이고 가장 적절한 인물임에 틀림없는 것입니다.

② 스라야는 유다 끝 왕 시드기야 때, 예루살렘 함락 시 느브갓네살 왕에게 죽임 당한 대제사장일 가능성이 있습니다(왕하 25:18). 예루살렘 함락과 에스라 당시와는 130년이라는 시간차가 있으므로 실제로 본문의 스라야는 동명이인이거나 아니면 아버지가 아니라 에스라의 증조부나 고조부였을 것입니다. 실제 유대인의 어법상 '조상'을 아버지로, '자손'을 아들로 통칭하는 관례가 있기 때문일 것입니다.

③ 사독은 다윗과 솔로몬 시대의 제사장이었으며, 비느하스, 엘르아살, 아론 모두 제사장이었습니다.

· 함께 읽어요 : 에스라 7장 27절
"27 우리 조상들의 하나님 여호와를 송축할지로다 그가 왕의 마음에 예루살렘 여호와의 성전을 아름답게 할 뜻을 두시고"

2. 에스라는 율례학자이자 제사장이었습니다(스 30:6~10).

2차로 포로민들을 인솔하고 예루살렘으로 귀환하여 종교개혁을 일으킨 에스라는 어떠한 사람입니까?

① 모세의 율법에 익숙한 학자였습니다. '학자'라는 말은 '기록하는 사람, 서기관, 비서'라는 의미의 말입니다. 이들은 이스라엘 사회에서 국가의 대내외 문서들을 기록하고 보관하는 서기관으로 포로시대의 서기관

들은 모세의 율법을 연구하고 가르치는 성경학자로서 활동했습니다. 오늘날 교회마다 성경 교육에 힘쓰면서 점점 교회마다 '교육 목회가 정착' 되고 있는 것은 참으로 바람직한 일이라 할 수 있습니다.

② 왕에게 구하는 것은 다 받는 자였습니다(6절). 그는 대제사장의 계보였으며, 바사 제국의 아닥사스다 왕의 측근에 있으면서 왕의 신임을 받았던 인물이었습니다. 이런 점을 볼 때 오늘날 성도들이 좋은 관직에 있으면서 얼마든지 하나님의 복음 사역에서 제 몫을 감당할 수 있다는 것을 보여줍니다. 이방나라 세속적인 풍조 속에서도 하나님의 말씀을 붙들고 그 말씀대로 살아가는 에스라를 하나님께서는 도우셨습니다. '하나님의 선한 손의 도우심'을 받아 예루살렘에 이르게 됩니다(9절).

③ 에스라는 여호와의 율법을 연구하여 준행하며 율례와 규례를 가르치기로 결심합니다(10절).

· 함께 읽어요 : 에스라 7장 10절

"10 에스라가 여호와의 율법을 연구하여 준행하며 율례와 규례를 이스라엘에게 가르치기로 결심하였었더라."

3. 아닥사스다 왕이 조서를 내려 '가르치라'고 허락합니다(7:11~28).

아닥사스다 왕은 조서를 내려 ① 2차 포로귀환을 허락함, ② 정치적 물적 지원을 아끼지 않음, ③ 예루살렘 성전 예배를 위해 호의적 조처를 함, ④ 에스라에게 많은 은 금 예물과 강력한 통치권을 주었습니다.

아닥사스다는 이처럼 에스라에게 종교적인 지도자의 권한은 물론 정치적인 권한까지 부여 하여 '올바른 여호와 신앙 회복'을 위해 사용하도록 배려한 것입니다.

· 함께 읽어요 : 사무엘상 7장 25절

"25 에스라여 너는 네 손에 있는 네 하나님의 지혜를 따라 네 하나님의 율법을 아는 자를 법관과 재판관을 삼아 강 건너편 모든 백성을 재판하게 하고 그중 알지 못하는 자는 너희가 가르치라."

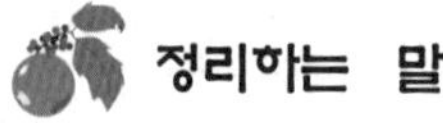

정리하는 말

사랑하는 성도 여러분! 하나님의 선한 손의 도우심은 이런 것입니다. 이방나라 바사 왕 아닥사스다를 통해 조서를 내리게 하신 여호와 하나님의 놀라우신 은혜와 사랑과 인도하심에 감탄하게 됩니다. 성도 여러분! 성령의 지혜와 말씀이 사라지면 세상은 어두워집니다. 지혜자와 의인이 숨습니다. 여호와! '하나님의 율례와 규례'가 전국 방방곡곡에서 전파되고 가르쳐지며 준행하며 살아가시기를 간절히 소원합니다.

평가와 결심

1. 제1차 포로귀환 때 주도한 인물이 누구였습니까?
(에스라 5:1~2, 스룹바벨과 예수아)
2. 에스라는 어떤 인물이었습니까?
(에스라 7:6~11, 대제사장 아론의 16대 손, 율례학자 겸 제사장)
3. 에스라가 부여 받은 권한은 무엇이며 어떠했습니까?
(에스라 7:11~28, 종교적인 지도자 권한과 정치적 권한이 막강함)

주간 경건의 시간 <24> · 날마다 말씀과 함께

요일 / 내용	주일/월(Mon)	화(Tue)	수(Wed)	목(Thu)	금(Fri)	토(Sat)
찬송	37동/ 86동	304 / 404	305 / 405	309 / 409	314 / 510	315 / 512
성경	스 1: / 2:	스 3:/ 4:	스 5:/ 6:	스 7:/ 8:	스 9:	스 10:
적용	고레스 원년 / 돌아온 사람들	번제드림/ 건축방해	건축재시작/조서	교육결심/ 선한 손	회개기도	참된 회개

* 당신의 의도가 아무리 영적인 것이요 당신의 결심이 아무리 거룩하고 훌륭해도 그것이 내일의 일이라면 사단은 눈 깜짝하지 않는다. <J. C. 라일>

6단원 이웃 사랑의 달

제25과

예루살렘을 위해 기도하라

찬송 / 508, 507, 520 / 통 270, 273, 257
성경 / 느헤미야 1:1-11
요절 / 느헤미야 1:9
"만일 내게로 돌아와 내 계명을 지켜 행하면 너희 쫓긴 자가 하늘 끝에 있을지라도 내가 거기서부터 그들을 모아 내 이름을 두려고 택한 곳에 돌아오게 하리라하신 말씀을 이제 청하건대 기억하옵소서."
목표 / 주님을 기다리며 예루살렘을 위해 기도하는 삶의 태도를 기른다.

시작하는 말

유대 백성들은 3차에 걸쳐 바벨론에 포로 되어갔습니다.1) 그런데 유다 백성들의 귀환도 3차에 걸쳐 이루어졌습니다. ① 바사 왕 고레스 왕 때(B.C. 537년), ② 아닥사스다 왕 때(Ataxerxes I, B.C. 458년), ③ 아닥사스다 왕 때((Ataxerxes I, B.C. 444년)입니다. 인솔자는 1차 귀환은 유다 총독 스룹바벨, 2차는 제사장이며 율법학자 에스라, 3차는 유다 총독 느헤미야에 의해서 인도되었습니다. 본문에서 느헤미야는 예루살렘을 위해 간절히 기도하고 있었습니다.

오늘의 말씀

1. 느헤미야가 예루살렘의 비극적인 소리를 들었습니다(느 1:1~3)

1) 제1차포로는 유다 왕 여호야김 3년(B.C.605년), 2차는 여호야긴 1년(B.C. 597년), 3차는 시드기야 11년(B.C.596년)입니다.

하가랴의 아들 느헤미야는 아닥사스다 왕 제20년 수산 궁(겨울 궁전)에 있었습니다. 고국에서 올라온 동족들로부터 예루살렘 성벽은 허물어지고, 성문은 불에 타버린 채 버려져 있다는 소식을 전해 듣고 깊은 슬픔에 빠져 울면서 금식하는 중에 하나님께 간절히 기도합니다. 이러한 느헤미야의 기도가 제 3차 귀환의 배경이 됩니다. 들은 대로 예루살렘 성의 형편은 어떠했습니까?

① 유다 백성들이 큰 환난을 만났습니다.

② 능욕을 받고 있었습니다.

③ 예루살렘 성이 파괴 되었습니다.

④ 예루살렘 성문들이 불에 탔습니다.

고국을 위해 기도하고 있었는데, 예루살렘이 말할 수 없는 환난과 능욕, 파괴, 불에 탔다는 소식에 가슴이 찢어질 듯 아팠을 것입니다.

· 함께 읽어요 : 느헤미야 1장 4절

"4 내가 이 말을 듣고 앉아서 울고 수일동안 슬퍼하며 하늘의 하나님 앞에 금식하며 기도하여"

2. 느헤미야는 예루살렘을 위해 더 기도했습니다(느헤미야 1:4-5).

예루살렘의 비극적인 형편을 전해들은 느헤미야는 울면서 하나님께 기도했습니다. 느헤미야의 기도는 에스라의 기도(에스라 9장)나 다니엘의 기도(다니엘 9장)처럼 민족의 현실에 대한 깊은 슬픔과 통회의 기도요, 자신의 죄에 대한 철저한 고백과 함께 하나님의 성품과 경륜에 대한 깊은 인식을 가지고 드리는 기도였습니다. 느헤미야의 모습입니다.

① 앉아서 울고, ② 수일 동안 슬퍼하며, ③ 금식하며 주야로 기도했습니다. 참으로 느헤미야는 ① 하나님의 영광을 가장 소중하게 여겼고, ② 개인의 안락함보다 민족의 장래를 더 염려했으며, ③ 공동체의 아픔을 자신의 아픔으로 여겼고, ④ 먼저 하나님께 아뢰었습니다.

그의 기도에 나타난 하나님의 호칭이 신학적입니다. 보세요.

① 하늘의 하나님! ② 크고 두려우신 하나님! ③ 주를 사랑하는 자에게 언약을 지키시는 하나님! ④ 주의 계명을 지키는 자에게 긍휼을 베푸시는 하나님으로 알고 그는 그분 하나님께 간절히 기도했습니다.

· 함께 읽어요 : 느헤미야 1장 5절

“5 이르되 하늘의 하나님 여호와, 크고 두려우신 하나님이여 주를 사랑하고 주의 계명을 지키는 자에게 언약을 지키시며 긍휼을 베푸시는 주여 간구하나이다.”

3. 느헤미야의 기도의 틀은 모범적입니다(느 1:6~11).

느헤미야의 기도를 주목하여 보십시오. 그의 모범적인 기도가 돋보입니다. ① 먼저 자신의 죄를 자복하면서 기도합니다(6~7절). ‘이스라엘 자손이 범죄 함’, ‘나와 아비 집이 범죄 함’, ‘주를 향하여 심히 악을 행함’, ‘주께서 명하신 계명 율례 규례[2]를 지키지 아니함’을 자복하고 있습니다. 성령은 이와 같이 죄를 깨닫게 하시고 자복하며 회개하게 하십니다. 느헤미야가 이렇게 죄에 대해 집중적으로 자복하는 것은 현재의 비참하고 어려운 현실이 죄에서 비롯된 것임을 알았기 때문입니다. ② 하나님의 말씀에 의지해 기도합니다(8~9절). ③ 철저히 이스라엘 백성들과 하나님의 특별한 관계에 근거해 기도합니다(10절). ④ 겸손한 태도로 기도합니다(11절). ‘종’, 노예가 주인에게 두려운 마음으로 간구하듯 기도합니다.

· 함께 읽어요 : 느헤미야 1장 11절

“11 주여 구하오니 귀를 기울이사 종의 기도와 주의 이름을 경외하기를 기뻐하는 종들의 기도를 들으시고 오늘 종이 형통하여 이 사람 앞에서 은혜를 입게 하옵소서 하였나니 그때에 내가 왕의 술 관원이 되었느니라.”

---

2) 여기서 ‘계명과 율례와 규례’는 모세의 율법을 가리킵니다. 계명은 10계명과 같은 하나님의 명령을, 율례는 성문화된 각종 법을, 규례는 율례를 보충하는 세세한 조항들을 말합니다.

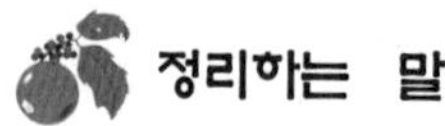

정리하는 말

느헤미야는 바사의 궁정에서 높은 관직에 있었음에도 고국 예루살렘에 대한 간절한 관심과 사랑이 지극했습니다. 사랑하는 성도 여러분! 성령이 충만하면 그 열매 중에 '충성'의 열매처럼 국가에 충성하는 것입니다. 일제시대에 독립선언서에 서명한 33인 중에 기독교인이 16명이나 됩니다. 우리가 사는 나라와 민족을 위해 기도하세요. 그리고 영원한 주님의 나라 왕국의 수도인 '예루살렘을 위해서 기도'하시기 바랍니다.

평가와 결심

1. 느헤미야의 항구적으로 기도한 대상이 무엇입니까?
   (느헤미야 1:3, 예루살렘)
2. 느헤미야의 예루살렘에 대한 기도의 내용은 무엇이었습니까?
   (느 1:6~11, 개인의 안락함보다 민족공동체를 위한 기도였음)
3. 모범적인 느헤미야의 기도의 내용과 태도는 무엇이었습니까?
   (삼상 16:14~23, ①죄의 자복 ②말씀 의지함 ③하나님과의 관계 ④겸손)

주간 경건의 시간 <25> · 날마다 말씀과 함께

요일 / 내용	주일/월(Mon)	화(Tue)	수(Wed)	목(Thu)	금(Fri)	토(Sat)
찬송	88동 / 93동	266 / 200	320 / 350	336 / 383	370 / 455	388 / 441
성경	느 1:/ 2:	느 3:/ 4:	느 5:/ 6:	느 7:/ 8:	느 9:-11:	느12:-13:
적용	예루살렘 기도/살핌	성전 재건/반대	가난한 백성/ 음모	지도자/율법책 읽음	회개/예루살렘 거주	성전 봉헌/개혁

* 내일, 내일 하지 말라. 끝없는 내일이다. 내일, 내일 하다가 인생은 끝나노라. <무명>

6단원 이웃 사랑의 달

나라를 위해 기도하라

찬송 / 420, 500, 499 / 통일 212, 258, 277
성경 / 에스더 4:1-17
요절 / 에스더 4:16

"당신은 가서 수산에 있는 유다인을 다 모으고 나를 위하여 금식하되 밤낮 삼 일을 먹지도 말고 마시지도 마소서 나도 나의 시녀와 더불어 이렇게 금식한 후에 규례를 어기고 왕에게 나아가리니 죽으면 죽으리이다 하니라."

목표 / 위기에 처한 나라를 위해 금식하며 기도하는 삶을 실천하게 한다.

시작하는 말

사랑하는 성도 여러분! 위기에 처한 나라를 위해 기도하는 것은 믿는 사람이나 신, 불신(信, 不信)을 막론하고 마땅히 해야 될 일입니다. 월남이 패전하고, 있는 재산과 물질을 다 싸가지고 망망대해 어디론지 살길을 찾아 나섰지만 세상 민심은 살벌했습니다. 원수니 악수니 해도 형제간이 좋은 것처럼 가난해도 나라(국민, 국토, 주권)가 있어야 살 방법이 나오는 것입니다. 이제 남북이 통일 국가를 이루고 자유롭게 왕래하며 자유와 평화를 누리는 행복한 나라가 되도록 기도하시기 바랍니다.

오늘의 말씀

1. 권력의 과시는 국민의 행복과 먼 것입니다(에 1:1~22).

바사의 아하수에로 왕은 그의 부와 영화를 과시하기 위해 궁전에서 화려한 향연을 베풉니다. 왕비 와스디를 연회에 초청하자 수줍은지 왕의 요청을 거절합니다. 왕은 관료들에게 자문을 받아 새로운 왕비를 간택하기 위해 찾습니다. 그때 느브갓네살 왕에 의해 포로로 끌려온 에스더는 아름다운 유다인 고아인데(2:7), 그녀의 삼촌 모르드개에 의해 추천됩니다. 그녀는 많은 경쟁을 물리치고 왕의 마음을 얻어 바사국의 새로운 왕비가 됩니다. 모르드개로부터 아하수에로 왕을 반대하는 음모가 있다는 소식을 안 에스더는 왕의 생명을 구하기 위해 정보를 제공합니다. 그 모르드개의 영웅적인 행동은 공식 문서들 속에 확실하게 기록됩니다. 본문 1장에서 옛 왕비가 폐위되고, 2장에서 새 왕비가 등장합니다.

· 함께 읽어요 : 에스더 2장 7절
"7 그의 삼촌의 딸 하닷사 곧 에스더는 부모가 없었으나 용모가 곱고 아리따운 처녀라 그의 부모가 죽은 후에 모르드개가 자기 딸 같이 양육하더라."

2. 하만은 모르드개와 이스라엘 민족 말살을 기도합니다(에 3:~4:3).

하룻밤 사이에 에스더는 눈에 띄지도 않았던 유대 소녀의 자리에서 바사 왕국의 절반을 지배할 수 있는 왕비의 신분으로 변했습니다.

신분이 변했어도 에스더의 신실하고 민족을 사랑하는 애국심은 변함없었습니다. 모르드개 역시 왕의 암살자 빅단과 데레스를 에스더를 통해 고발함으로 궁정일지에 기록되었습니다. 하루는 왕이 잠이 오지 않아 궁정일기를 읽다가 암살자를 고발하여 왕의 생명을 건진 기록을 읽고, 저에게 포상해야 하겠다고 생각하고 사람을 부릅니다. 마침 하만이 유다 민족을 멸할 궁책에 왕의 서명을 받기 위해 얼쩡거리다가 왕의 부르는 소리에 나가 허락을 받게 됩니다. 유다 민족을 멸하라는 조서가 나라 곳곳에 붙게 되고 유다민족은 망하게 되었습니다.

· 함께 읽어요 : 에스더 4장 13절
"13 모르드개가 그를 시켜 에스더에게 회답하되 너는 왕궁에 있으니 모든 유다인 중에 홀로 목숨을 건지리라 생각하지 말라."

3. 에스더는 '죽으면 죽으리이다'는 기도를 합니다(에 4:4~7:10).

모르드개의 발 빠른 움직임은 궁중의 에스더에게 하만의 유다인 말살 계책을 알려주고 '궁중에 있으니 홀로 면하리라 생각 말라'고 경고합니다. 소식을 들은 에스더는 시녀들과 더불어 죽기를 결심한 금식기도 계획을 세우고 실천하며 궁궐 밖에 있는 유다인들에게 알려 국가적인 위기를 당한 때에 국가를 위한 비상적인 금식기도를 하도록 지시합니다.

하나님은 환난 날에 만날 도움이시며 구원의 병거이십니다. 죽음과 전염병이 창궐하는 때에도 살길을 주십니다. 에스더 왕후의 시녀들과의 금식기도는 궁궐밖의 유다인들에게까지 전달되어 국가와 민족적인 위기에 피난처 되신 여호와 하나님을 찾은 것입니다.

국가적인 금식기도의 물결은 아하수에로 왕궁에서 환난을 직면한 이들에게까지 이어집니다. 궁중에서 에스더는 왕을 만나 뵙고 하만의 '유다민족 말살계획'을 전하고, '내 생명을 내게 주시고, 내 민족을 내게 주소서.' 간청함을 허락합니다. 하만을 달아매려던 교수대에 하만이 매달리고 그의 가족들, 재산 모두 적몰[3]됩니다. 유다인은 사망의 터널에서 벗어났습니다. 이날을 기념하여 '부림절'[4]을 지키고, 하나님의 주권적 역사를 기리고 있습니다. 우리에게는 나라를 빼앗기고 우리의 말과 성씨까지도 뺏겼다가 다시 찾은 '광복절'에 나라를 위하여 기도 합시다.

· 함께 읽어요 : 에스더 9장 31절

"31 정한 기간에 이 부림일을 지키게 하였으니 이는 유다인 모르드개와 왕후 에스더가 명령한 바와 유다인이 금식하며 부르짖는 것으로 말미암아 자기와 자기 자손을 위하여 정한 바가 있음이더라."

---

3) 적몰(籍沒)이란 중죄인의 가산을 모두 몰수하는 것을 말합니다.

4) '부림절'은 바사 제국 내의 유다인을 말살시키려던 하만의 음모를 격퇴시킨, 에스더와 모르드개의 사건을 기념하던 이스라엘의 절기이다.

정리하는 말

성도 여러분! 우리 국민의식이 많이 좋아졌지만 요즘 말로 "내 입에 풀칠하기도 바쁜데 요즘 세상에 애국은 무슨 애국이여!" 그렇게 우스개 소리로 말하는 사람들도 있지만 정말 일제 36년을 겪은 뼈아픈 역사, 6·25 동족상잔의 전쟁으로 반 동강이가 난 우리 민족에게 8·15해방과 정부수립, 그리고 자유, 평등, 평화, 행복 가득한 대한민국의 위상은 가슴에 벅찬 감동 그대로입니다. 성도 여러분! 하루에 한번은 하늘을 바라보며 전능하신 하나님께 나라와 민족을 위해 기도하며 살아가시기를 간절히 소원합니다.

평가와 결심

1. 아하수에로 왕의 향연은 한마디로 무엇이었습니까?
   (에스더 1:1~22, 아하수에로 왕의 부와 권력의 과시)
2. 아하수에로 왕 독단의 대신 '하만 세우기'의 결과는 무엇이었습니까?
   (에스더 3:1~4:3, 모르드개와 유다 민족의 반감을 삼)
3. 위기에 처한 에스더의 최선의 선택은 무엇이었습니까?
   (에스더 4:14~17, 시녀와 유다 민족 함께 대대적인 금식기도)

주간 경건의 시간 <22> · 날마다 말씀과 함께

요일 / 내용	주일/월(Mon)	화(Tue)	수(Wed)	목(Thu)	금(Fri)	토(Sat)
찬송	93동 / 91동	442 / 499	441/ 498	440 / 497	439/ 496	438/ 495
성경	에 1:/ 2:	에 3:/ 4:	에 5:/ 6:	에 7:/ 8:	에 9:	에 10:
적용	아하수에로 왕/ 에스더 왕후	하만/ 에스더	잔치초청/ 모르드개	하만 몰락/유다	대적 멸망	모르드개 높임

* 지옥에는 문이 셋이 있다. 육욕, 분노, 탐욕 등의 문이 그것들이다. <F.W. 로버트슨, 영국 성직자>

7단원 성령 교육의 달

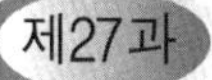
제27과

지성을 다스려 주시는 성령

찬송 / 186, 187, 190 / 통 176, 171, 177
성경 / 에스겔 1:1-28
요절 / 고린도전서 2:11
"사람의 일을 사람의 속에 있는 영외에 누가 알리요 이와 같이 하나님의 일도 하나님의 영외에는 아무도 알지 못하느니라."
목표 / 성령도 지성(지식)을 지니신 분이심을 알게 한다.

시작하는 말

에스겔서는 절망의 땅 바벨론, 곧 사랑하는 조국에서 멀리 떨어진 이방의 포로지인 바벨론의 그발 강가에서 시작되고 있습니다. 당시 그발 강가에 버려진 이스라엘에게 무슨 희망도 찾아볼 수 없었을 것입니다. 그들은 하나님은 성전이 있는 고국 예루살렘 성전에 계신다고 생각하고 있었기 때문입니다. 그러나 바벨론 포로 지에 있는 에스겔 선지자를 찾아가셨습니다. 이상 중에 그를 선지자로 부르시고 그에게 대언 자와 파수꾼의 사명을 부여함으로써 자신의 백성들을 위해 역사하셨습니다.

오늘의 말씀

1. 이상 중에 부름 빋은 에스겔의 사역들 알아야 합니다(겔 1:1~3).

에스겔은 비록 이방 땅에 있었지만 이상 중에 하나님의 부르심을 받았습니다. 사독 계열의 제사장인 부시(Buzi)의 아들로서 본격적으로 활동을 시작할 30세에 부름을 받았습니다. 에스겔은 25세 나이에 제2차 포로기 주전 597년 여호야긴 왕 3개월째에 바벨론으로 사로잡혀 갔습니다(왕하 24:10~17). 이스라엘의 레위인들은 제사장 임무를 본격적으로 시작하기 위해서 5년 동안 훈련기간을 거쳐야 했습니다. 소망의 빛이 모두 사라진 것 같은 절망적인 상황 하에서도 하나님은 사역자를 준비하시고, 적절하게 준비 된 때에 그를 부르신 것입니다. 5년 동안 홀로 그발 강가에서 포로 된 이스라엘 민족의 앞날과 유다 땅에 남아있는 백성들, 그리고 예루살렘 성전을 생각하며, 깊은 상념에 잠겨있을 때 하늘이 열리며 하나님의 모습이 보였습니다. 거기서 그는 영성과 지성을 키워갔을 것입니다. 성령은 지혜와 계시의 영이십니다(엡 1:17).

· 함께 읽어요 : 에스겔 1장 3절, 에베소서 1장 17절

"3 갈대아 땅 그발 강가에서 여호와의 말씀이 부시의 아들 제사장 나 에스겔에게 특별히 임하고 여호와의 권능이 내 위에 있으니라."

"17 우리 주 예수 그리스도의 하나님, 영광의 아버지께서 지혜와 계시의 영을 너희에게 주사 하나님을 알게 하시고"

2. 에스겔에게 보인 하나님의 이상을 깨달아야 합니다(겔 1:4~14).

선지자 에스겔에게 ① '북방에서 몰려오는 폭풍과 큰 구름과 사방에 비치는 번쩍번쩍하는 빛과 불 가운데 단쇠(빛나는 금속) 같은 것'이 나타나 보였습니다. 이는 하나님의 나타나심에 동반되는 초자연적인 현상입니다. ② 네 생물의 형상을 보았습니다. 이는 성전에서 봉사하는 그룹(Cherub)[1]임을 알 수 있습니다. 참된 하늘 성소가 에스겔에게 펼쳐졌습니다. 앞은 사람(지혜)의 얼굴, 우편은 사자(용기)의 얼굴, 왼쪽은 소(충직함)의 얼굴, 뒤쪽은 독수리(민첩함)의 얼굴이었습니다. 이는 모두 하나

1) '그룹'(Cherub)은 성경에는 '그룹들'이란 복수로 표기되며, 날개가 달린 천상의 피조물을 말한다.

님을 섬기며, 찬양하며, 위엄을 나타내며, 성전과 성물을 지키고, 하나님의 심판을 대행하고, 하나님의 보좌 병거를 나르는 일을 하는 하나님의 호위 천사들일 것입니다.

· 함께 읽어요 : 에스겔 1장 10절
"10 그 얼굴들의 모양은 넷의 앞은 사람의 얼굴이요, 넷의 오른쪽은 사자의 얼굴이요, 넷의 왼쪽은 소의 얼굴이요, 넷의 뒤는 독수리의 얼굴이니"

3. 네 바퀴와 궁창 그리고 보좌의 형상을 보았습니다(겔 1:15~28).

에스겔은 네 생물에 관한 이상을 본 후에, 이어서 네 바퀴에 관한 이상을 보았습니다. 바퀴는 생물의 곁(beside), 땅 위에 위치하고 있었는데 생물의 네 얼굴을 따라 하나씩 곧 네 개가 있었습니다. 성경에 넷이라는 숫자는 동서남북의 사면, 곧 세상 모든 곳을 나타내는 말입니다. 네 바퀴의 형상과 구조를 대략적으로 묘사한 다음(15~18절), 그 바퀴와 생물(그룹)이 어떤 관계에 있는지를 묘사했습니다(19~21절). 바퀴는 궁창 위에 계신 하나님의 보좌를 운반하는 것이므로, 높고 무서웠습니다. 네 둘레로 돌아가며 사면에 눈이 가득하다는 것은 보좌에 앉으신 분은 세상의 모든 것을 알고 계시는 분이라는 것을 알 수 있습니다.

바퀴는 곧장 앞으로만 행할 수 있고, 언제나 생물과 똑같이 움직였습니다. 하나님의 영(神)이 생물과 바퀴를 지배하고 있었기 때문에 신이 가는대로만 움직였습니다.

궁창은 네 생물의 위, 하나님의 보좌 아래에 있었습니다. 생물이 정지하고, 그들의 날개 소리가 멈추었을 때 하나님의 보좌와 하나님의 형상을 보고, 그분의 음성을 들을 수 있었습니다. 네 생물을 앞세워 하늘 수레를 몰고 북방에서부터 지극히 높으신 자가 나타나신 것입니다. 사람의 모양 같고, 허리 위는 단 쇠 같이 속과 주위가 불같아 사방으로 광채가 나고, 허리 아래 모양도 불같아 사방으로 광채가 나며 무지개 같은

'여호와의 영광의 형상의 모양'인 것입니다.

· 함께 읽어요 : 에스겔 1장 28절

"28 그 사방 광채의 모양은 비 오는 날 구름에 있는 무지개 같으니 이는 여호와의 영광의 형상의 모양이라 내가 보고 엎드려 말씀하시는 이의 음성을 들으니라."

정리하는 말

사람의 눈으로는 실제 하나님을 볼 수 없습니다. 피조물인 태양조차 똑바로 바라볼 수 없습니다. 이 같은 사람이 어찌 만물의 창조자 되시는 영광과 지혜의 하나님을 볼 수 있겠습니까? 이러한 하나님의 지혜에 대해 깊이 묵상해야 합니다. 성령 하나님이여! 지혜를 주시기 바랍니다.

평가와 결심

1. 에스겔 선지자는 어디서 영성과 지성을 키워갔습니까?
   (겔 1:1~3, 포로로 잡혀간 땅 바벨론 그발 강가)
2. 에스겔 선지자가 본 이상은 무엇이었습니까?
   (겔 1:4~5, ①폭풍, 큰 구름, 불과 빛 가운데 단 쇠 같은 것, ②네 생물)
3. 네 생물 이상 뒤에 본 것이 무엇입니까?
   (겔 1:15~28, 네 바퀴 형상과 보좌 그리고 여호와의 영광의 형상)

주간 경건의 시간 <27> · 날마다 말씀과 함께

요일 / 내용	주일/월(Mon)	화(Tue)	수(Wed)	목(Thu)	금(Fri)	토(Sat)
찬송	93동 /117동	204/ 379	229/ 281	242/ 233	274/ 332	286/ 218
성경	겔1: /겔2:	겔 3:	겔 4:	겔 5:	겔 6:	겔 7:
적용	하나님의 모습/ 선지자로 부르심	주의 영	죄악을 담당	머리털 수염	우상 숭배심판	이스라엘의 종말

* 가장 절망적인 노래가 아름답다. < 알프레드 드 뮈세, 1810~1857, 프랑스 작가 >

7단원 성령 교육의 달

제28과

감성을 다스려 주시는 성령

찬송 / 208, 209, 210 / 통 246, 247, 245
성경 / 에스겔 9:1-11
요절 / 에베소서 4:32
"서로 친절하게 하며 불쌍히 여기며 서로 용서하기를 하나님이 그리스도 안에서 너희를 용서하심과 같이 하라."
목표 / 감성을 다스려 주시는 성령과 함께 감정을 잘 다스리며 살아가도록 한다.

시작하는 말

선지자 에스겔의 이름의 뜻은 '하나님이 강하게 하신다'라는 뜻처럼 하나님은 그를 성령으로 강하게 하셨습니다. 그는 성령으로 충만하여 바벨론 포로로 끌려가 그발 강가의 델아빕에서 유대인들에게 예언 활동을 했습니다. 본서 전반부는 심판의 예언이기에 극도로 우울한 장면이 계속되고, 수없는 경고에도 죄와 멸망의 길로 달음질치던 이스라엘로부터 성령 하나님은 성전을 떠나십니다. 오늘날 교회마다 양적 성장 위주로 인간의 방법을 총동원한다면서 성령님을 떠나보내고 영적으로 폐허된 교회! 사랑과 평화가 떠난 교회! 주님이 서글퍼하시는 교회로 변질되어가고 있음은 참으로 한탄스러운 일입니다.

오늘의 말씀

1. 예루살렘 심판은 선포된 것이었습니다(겔 9:1~2).

예루살렘 안뜰로 들어가는 북향한 문, 질투의 우상 곧 질투를 일어나게 하는 우상의 자리가 있는 곳이 있었습니다. 각양 곤충과 가증한 짐승과 이스라엘 족속의 모든 우상을 그 사방 벽에 그렸고, 이스라엘 장로 중 칠십 명이 그 앞에 섰으며 사반의 아들 야아사냐도 그 가운데에 섰고 각기 손에 향로를 들었고, 북문에는 여인들이 앉아 담무스[2]를 위하여 애곡하고 있었습니다. 이런 해괴망측한 짓들을 자행하고 있는 이들에게 이상 중에 하나님의 심판이 나타납니다. 계속해서 그들이 속히 회개하지 않는다면 심판의 때가 실제 역사 속에 그대로 이루어질 것입니다. 그러나 먹 그릇을 찬 천사는 예루살렘 성읍에서 구원받을 자들의 이마에 심판을 면하도록 하는 표시를 할 것입니다. 모두 다 심판을 받는 것이 아니고 믿는 자들은 반드시 구원을 예비하신 것을 믿으시기 바랍니다.

· 함께 읽어요 : 에스겔 9장 2절

"2 내가 보니 여섯 사람이 북향한 윗문 길로부터 오는데 각 사람의 손에 죽이는 무기를 잡았고 그 중의 한 사람은 가는 베 옷을 입고, 허리에 서기관의 먹 그릇을 찼더라. 그들이 들어와서 놋 제단 곁에 섰더라."

2. 천사들이 하나님의 심판을 집행합니다(겔 9:3~7).

마침내 예루살렘 주민들에 대한 하나님의 심판과 구원의 사역이 일곱 천사들을 통하여 집행됩니다. 성전 지성소의 그룹 사이에 좌정하고 계시던 하나님께서 그 곳을 떠나 성전 문지방, 즉 성전 바깥뜰과 안뜰 사이의 동편 문에 이르심으로써 구체적인 심판이 시작됩니다.

① 구원받을 자들에게 표시할 것을 명하십니다. 하나님께서는 심판이 시작되기 전 구원받을 백성들이 다칠까봐 일곱 천사 중 한 천사를 불러 먹 그릇을 차고 구원 얻을 이들의 이마에 표를 하라고 하십니다. 자비로

2) 담무스(Tammuz)는 우유와 곡물에 나타나는 수메르와 바벨론의 농경신이다. 수메르 신년 축제에서 신들의 '거룩한 결혼'을 연출하는 담무스는 다산(多産), 생식을 책임지는 여신이었다.

우신 하나님! 사랑의 하나님께서는 먼저 구원 얻을 자를 건져주십니다. 그리고 나머지 여섯 천사들에게 심판을 행하라 하십니다.

· 함께 읽어요 : 에스겔 9장 4절

"4 여호와께서 이르시되 너는 예루살렘 성읍 중에 순행하여 그 가운데에서 행하는 모든 가증한 일로 말미암아 탄식하며 우는 자의 이마에 표를 그리라 하시고"

3. 에스겔은 심판의 살육을 눈앞에 두고 중재 기도를 합니다(9:8~11).

하나님께서는 경고의 메시지를 불순종한 결과로 심판을 선언하신 것입니다. 이스라엘의 종교 지도자들은 백성들이 죄악을 벗고 회개하도록 지도해야 할 터인데, 오히려 앞장서서 우상 숭배를 하는 죄악과 불순종으로 하나님의 진노를 면할 수 없게 된 것입니다. 에스겔은 무시무시한 심판의 살육이 바로 눈앞에서 전개됨을 보며, 칼이나 창이나 도끼와 같은 죽이는 기계를 잡은 여섯 천사들에 의하여 성전 안 뜰에서부터 시작된 살육이 성전 바깥 뜰로, 그리고 예루살렘 성읍의 구석구석까지 행해졌습니다. 그러한 처참한 광경을 보고 있던 에스겔은 몹시 두려운 마음으로 하나님께 엎드려 부르짖었습니다. "아하 주 여호와여! 예루살렘을 향하여 분노를 쏟으시오니 이스라엘의 남은 자를 모두 멸하려 하시나이까?"(8절).

그동안 하나님의 계시를 받아 심판을 예언해 왔지만 실제로 하나님의 심판결과 망해가는 현장을 보자 두려움에 휩싸여 자신도 모르게 백성을 위한 중재 기도가 터져 나왔습니다. 하나님께서는 ① 백성들의 죄악이 심히 중함, ② 온 땅에 피가 가득함, ③ 성읍에 불법이 가득 차 있기 때문이라고 심판의 정당성을 말씀합니다. 아껴봄이나 긍휼함이 없이 행한 대로 보응하고 심판하실 것을 말씀하십니다.

· 함께 읽어요 : 에스겔 9장 10절

"10 그러므로 내가 그들을 불쌍히 여기지 아니하며 긍휼을 베풀지 아니하고 그들의 행위대로 그들의 머리에 갚으리라 하시더라."

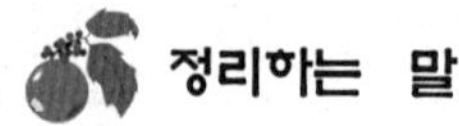

정리하는 말

사랑하는 성도 여러분! 에스겔이 본 심판의 환상은 실제적으로 더 심각할 것입니다. 죄와 불순종의 결과는 이제 돌이킬 수 없는 심판의 칼날로 임합니다. 그러나 두려운 심판 중에도 이마에 표를 한 자들, 남겨진 자들, 하나님께 소망을 둔 자들을 주님은 언제나 기억하시고 구원해 주신다는 사실을 기억하시기 바랍니다. 마음으로 영으로 주님을 찬양하시기 바랍니다.

평가와 결심

1. 에스겔에게 보여준 심판의 예언은 무엇의 결과였습니까?
   (겔 9:1-3, 가증한 죄악의 결과임)
2. 하나님의 심판을 수행하는 자들이 누구입니까?
   (겔 9:4, 하나님의 천사들)
3. 심판을 보고 에스겔이 취한 태도는 무엇이었습니까?
   (겔 9:8, 하나님께 중재의 기도를 드림)

주간 경건의 시간 <28> · 날마다 말씀과 함께

요일 / 내용	주일/월(Mon)	화(Tue)	수(Wed)	목(Thu)	금(Fri)	토(Sat)
찬송	36동/ 21동	260/ 194	259/ 193	289 / 208	287/ 205	288/ 204
성경	겔8: / 겔9:	겔 10:	겔 11:	겔 12:	겔 13:	겔 14:
적용	우상 예배/ 분노 발하심	여호와 영광	예루살렘 심판	포로 될 것 예언	거짓 선지자	우상숭배 심판

* 모든 것은 노래로 끝난다. < 보마르세 >

제29과

의지를 다스려 주시는 성령

찬송 / 183, 184, 189 / 통 172, 173, 181
성경 / 에스겔 16:35-63
요절 / 에스겔 16:60
"그러나 내가 너의 어렸을 때에 너와 세운 언약을 기억하고 너와 영원히 언약을 세우리라."
목표 / 성도들이 의지를 지니신 성령을 의지해 의사 결정을 하도록 한다.

시작하는 말

본문은 "왜 유다와 예루살렘에 하나님의 심판이 임할 수밖에 없는지?"라는 심판의 불가피성을 일깨워주는 두 번째 비유입니다. 쓸데없는 포도나무의 비유에 이어 에스겔은 예루살렘을 '음란한 부녀'에 비유함으로써 예루살렘이 하나님의 무서운 진노의 심판을 받아야 할 이유에 대해 지적해 주고 있습니다. 본문의 내용은 음란한 부녀의 비유입니다. 에스겔은 음란한 부녀의 비유를 들어 예루살렘의 죄악상을 고발하고 앞으로 임할 심판을 선포했습니다. 그리고 그 목적이 '예루살렘으로 그 가증한 일을 알게 하기 위함'이라고 밝히고 있습니다(2절).

오늘의 말씀

1. 음란한 부녀에 대한 비유입니다(겔 16:1~14).

에스겔은 하나님의 성전이 있는 유다의 수도 '예루살렘', 혹은 그 백성들을 가리키나, 택함 받은 '이스라엘 전체'를 의미하기도 합니다. 이스라엘은 하나님의 선민으로 본래부터 훌륭한 혈통을 타고났다고 생각하면서 이방인들을 멸시하고 자부심이 대단했습니다. 그러나 에스겔은 그들의 ① 비참한 출생, 즉 '아비는 아모리 사람, 어미는 헷 사람'이라고 드러냅니다. ② 출생의 근원이 사생아처럼 배꼽 줄을 자르지 않았고, 소금을 뿌리거나 물로 씻지 아니했고, 강보로 싸지 않고 더러운 물건처럼 버려졌다고 밝힙니다. 그녀의 성장에서 ① 주님의 자비로 성장되었고(6~7절), ② 주님의 사랑으로 혼인하게 되었고(7~8절), ③ 주님에게서 온갖 좋은 것을 받아 누렸고(9~13절), ④ 왕후의 화려함과 영화로 그 명성이 널리 퍼지게 되었다는 것입니다(13~14절).

· 함께 읽어요 : 에스겔 16장 14절
"14 네 화려함으로 말미암아 네 명성이 이방인 중에 퍼졌음은 내가 네게 입힌 영화로 네 화려함이 온전함이라 나 주 여호와의 말이니라."

2. 그 음녀의 타락과 음행입니다(겔 16:15~34).

본문에는 하나님의 친근한 사랑을 저버린 이스라엘의 극악한 죄악상을 고발하고 있습니다. 주님에게서 온갖 좋은 것들을 받아 왕후의 화려함과 영화로 명성이 퍼졌습니다. 그럼에도 불구하고 ① 남편이 준 모든 것들을 다른 남자에게 갖다 바쳤습니다(16~19절). ② 다른 남자의 아이까지 음행을 위해 자녀까지 우상 제물로 희생시켰습니다(20~21절). 또한 ③ 지난날의 자신을 망각하고 음행을 더해 뭇 남자들과 음행하여 창기보다 나쁜 아내가 되었습니다(22~34절).

· 함께 읽어요 : 에스겔 16장 33절
"33 사람들은 모든 창기에게 선물을 주거늘 오직 너는 네 모든 정든 자에게 선물을 주며 값을 주어서 사방에서 와서 너와 행음하게 하니"

3. 그 음녀에 대한 정죄와 심판입니다(겔 16:35~52).

그녀의 부정함과 음란함, 즉 이스라엘의 영적 간음의 실상이 지적된 만큼, 이에 대한 정죄와 심판은 필연적이었습니다. 정죄와 심판에 대한 사실이 여섯 가지로 나타납니다.

① 사방의 모든 자로 이스라엘을 대적하게 할 것이다(37절).

② 사방의 모든 자 앞에서 벌거벗은 몸을 드러내게 할 것이다(37절).

③ 남편의 진노와 그 투기의 피를 받을 것이다(38절).

④ 사방의 모든 자로 강탈하게 할 것이다(39~41절).

⑤ 그 행위대로 보응 받을 것이다(42~43절). 이유는 음행 때문입니다.

⑥ 소돔과 사마리아에 비유하여 정죄할 것이다(44~52절). 말하자면 예루살렘이 과거에 멸망당한 소돔과 사마리아처럼 정죄 받는 것입니다.

마지막으로 그녀에 대한 회복과 영원한 언약입니다(16:53~63).

그 어느 데나 비할 수 없을 만큼 타락하고 죄악으로 부패한 그녀에게도 소망은 있습니다. 다름 아닌 그 남편의 크고 넓은 사랑이었습니다. 바로 놀라운 하나님의 사랑이 그녀를 회복시키시고 새롭고 영원한 언약을 그들에게 세워줄 것입니다. 할렐루야!

그러나 소돔과 사마리아의 회복 이후에나 회복될 것입니다. 순서가 바뀌고, 교만이 꺾일 것입니다. 영원한 언약에 대한 약속입니다. ① 어렸을 때의 언약을 기억할 것입니다. ② 새 언약은 영원한 하나님의 언약입니다.

③ 영원한 언약을 세우시는 목적은 ⓐ 하나님을 여호와로 알도록 하기 위해서입니다. ⓑ 다시는 자랑하지 못하도록 하기 위해서입니다.

· 함께 읽어요 : 에스겔 16장 60절

"60 그러나 내가 너의 어렸을 때에 너와 세운 언약을 기억하고 너와 영원한 언약을 세우리라."

정리하는 말

성령님은 신자들과 약속을 하신 분이십니다. 신앙고백과 함께 ① 주일 성수, ② 십일조와 감사 예물, ③ 전도와 선교를 은연중에 결심했을 것입니다. 그러나 세월이 흐르면서 처음 약속이 지켜지지 않고 하나씩 깨어져 나갔을 것입니다. 약속을 지키지 않는 성도로 변질되었습니다. 성령께서는 잘못을 깨닫고 다시 돌아와 다시 시작하기를 기다리고 계십니다. 작심삼일[3]처럼 약속을 깨뜨리지 마시고 지켜 가시기 바랍니다.

평가와 결심

1. 음란한 부녀는 누구를 가리킵니까?
   (겔 16:1~14, 예루살렘이나 이스라엘 전체 즉 성도 전체)
2. 하나님께서는 그 음녀를 왜 심판하십니까?
   (겔 16:15~34, 그 음녀의 타락과 음행 때문에)
3. 음녀에게 내릴 심판과 보응 그리고 무엇이 있을 것입니까?
   (겔 16:35~52, 부정함과 음란한 결과 심판과 보응 다음에 회복할 것)

주간 경건의 시간 <29> · 날마다 말씀과 함께

요일 내용	주일/월(Mon)	화(Tue)	수(Wed)	목(Thu)	금(Fri)	토(Sat)
찬송	37동/ 88동	286/ 218	287/ 205	288/ 204	289/ 208	290/ 412
성경	겔 15:/ 16:	겔 17:	겔 18:	겔 19:	겔 20:	겔 21:
적용	땔감/ 피투성이	포도나무 비유	범죄 하는 영혼	애가	하나님의 뜻	여호와의 칼

* 미리에 대한 최상의 준비는 현재를 잘 보고 가장 가까운 의무를 잘 수행하는 것이다.
  <죠지 맥도날드, 1824-1905, 스코틀랜드 소설가>

3) '작심삼일'(作心三日)이란 결심이 사흘을 가지 못함을 의미한다. 곧 결심이 굳지 못함을 이르는 말이다.

7단원 성령 교육의 달

제30과

인치듯 교훈하시는 성령

찬송 / 202, 204, 212 / 통일 241, 379, 347
성경 / 에스겔 28:1-19
요절 / 요한복음 14:26
"보혜사 곧 아버지께서 내 이름으로 보내실 성령 그가 너희에게 모든 것을 가르치고 내가 너희에게 말한 모든 것을 생각나게 하리라."
목표 / 세상이 어렵고 힘들 때 성령님의 가르치심을 받아 사는 태도를 기른다.

시작하는 말

에스겔은 '26장', '27장'에 이어서 본문에서도 두로를 향하여 심판의 메시지를 전하고 있습니다. 두로를 향한 하나님의 심판과 두로 왕을 위한 애가를 지어 부릅니다. 두로 왕의 몰락을 선포하면서 그 원인이 두로 왕의 교만의 근원을 '사단'의 교만과 연결시켜 밝혀주고 있습니다. 성령은 우리에게 '사단'에 대한 지식을 제공함으로써 교만한 두로 왕이 몰락했듯이 사단의 교만도 완전히 꺾일 것임을 알 수 있습니다.

두로 왕의 교만에 대한 하나님의 심판을 보면서 우리 성도들이 세상에서 어떻게 살아가야 할 것을 보여주고 있습니다. 돈이나 권력, 명예가 좀 있다고 가난한 사람들을 학대하며 살아서는 안 됩니다.

오늘의 말씀

1. 에스겔이 지적한 두로 왕의 잘못이 무엇입니까?(겔 28:1~6)

여러분들은 성령께서 말씀을 통해 주시는 감동을 어떻게 받습니까?

본문에 앞서 에스겔 26장과 27장에서 '두로'라는 국가에 대하여 하나님의 심판을 전했지만 선지자의 외침을 들은척 만척 했습니다. 에스겔이 메시지를 전할 당시, 즉 주전 586년경에 두로 왕은 엣바알 2세(Ethbaal II)였습니다. 그는 다음과 같은 교만한 마음을 품었습니다.

① '나는 신이라 내가 하나님의 자리 곧 바다 중심에 앉았다.' 당시에 두로는 지중해상에 우뚝 솟은 탁월한 해상 국가였습니다. 두로 왕은 이처럼 바다 중심에 탁월한 나라를 일으킨 자신의 지도력에 자신감을 가지고 있었습니다. ② '나는 다니엘보다 지혜로워서 은밀한 것을 깨닫지 못할 것이 없다.' 당시에 바벨론 궁중에 있던 다니엘은 사람들이 다 '하나님의 지혜를 받은 자라.' 최고의 지혜를 받은 사람으로 인정했습니다. 두로 왕은 이 같은 다니엘의 지혜가 자신보다 열등한 것이라고 무시하면서 한껏 자신의 지혜를 자랑했습니다. ③ '나는 재물이 풍부하다'고 하며, 두로 왕은 무역을 통해서 얻은 많은 재물을 뽐냈습니다. 이런 물질적 풍요가 그를 더욱 교만하게 만들었습니다.

· 함께 읽어요 : 에스겔 28장 6절

"6 그러므로 주 여호와께서 이같이 말씀 하셨느니라. 네 마음이 하나님의 마음 같은 체하였으니"

2. 하나님이 왜 두로 왕을 꺾으셨습니까?(겔 28:7~10).

자고로 하나님께서는 교만한 자를 내버려 두지 않으셨습니다. 잠언 말씀에 "18 교만은 패망의 선봉이요 거만한 마음은 넘어짐의 앞잡이니라. 19 겸손한 자와 함께 하여 마음을 낮추는 것이 교만한 자와 함께 탈취 물을 나누는 것보다 나으니라"(잠 16:18~19)고 했습니다.

하나님께서는 두로 왕의 교만을 내버려 두시지 않으셨습니다. 하나님 앞에서 사람의 모든 교만은 꺾일 수밖에 없기에 두로 왕의 교만도 예외일 수 없었습니다. 하나님께서는 두로 왕에 대해서 "너는 사람이요, 신이 아니라"(2절)고 하시면서 그의 교만을 다음과 같이 꺾으셨습니다.

① 열방의 강포한 자로 치심, ② 지혜로 얻은 아름다운 것들을 치고 두로 왕의 영화를 더럽힘, ③ 구덩이에 빠뜨려 바다 중심에서 죽게 하심, ④ 할례 받지 않은 자의 죽음 같이 되었습니다.

· 함께 읽어요 : 에스겔 28장 10절

"10 네가 이방인의 손에서 죽기를 할례 받지 않은 자의 죽음 같이 하리니 내가 말하였음이니라, 주 여호와의 말씀이니라 하셨다 하라."

3. 두로 왕은 '애가'처럼 사단과 같이 몰락합니다(겔 28:11~19).

두로 왕에 대한 마지막 메시지는 '두로 왕에 대한 애가'입니다. '왕 죽음'을 노래한 것인데, 특이한 것은 그 내용이 구약의 '사단론'을 반영하고 있다는 점입니다. ① 본래 완전한 도장이었고 지혜가 충족하며(12절), ② 에덴동산에 있었고(13절), ③ 지키는 그룹이었으며(14절), ④ 하나님의 성산에 있었고(14절), ⑤ 지음 받던 날로부터 완전했습니다(15절).

에스겔 선지자는 두로 왕을 지적하는 가운데, 영적으로 더욱 심화시켜 교만의 가장 뿌리 깊은 근원적인 사단의 교만을 묘사하고 있는 것입니다. 그러므로 본문의 묘사는 일차적으로 교만한 두로 왕을, 이차적으로 '사단'에 관한 묘사인 것입니다. 아름답고 온전한 상태에 있던 두로 왕은 재물과 권력, 명예가 올라가게 되자 온전한 상태에서 벗어나 교만하고 불의를 나타내 하나님의 산에서 쫓겨나 땅에 던져지고, 불로 태워지며, 재가 돼 세상 사람들의 경계거리가 되어 영원히 다시 있지 못하게 되었습니다.

· 함께 읽어요 : 에스겔 28장 17

"17 네가 아름다우므로 마음이 교만 하였으며 네가 영화로우므로 네 지혜를 더럽혔음 이여, 내가 너를 땅에 던져 왕들 앞에 두어 그들의 구경거리가 되게 하였도다."

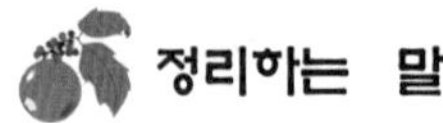

정리하는 말

사랑하는 성도 여러분! 참으로 부자나 권력가나 명예를 가진 자가 겸손하기란 참 힘든가봅니다. 대부분 교만이 절정에 달했을 때 몰락이 갑자기 다가옵니다. 성령은 말씀을 통해 우리가 '겸손해야 할 지혜', '내려놓아야 할 때'를 가르쳐 주십니다. 성경에 보면 이런 인물이 바로 다윗입니다. 그는 왕으로서 최고의 권력자였음에도 불구하고 '여호와께 물어'라는 표현이 자주 등장합니다. '꿈이나 이상 중에 사람의 귀를 여시고 인치듯 교훈'하심(욥 33:16 개정판)에 순종하시기 바랍니다.

평가와 결심

1. 에스겔이 지적한 두로 왕의 잘못이 무엇입니까?
   (겔 28:1~6, 두로 왕의 교만)
2. 두로 왕의 교만의 극치를 지적한 말이 무엇입니까?
   (겔 28:2, "나는 신이라 내가 하나님의 자리 곧 바다 중심에 앉았다")
3. 성령의 가르치심을 나타낸 구체적인 성경구절이 어디입니까?
   (욥 33:15~16, '꿈이나 이상 중에 사람의 귀를 여시고 인치듯 교훈'하심)

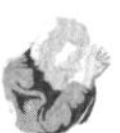

주간 경건의 시간 <30> · 날마다 말씀과 함께

요일 / 내용	주일/월(Mon)	화(Tue)	수(Wed)	목(Thu)	금(Fri)	토(Sat)
찬송	83동 / 91동	208 / 246	209 / 247	210 / 245	211 / 346	212 / 347
성경	겔 22:/ 23:	겔 24:	겔 25:	겔 26:	겔 27:	겔 28:
적용	예루살렘 악 / 두 음녀	녹슨 솥	암몬 주신 말씀	두로에 주신 말씀	두로 멸망	사단의 교만

* 이기주의는 자기 집안의 신(神), 즉 자신의 자아(自我)이다.

<존 플라벨, 1627~1691, 영국 칼빈 주의자, 성직자, 신학자>

7단원 성령 교육의 달

제31과

인도해 주시는 성령

찬송 / 546, 461, 471 / 통 399, 519, 528

성경 / 에스겔 33:1-33

요절 / 로마서 8:14

"무릇 하나님의 영으로 인도함을 받는 사람은 곧 하나님의 아들이라.

목표 / 세상만사 힘들고 어려울 때마다 성령 인도하심 받고 살아가도록 한다.

시작하는 말

에스겔서는 크게 3가지 주제로 이루어졌습니다. ① 예루살렘과 유다에 대한 하나님의 심판(1~24장, 예루살렘 함락, 주전 596년), ② 유다 원수들에 대한 심판(25~32장), ③ 이스라엘의 회복과 구원(33~48장)입니다.

본문 33장은 에스겔서의 방향전환 즉 1~32장까지는 죄와 심판에 관해 기록하고 있지만 33장부터 끝까지는 위로의 메시지를 전하고 있습니다. 심판 후 그의 백성들을 다시 모으시고 회복시키시겠다는 약속입니다. 그리고 '새 언약'을 체결하십니다. 하나님께서 그의 백성들에게 큰 '개심'(改心)을 일으키신 후에 구원을 베푸심으로써 자기의 존엄성을 회복하실 것입니다.

오늘의 말씀

1. 에스겔은 영적 파수꾼의 임무를 받았습니다(겔 33:1~9).

처음에 에스겔은 다가올 하나님의 심판에 대해서 '이스라엘에게 전해야 하는 파수꾼'의 임무를 부여 받았고(겔 3:16~21), 그가 전한 대로 하나님의 심판이 이루어짐으로써(주전 586년), 파수꾼의 임무를 완수한 것입니다. 이제 다시 에스겔에게 파수꾼의 임무가 주어졌습니다. 파수꾼과 백성의 임무가 무엇입니까? ① 파수꾼의 임무는 성벽의 높은 지점, 즉 성의 망루에 자리 잡고 적군의 동태를 주야로 살피면서 적군이 갑자기 쳐들어오지 않는지 늘 경계해야 하는 것입니다. ② 백성들의 책임은 파수꾼이 알린 사실에 대하여 적절하게 반응하는 것입니다.

여기서 성도들은 파수꾼인 목회자들의 말씀을 듣고 민감하게 반응해야 하는 것입니다. 만일 파수꾼이 제대로 전했는데도 불구하고 성도들이 대처를 게을리 하거나 무시했다면 그 책임은 성도 자신에게 있는 것입니다. 말씀을 전하는 자에게나 듣는 자의 책임도 마찬가지입니다.

· 함께 읽어요 : 에스겔 34장 13절

"13 가령 내가 의인에게 말하기를 너는 살리라 하였다하자 그가 그 공의를 스스로 믿고 죄악을 행하면 그 모든 의로운 행위가 하나도 기억되지 아니하리니 그가 그 지은 죄악으로 말미암아 곧 그 안에서 죽으리라."

2. 책임은 개인적이고 구원은 현재적입니다(겔 33:10~16).

이미 에스겔 18장에서 언급되었던 두 가지 중요한 주제, 즉 ① 책임의 개별성과 ② 구원의 현재성 문제가 여기서 다시 언급되고 있습니다. 당시 바벨론에 포로된 백성들은 두 가지 잘못된 생각을 가지고 있었습니다.

① 지금 우리들은 조상들의 죄악 때문에 재난을 당하고 있습니다.

② 죄악의 대가를 받고 있는 우리들은 앞으로 절망적입니다. 이 생각에 대해 에스겔은 두 가지 교훈을 줍니다.

① 책임은 개인적이라는 것입니다. '아비가 신 포도를 먹었으므로 아들이 이가 시리다'는 것은 말이 안 됩니다. ② 구원은 현재적인 것입니다. 백성들은 과거에 얽매여 한 번 악한 행동을 한 사람은 하나님의 징벌을 면할

수 없고, 과거에 의로운 일을 한 사람은 그 공로를 영원히 인정받는다는 것입니다. 그래서 악인들은 악에서 떠날 생각을 않고, 절망 속에 더욱 악한 길로 빠졌습니다. 의인들은 과거의 의로운 행위만을 믿고 교만해지고 위선에 빠졌습니다. 악인이 악에서 떠나 정의와 공의대로 행하면 살게 되는 것입니다.

· 함께 읽어요 : 에스겔 33장 16절
"16 그가 본래 범한 모든 죄가 기억되지 아니하리니 그가 반드시 살리라 이는 정의와 공의를 행하였음이라 하라."

3. 언제나 주의 길은 공평합니다(겔 33:17~33).

본문은 에스겔 18:25~29절의 반복입니다. 하나님께서는 과거에 행했던 악이나 선으로 현재를 판단하시지 않는다는 것입니다. 판단의 기준이 되는 것은 언제나 '현재'입니다. 이 같은 판단 기준에 대해 이스라엘 백성들은 17절에서 "주의 길이 바르지 아니하다!"고 말했습니다. 아마도 그들은 과거의 선함이나 악함이 반영되지 않은 데 대하여 불만을 품었을 것입니다. 그러나 하나님께서는 "실상은 그들의 길이 바르지 아니하니라"고 지적하셨습니다. 그것은 왜 그렇습니까?

① 본래 사람에게 '선'(善)이란 있을 수 없습니다. 사람이 하나님 앞에서 선함을 의식하는 것 자체가 죄입니다.

② '현재'라는 하나님의 잣대는 사람들의 현재와 다릅니다. 사람에게는 과거 현재 미래가 있지만 하나님에게는 과거 현재 미래의 구분이 없습니다. 영원부터 영원까지 스스로 계시는(自存) 하나님께서는 현재만 있을 뿐입니다.

· 함께 읽어요 : 에스겔 33장 19절
"19 만일 악인이 돌이켜 그 악에서 떠나 정의와 공의대로 행하면 그가 그로 말미암아 살리라."

정리하는 말

사랑하는 성도 여러분! 우리가 여기서 깨달아야 될 것은 항상 현재이신 하나님의 시간 안에 가족들이나 이웃, 그리고 온 나라 전체가 주 예수 복음 안에 돌아와 하나님의 정의와 공의를 행하며 오늘 '구원과 영생'을 얻게 하는 이것이 우리 성도들이 해야 할 가장 급선무라는 것입니다(요 17:1~3 우리 그리스도 예수님 대제사장의 기도). 구원으로 인도하시는 성령님의 인도하심을 거절하지 마시기 바랍니다.

평가와 결심

1. 에스겔이 받은 임무가 무엇입니까?
   (겔 33:1!9, 영적 파수꾼의 임무)
2. 죄악의 책임과 구원은 어느 누구에게 있는 것입니까?
   (겔 33:10~16, 책임은 개인적이고, 구원은 현재적임)
3. 주의 길은 언제나 어떻다는 것입니까?
   (겔 33:17~33, 주의 길은 어느 누구에나 언제나 공평함)

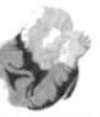

주간 경건의 시간 <31> · 날마다 말씀과 함께

요일 / 내용	주일/월(Mon)	화(Tue)	수(Wed)	목(Thu)	금(Fri)	토(Sat)
찬송	39동 / 73동	438 / 495	442 / 499	527 / 317	526 / 316	445 / 502
성경	겔 29: / 30:	겔 31:	겔 32:	겔 33:	겔 34:	겔 35:
적용	애굽 / 동맹국	레바논 백향목	큰 악어	파수꾼	목자가 되리라	에돔에 재앙

* 이름은 하나의 알려진 얼굴이다.

<토마스 풀러, 1608~1661, 영국 신학자, 성직자>

8단원 성령 수련의 달

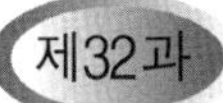
제32과

성령으로 새 생명을 주심

찬송 / 213, 211, 457 / 통 348, 346, 510
성경 / 에스겔 37:1-28
요절 / 에스겔 37:14
"내가 또 내 영을 너희 속에 두어 너희가 살아나게 하고 내가 또 너희를 너희 고국 땅에 두리니 나 여호와가 이 일을 말하고 이룬 줄을 너희가 알리라 여호와의 말씀이니라."
목표 / 새로운 생명을 주신 성령님께 헌신하는 태도를 기른다.

시작하는 말

이스라엘이 처한 상황을 보고는 누구도 이스라엘이 회복된다는 것은 상상조차 할 수 없었습니다. 에스겔은 36장에서 이스라엘이 회복되어 자신들의 땅에서 '새 영과 새 마음'으로 살아갈 것을 선포했으나 현재의 절망적인 상태에서 백성들은 믿겨지지가 않았습니다. 이때 하나님께서는 본문에서 마른 뼈들과 같은 이스라엘 백성들을 회복시킬 계획을 보여주고 있습니다. 그것은 회복에 대한 약속을 이루실 수 있는 하나님의 능력에 초점이 맞추어 있습니다. 즉 하나님의 약속의 성취는 처한 상황이 아니라 하나님의 능력에 달려 있음이 강조하고 있습니다.

오늘의 말씀

1. 하나님께서 마른 뼈들을 회복시킬 계획을 알리십니다(37:1~6).

하나님께서는 성령의 권능으로 에스겔을 골짜기로 인도하셨습니다. 환상 가운데서 그발 강가 델아빕 부근의 어느 골짜기 즉 에스겔이 소명을 받을 때 하나님의 능력과 영광을 체험했던 바로 그곳이었습니다. 대략 10여년이 지난 지금, 하나님께서 영광을 보이시려고 또 다시 에스겔을 그곳으로 인도하신 것입니다. 거기엔 매장되지 못한 뼈들이 가득 널려 있었습니다. 하나님은 "인자야 이 뼈들이 능히 살 수 있겠느냐?" "주 여호와여 주께서 아시나이다." 여기서 어느 누구도 관심을 가지지 않는 ① 이 뼈들에 관심을 가지셨습니다. ② 마른 뼈들에 대해서 충분한 애정을 쏟으십니다. '그것들에게 말씀을 하시고', '생기를 주셨습니다.'

죽은 지 오래된 상태이기 때문에 완전한 절망을 의미합니다. 그러나 말씀으로 명하시고, 생기를 부어주시기를 원하신 것입니다.

· 함께 읽어요 : 에스겔 37장 4절

"4 또 내게 이르시되 너는 이 모든 뼈에게 대언하여 이르기를 너희 마른 뼈들아 여호와의 말씀을 들을지어다."

2. 하나님의 명령을 좇아 마른 뼈들에게 대언합니다(겔 37:7~10).

에스겔이 본 골짜기의 마른 뼈들은 절망상태를 대변하고 있습니다. 에스겔 선지자의 영적 부흥에 전해진 하나님의 말씀(명령)에 마른 뼈들이 그대로 순종하는 것입니다. 이와 같이 마른 뼈와 같은 개인이나 사회나 국가가 그러한 비극적인 상태로부터 벗어나 회복될 수 있는 길은 무엇입니까? ① 하나님의 말씀의 능력이 역사하는 것뿐입니다. 말씀이 임하는 곳에 이적적인 역사가 일어납니다. ② 하나님의 신(神), 즉 성령이 역사했습니다. 살아서 일어난 시체들에게 "생기야, 사방에서부터 와서 이 죽음을 당한 자에게 불어서 살아나게 하라"(9절). 이 광경은 태초에 흙으로 사람을 지으시고, 그 코에 생기를 불어넣으심으로 흙덩이에 불과한 사람을 살아 숨쉬는 '생령'(living soul)으로 만든 사실과 같습니다

(창 2:7). 이제 하나님의 생기가 들어간 골짜기의 시체들은 제 발로 일어나서 설 수 있게 되었는데, 그 모습은 장관이었을 것입니다. 참으로 큰 군대의 모습이었습니다. 즉 강력하고 건강하게 살아 있는 생명체의 집단이었습니다. 하나님의 영(성령)의 역사로 마른 뼈들은 강력한 군대의 모습으로 변화하게 된 것입니다.

· 함께 읽어요 : 에스겔 37장 10절
"10 이에 내가 그 명령대로 대언하였더니 생기가 그들에게 들어가매 그들이 곧 살아나서 일어나 서는데 극히 큰 군대더라."

3. 마른 뼈들에 대한 환상의 뜻이 있습니다(겔 37:11~14).

본문에서 하나님께서는 1~10절에서 언급된 마른 뼈 골짜기의 환상에 대해서 설명합니다. 요점은 포로된 이스라엘 백성들이 다시 고국으로 귀환할 수 있게 된다는 것입니다. 하나님께서는 이 메시지를 전하기 위해 마른 뼈, 곧 자기의 환상을 에스겔에게 보여준 것입니다. 유의할 점은 환상에서 몸의 부활에 대한 교훈이 아니라는 점입니다.

① 골짜기의 마른 뼈들은 이스라엘 백성들을 가리킵니다(11절).
② 이스라엘을 회복시키실 분은 하나님이시라는 것입니다(12~14절).
③ 하나님이 이스라엘을 회복시키시는 목적이 있었습니다(13~14절)
ⓐ 너희가 나를 여호와인줄 알리라. ⓑ 나 여호와가 이 일을 말하고 이룬 줄 너희가 알라는 것입니다.

· 함께 읽어요 : 에스겔 37장 13~14절
"13 내 백성들아 내가 너희 무덤을 열고 너희로 거기에서 나오게 한즉 너희는 내가 여호와인 줄을 알리라. 14 내가 또 내 영을 너희 속에 두어 너희가 살아나게 하고 내가 또 너희를 너희 고국 땅에 두리니, 나 여호와가 이 일을 말하고 이룬 줄을 너희가 알리라 여호와의 말씀이니라."

정리하는 말

사랑하는 성도 여러분! 왜 하나님께서는 마른 뼈와 같은 이스라엘을 회복시켜 주시는 것입니까? 이스라엘 백성들의 회복을 통하여 세상 사람들과 이스라엘 백성들에게 '여호와'라는 이름 속에 포함된 진리를 보여주시기를 원했습니다. 이것이 이스라엘 백성들을 회복시키신 목적입니다. 믿는 자들이 이 사실을 아는 것이 필요한 것은 ① 세상 사람들이 죄에서 떠나 하나님께 돌아올 수 있을 것이고, ② 하나님만이 새 생명을 제공하고 참된 구원자임을 깨닫게 될 것이기 때문입니다.

평가와 결심

1. 에스겔에게 마른 뼈 환상을 보여주신 첫째 이유가 무엇입니까?
   (겔 37:14, 세상 사람들이 죄에서 떠나 하나님께 돌아올 수 있음)
2. 에스겔에게 마른 뼈 환상을 보여주신 둘째 이유가 무엇입니까?
   (겔 37:13, 하나님만이 생명과 구원자임을 깨닫게 될 것이기 때문)
3. 마른 뼈에게 대언한 것과 같은 사건이 또 어디서 있었습니까?
   (창 2:7, 하나님이 흙으로 지은 사람에게 생기를 불어넣으심)

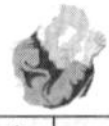

주간 경건의 시간 <32> · 날마다 말씀과 함께

요일 / 내용	주일/월(Mon)	화(Tue)	수(Wed)	목(Thu)	금(Fri)	토(Sat)
찬송	91동 / 93동	523 / 262	527 / 317	526 / 316	525 / 315	528 / 318
성경	겔 36; /37:	겔 38:	겔 39:	겔 40:	겔 41:	겔 42:
적용	이스라엘 복 / 내 영을	여호와의 도구 곡	곡의 멸망	이상 중 본 성읍	성소와 지성소	제사장 방

* 젊은이들의 사랑은 진정 마음속에 있지 않고 눈 속에 있다. <윌리엄 셰익스피어>

8단원 성령 수련의 달

성령으로 거듭나게 하심

찬송 / 400, 415, 413 / 통 463, 471, 470
성경 / 에스겔 47:1-23
요절 / 에스겔 47:9

"이 강물이 이르는 곳마다 번성하는 모든 생물이 살고 또 고기가 심히 많으리니 이 물이 흘러 들어가므로 바닷물이 되살아나겠고 이 강이 이르는 각처에 모든 것이 살 것이며"

목표 / 성령의 생수로 거듭나 건강한 신앙인으로 살아가는 태도를 기른다.

시작하는 말

요즘은 이야기의 관심이 모두 '건강문제'가 단연 으뜸입니다. 건강에서 가장 챙겨야 할 것은 '깨끗한 물'과 '신선한 공기'입니다. 편리하라고 이용하는 자동차가 공기 오염의 주범입니다. 날마다 먹고 마시며 배설하면서 그것 중 생활폐수가 되어 물이 오염되고 있습니다. 그렇다면 신앙생활에서는 그렇지 않을까요? 눈뜨면 보이고 들리는 미디어, 오디오, TV 방송에서 주체할 수 없이 쏟아지고 있는 부산물이 인류를 병들게 하고 있습니다. 이제 우리는 영적으로 대처를 해야 할 때입니다.

오늘의 말씀

1. 새 성전에서 흘러나오는 생명의 강물이 있습니다(겔 48:1~5).

에스겔은 참으로 하나님이 택하신 제사장이요, 선지자였습니다. 그의 관심은 '새 성전'이었을 것입니다. 본문에 하나님께서 임재하신 '새 성전'에서 '예배'를 드리는 것은 '새 생명'을 갖게 됨을 의미합니다. 본문은 바로 그 점을 강조하기 위해서 성전에서 흘러나오는 강물에 대하여 말씀하고 있습니다. 앞서 7단원 28과에서 여호와 하나님께서 죄로 오염된 성전을 떠나시는 모습을 보셨을 것입니다. 그러나 에스겔은 하나님께서 이스라엘을 회복하시고 '새 성전' 문지방 밑에서 흘러나오는 '생수의 강'을 말씀하고 있습니다. 오늘날 많은 교회들이 우후죽순처럼 세워지지만 갈증으로 탈진한 수많은 생명들을 보십니까? 생명수 강물을 공급해 주시는 주님께 나오시기 바랍니다. 그러면 다시 목마르지 아니합니다.

· 함께 읽어요 : 요한복음 7장 37~39절

"37 명절 끝날 곧 큰 날에 예수께서 서서 외쳐 이르시되 누구든지 목마르거든 내게로 와서 마시라 38 나를 믿는 자는 성경에 이름과 같이 그 배에서 생수의 강이 흘러나오리라 하시니 39 이는 그를 믿는 자들이 받을 성령을 가리켜 말씀하신 것이라."

2. 성령의 강물은 특별한 효력을 지녔습니다(겔 47:6~8).

이제 성도님들은 금년 구역공과의 중심이요, 핵심부분에 진입했습니다. 출애굽 백성들이 광야로 진입하여 수르 광야 마라라는 곳에서 물 때문에 모세를 원망하고 '여호와께 부르짖었더니 한 나무를 지시하셔서 물에 던졌더니 물이 달아졌습니다.' 이때 하나님께서는 그들에게 건강하게 살아갈 수 있는 방법을 가르쳐 주십니다. "너희가 너희 하나님 나 여호와의 말을 들어 순종하고 내가 보기에 의를 행하며, 내 계명에 귀를 기울이며 내 모든 규례를 지키면 내가 애굽 사람에게 내린 모든 질병 중 하나도 너희에게 내리지 아니하리니 나는 너희를 치료하는 여호와임이라"(출 15:26)고 하셨습니다. 본문에 성전 문지방 밑에서 흘러나오는 물이 강물을 살려 바다 생태계까지 회복시키신다는 것입니다. 성령의 강물을 주심으로 '건강한 생명'을 약속하신 것입니다.

· 함께 읽어요 : 에스겔 47장 8절

"8 그가 내게 이르시되 이 물이 동쪽으로 향하여 흘러 아라바로 내려가서 바다에 이르리니 이 흘러내리는 물로 그 바다의 물이 되살아나리라."

3. 복음의 '생명수'가 생명을 주시고, 풍성함을 줍니다(겔 47:9~12).

성전 바깥뜰로부터 4,000척 되는 지점에서 강은 넓고 깊어져서 건널 수 없게 되었으며, 천사의 측량도 멈췄습니다. 성전에서 솟아난 생수가 이르는 곳마다 놀라운 생명의 역사가 일어났습니다. 모든 생물이 살아나고, 고기가 많아졌으며, 죽었던 바닷물이 소성하고 모든 것이 살아났습니다. '번성함', '살아 움직임', '풍부함', '치유됨' 바로 이것이 '복음의 치유능력'과 동일합니다. 요즘 전국 방방곡곡에 '치유센터'가 세워지고, 많은 순진한 성도들을 유혹하고, 때로는 목회자까지 동원하여 사사로운 집회를 갖고 집단을 형성하는 경우도 있습니다. 참 이해하기 어려운 일들이 일어나고 있습니다. 주님께서도 복음을 전하실 때 '전파'하고 '가르치며', '치유'의 방법을 사용하셨습니다. 그러나 '복음'과 '치유'가 사용되지만 전문적인 '질병의 치유센터'가 되어서는 문제가 있는 것입니다. 사랑하는 성도 여러분! 하나님의 성전으로 돌아가셔서 성전 문지방에서 흘러나오는 생명의 물을 공급받으시기 바랍니다. 목사님! 장로님! 집사님! 권사님을 세우신 목적이 무엇입니까? 기도의 곡괭이로 성전 문지방 밑을 파 '생수'를 파내어서 갈망하는 이들에게 말씀과 함께 공급하라는 사명을 주신 것입니다.

· 함께 읽어요 : 요한복음 10장 9~10절

"9 내가 문이니 누구든지 나로 말미암아 들어가면 구원을 받고 또는 들어가며 나오며 꼴을 얻으리라. 10 도둑이 오는 것은 도둑질하고 죽이고 멸망시키려는 것뿐이요 내가 온 것은 양으로 생명을 얻게 하고 더 풍성히 얻게 하려는 것이라."

정리하는 말

사랑하는 성도 여러분! 지금은 '말세지말'[1]이라고들 합니다. 여러분들은 주님이 바로 오실 마지막 끝 세상을 어떻게 살아가고 있습니까? 여러분들의 각자의 등불에 '믿음'과 '순종'의 기름과 함께 '성령의 기름'을 채우시고, '소망'의 심지를 돋우시기 바랍니다. 주님 맞을 준비 잘하셔서 다시 오실 주님을 영접하시기를 간절히 소원합니다.

평가와 결심

1. 새 성전의 문지방 밑에서 무엇이 흘러나왔습니까?
   (겔 47:1, **8**, 물이 흘러나옴)
2. 성전 문지방 밑에서 흘러나오는 물의 효력이 무엇입니까?
   (겔 47:1, 7~8, 강물이 살고, 고기가 살고, 모든 것이 살 것임)
3. 복음의 생명수가 왜 필요합니까?
   (겔 47:12, 강은 물론 고기, 모든 것, 각종 실과까지 살리기 때문)

주간 경건의 시간 <33> · 날마다 말씀과 함께

요일 / 내용	주일/월(Mon)	화(Tue)	수(Wed)	목(Thu)	금(Fri)	토(Sat)
찬송	23동 / 39동	180 / 168	182 / 169	183 / 172	184 / 173	185 / 179
성경	겔 43:/ 44:	겔 45:	겔 46:	겔 47:	겔 48:	단 1:
적용	성전에 들어감 / 동쪽문 닫아두라	거룩한 구역	안식일과 초하루	성전에서 나오는 물	거룩한 땅	구별된 음식

* 불이 빛의 시초이듯 사랑은 언제나 지식의 시초이다.
<토마스 칼라일, 1795~1881, 영국 수필가, 사학자, 전기 작가, 철학자>

1) '말세'(末世)란 예수께서 탄생하신 때부터 재림할 때까지의 세상을 의미하며, '말세지말'(末世之末)이란 재림하실 때가 아주 가까운 세상 끝이라는 말이다.

8단원 성령으로 수련하는 달

제34과

주님께 영광 돌리게 하심

찬송 / 85, 86, 87 / 통 85, 86, 87
성경 / 고린도후서 1:1-24
요절 / 고린도후서 1:20
"하나님의 약속은 얼마든지 그리스도 안에서 예가 되니 그런즉 그로 말미암아 우리가 아멘 하여 하나님께 영광을 돌리게 되느니라."
목표 / '아멘'하여 주님께 영광 돌리며 살아가는 삶의 태도를 기른다.

시작하는 말

자녀들 중에도 가면 갈수록 속을 썩이는 애들이 있습니다. 그런가하면 신앙생활을 하면서 하나님께 영광을 돌려드리는 자녀들도 있습니다. 문제의 핵심은 우리의 마음가짐입니다.

본문에 나오는 고린도 교회는 환난을 만난 교회입니다. 환난이 다가오면 신앙생활을 잘 하던 분들도 시들해 지면서 자신감부터 없어지고, 살아갈 용기조차 잃습니다. 환난을 당하면서 "왜 하필 나입니까? 왜 내가 고통을 겪어야 합니까?" 발버둥을 칩니다. 환난이 이런 부정적인 결과만 남기는 것이 아닙니다. 하나님께 영광을 돌리는 통로가 되기도 합니다.

오늘의 말씀

1. 하나님께서는 환난의 크기만큼 위로도 주십니다(고후 1:1~5).

여기 '환난'(Θλΐψει, 들립세이)이란 말은 '극심한 중압감', '눌리고 짓밟히는 것'을 의미합니다. 군대에서 제일 견디기 힘든 것은 학벌이나 인물이나 지식에서 별볼일 없는 상사에게 극심한 중압감으로 휘둘리고 짓밟히는 것입니다. 그러나 그러한 상사의 견디기 힘든 상황을 이겨내고 훈련을 잘 마쳤을 때 사회 어디 가든 이겨낼 수 있다는 기쁨과 자신감이 생기는 것입니다. 바울 사도는 환난을 당하는 고린도 교회 성도들에게 환난을 겪고 이기는 만큼 위로도 넘치게 주신다고 말씀합니다.

· 함께 읽어요 : 고린도후서 1장 5절

"5 그리스도의 고난이 우리에게 넘친 것같이 우리가 받는 위로도 그리스도로 말미암아 넘치는 도다."

2. 성도에게 유익을 주시려고 환난을 사용하십니다(고후 1:6~11).

1) 하나님은 다른 믿는 자들을 일으켜 세우시려 환난을 사용하십니다.

① 환난당하는 다른 사람들에게 위로를 주시려고 환난을 사용함.

② 성도들이 환난을 끝까지 견뎌 인내로 구원 얻게 하시려 함.

③ 환난 중에 불평보다 위로를 구하게 하시려 환난을 사용하심.

2) 바울은 큰 환난을 당했습니다. ① 성난 폭도들에게 생명의 위협을 겪음(행 19:23~40). ② 아시아에서 큰 환난을 겪었음(행 20:18~27). ③ 안드로니고와 유니아가 그의 동료 죄수였음(롬 16:7). ④ 에베소에서 맹수와 싸웠음(고전 15:32). ⑤ 힘에 부친 심한 고생으로 살 소망까지 끊어져 사형선고 받은 것 같음(고후1:8-10). ⑥ 일곱 번이나 옥에 갇힘(고후 11: 23-27). 바울은 이러한 환난의 터널 속에서도 오직 하나님만 신뢰하고 환난을 잘 이겨냈습니다. 성도 여러분! 여러분들에게 주님은 "너희가 세상에서 환난을 당하나 담대 하라 내가 세상을 이기었노라"고 말씀합니다. 주님은 몸소 실천하시고 그 말씀을 우리에게 새겨주셨습니다.

· 함께 읽어요 : 고린도후서 1장 8절, 요한복음 16장 33절

"8 형제들아 우리가 아시아에서 당한 환난을 너희가 모르기를 원하지 아니하노니 힘에 겹도록 심한 고생을 당하여 살 소망까지 끊어지고"

"33 이것을 너희에게 이르는 것은 너희로 내 안에서 평안을 누리게 하려 함이라 세상에서는 너희가 환난을 당하나 담대 하라 내가 세상을 이기었노라."

3. 하나님께서는 기도와 감사를 가르치기 위해 환난을 이용하십니다 (고후 1:11).

우리가 어려움을 당할 때 위로가 되는 것은 잘 알지도 못하는 사람들이 나를 위해서 기도해 주셨다는 사실을 알 때 입니다. 이러한 은혜는 정말 고맙고 감사할 따름입니다. 시편 50편 14~15절에 보석 같은 말씀이 있습니다. "14 감사로 하나님께 제사를 드리며 지존하신 이에게 네 서원을 갚으며 15 환난 날에 나를 부르라 내가 너를 건지리니 네가 나를 영화롭게 하리로다."

이 기도는 개인적인 기도뿐만 아니라 여러 성도들의 중재의 여러 가지 기도를 포함하고 있는 것입니다. 나만을 위한 기도도 하나님께서 들어주시지만 많은 성도들이 함께 중재의 기도를 해 준다면 또한 더 잘 응답해 주실 것입니다. 많은 사람의 중재의 기도가 응답이 되면 많은 사람들이 기뻐하며, 모든 사람들이 함께 하나님께 영광 돌리게 될 것입니다.

사도행전 12장에 보면 야고보는 순교를 당하고, 베드로는 옥에 갇힙니다. 그때 교회는 그를 위하여 간절히 기도했습니다. 옥중에 주의 사자가 나타나니 광채가 빛나며 주의 사자가 베드로를 이끌어 첫째와 둘째 파수를 지나 시내로 통하는 쇠문에 이르니 쇠문이 저절로 열리며 베드로는 풀려났습니다. 마가라 하는 요한의 어머니 마리아의 집에 가니 여러 사람이 모여 기도하고 있었습니다.

· 함께 읽어요 : 사도행전 12장 12절

"12 깨닫고 마가라 하는 요한의 어머니 마리아의 집에 가니 여러 사람이 거기에 모여 기도하고 있더라."

정리하는 말

사랑하는 성도 여러분! 세상적으로 보면 사도 바울처럼 고난과 환난을 당하면서 어려움을 몸에 달고 살다간 삶! 실패와 좌절 속에, 어느 것 하나 삶의 희망조차 찾아볼 수 없이 살았습니다. 그러나 그는 오직 한 가지 주님의 말씀에 붙잡혀 '주님께 영광'만 돌리면서 온 생애 전체를 드린 분입니다. 그의 영광스러운 삶을 본받으시기 바랍니다.

평가와 결심

1. 하나님은 환난의 크기만큼 또 무엇을 주십니까?
   (고후 1:1~4, 위로를 주심)
2. 성도에게 환난을 주시는 이유가 무엇입니까?
   (고후 1:8~10, 하나님만 의뢰하게 하시려고 하심)
3. 환난을 통하여 무엇을 주시고자 하십니까?
   (고후 1:11, 기도와 감사를 가르치기 위해)

주간 경건의 시간 <34> · 날마다 말씀과 함께

요일 / 내용	주일/월(Mon)	화(Tue)	수(Wed)	목(Thu)	금(Fri)	토(Sat)
찬송	25동 / 27동	266 / 200	320 / 350	336 / 383	370/ 455	388/ 441
성경	고후1:/ 2:	고후 3:	고후 4:	고후 5:	고후 6:	고후 7:
적용	고난 위로 / 그리스도 향기	새 언약의 일꾼	질그릇 안 보배	화목의 직분	하나님의 성전	회개하는 교회

* 모든 사랑은 다음에 오는 사랑에 의해 정복된다.

<둑 드 라 프랑수아 로슈푸코, 1630~1680, 프랑스 궁내관, 도덕가>

성령으로 헌신 봉사하게 하심

찬송 / 105, 101, 104 / 통일 105, 106, 104
성경 / 고린도후서 9:1-15
요절 / 고린도후서 9:7
"각각 그 마음에 정한 대로 할 것이요 인색함으로나 억지로 하지 말지니 하나님은 즐겨내는 자를 사랑하시느니라.
목표 / 힘든 세상이지만 성령으로 헌신 봉사하는 삶의 태도를 기른다.

시작하는 말

우리 크리스천들이 교회에 등록하고 믿음이 자라면 봉사하게 됩니다. 그러나 세월이 흘러도 항상 초신자의 생활을 벗지 못한 성도들도 있습니다. 믿은 지 꽤 오래 되어도 성경공부나 전도, 새벽기도, 구역예배는 모른 채 살아가는 이들도 있습니다. 왜 그럴까요? 처음부터 교육이나 훈련을 받지 않았기 때문입니다. 병사는 훈련을 받아야 전쟁에 나가 자신의 역할을 감당해 갈 수 있는 것입니다. 본과를 공부하면서 성령으로 교회 봉사를 열심히 해서 주님께 칭찬 받는 성도! 신앙연륜에 따라 성숙한 성도로 청지기처럼 헌신하면서 살아가시기를 바랍니다.

오늘의 말씀

1. 하나님 기뻐하시는 헌신 봉사는 어떻게 해야 합니까? (고후 9:1~7)

본문에는 고린도 교회 성도들은 성도를 섬기는 일에 대하여 쓸 필요가 없을 정도로 '헌신 봉사'(獻身奉仕)[2]의 훈련이 잘 돼 있었습니다.

① 그들은 드리려는 준비와 열심이 있었음(1~2).

② 그들은 드릴 준비가 되어있었음(3~5절)

③ 그들은 많이 드리고 많이 거둠(6절).

④ 그들은 인색함으로나 억지로가 아니라 마음에 정한대로 드림(7절).

하나님께서 기뻐하시는 '헌신 봉사'는 먼저 자원해서 헌신 봉사해야 합니다. 하나님께서는 독생자를 주신 분이십니다. 당연히 성도들은 '기쁘게 헌신봉사'하는 훈련이 잘 돼 있어야 하나님께서 기뻐하십니다.

· 함께 읽어요 : 고린도후서 9장 1절

"1 성도를 섬기는 일에 대하여는 내가 너희에게 쓸 필요가 없나니"

2. 헌신의 동기는 더 부요하게 되기 위함입니다(고후 9:8~11).

하나님께서는 헌신 봉사하기를 원치 않는 사람의 연보는 받으시지 않습니다. 7절에 보면 하나님께서는 드리는 사람에게서 네 가지를 기대 하십니다. ① 드리는 자는 마음에 정한 대로 드려야 합니다. ② 드리는 자는 인색함으로 드려서는 안 됩니다. ③ 드리는 자는 할 수 없어서 드려서는 안 됩니다. ④ 드리는 자는 즐거운 마음으로 드려야 합니다. 그래야 하나님께서 인정하고 받아들이십니다. 억지로 드리는 사람을 보면 다른 사람들을 의식하며, 사람의 호감을 사기 위하고, 개인적인 명예와 칭찬을 기대하고 드립니다. 이런 헌금은 주님께서 기뻐하지 않으십니다.

· 함께 읽어요 : 고린도후서 9장 7절

"7 각각 그 마음에 정한 대로 할 것이요 인색함으로나 억지로 하지 말지니 하나님은 즐겨 내는 자를 사랑하시느니라."

---

2) '헌신'(獻身)이란 "몸을 바쳐 있는 힘을 다함"을 의미한다. 성도들은 마땅히 주님의 일에 '헌신 봉사'(獻身 奉仕) 해야 한다.

3. 헌신 봉사의 동기는 필요를 채워주고 영광을 돌리기 위함입니다 (고후 9:12~15).

청지기로 부르심을 받은 성도들은 '헌신'의 봉사자로 부름을 받은 것입니다. 드리는 데 있어서 '헌신'의 두 가지 목적이 있습니다.

① 세상에는 채워야 할 필요들로 가득 차 있으므로 삶에 필요한 것 이상으로 지니고 있는 모든 사람들은 책임 의식을 가져야 합니다.

세상에는 굶주림, 질병, 무지, 외로움, 거처 없음, 헐벗음, 죄, 공허감 등이 산재해 있습니다. 이런 자들에게 준비된 '헌신 봉사'의 자세로 다가가 이들의 필요를 채워 주어야 합니다.

② 하나님께 영광을 돌리기 위하여 기쁨으로 헌신해야 하는 것입니다.

헌신의 세 번째 동기는 '그리스도에 대한 자신의 충성을 증명하기 위함인 것'입니다. 복음은 가장 위대한 사랑과 은총, 즉 하나님의 사랑과 그분의 독생자의 사랑에 대한 선포입니다.

고린도 교인들에 의해 추진된 선교계획은 한 가지 '증거', 즉 시금석인 것입니다. 믿는 자가 행하는 모든 직무와 사역은 그가 얼마나 복음에 충성스러운가를 보여주는 시금석이 되는 것입니다. 그러므로 성도들은 말 한 마디 행동 하나 하나가 그리스도의 복음과 하나님의 영광이 전해져야 하는 것입니다. 억지로나 그저 그렇게 가 아니라 드리는 마음, 드리는 물질, 드리는 태도를 통해서 세상 사람이나 다른 성도들까지라도 감동을 받고 하나님께 영광을 돌리도록 해야 하는 것입니다. 헌신봉사는 하나님의 백성 가운데에서 기도와 사랑과 교제를 풍성하게 해줍니다.

· 함께 읽어요 : 고린도후서 9장 13절

"13 이 직무로 증거를 삼아 너희가 그리스도의 복음을 진실히 믿고 복종하는 것과 그들과 모든 사람을 섬기는 너희의 후한 연보로 말미암아 하나님께 영광을 돌리고, 14 또 그들이 너희를 위하여 간구하며 하나님이 너희에게 주신 지극한 은혜로 말미암아 너희를 사모하느니라."

정리하는 말

여러분! 교회 봉사를 어떻게 하십니까? 그저 앞만 보고 달려가십니까? 참으로 하나님의 교회에서 '예배'(λατρεία)란 '하나님께 대한 봉사'인 것입니다. "하나님은 영이시니 영과 진리로 예배할지니라." 교회의 봉사는 예배를 비롯하여 모든 봉사가 성령 충만한 가운데 헌신봉사 해야 하는 것입니다. 성령님께서 여러분과 함께 하셔서 항상 기쁨으로 헌신봉사하실 수 있기를 간절히 기원합니다.

평가와 결심

1. 하나님이 기뻐하시는 봉사는 첫째 어떠해야 합니까?
   (고후 9:1~7, 준비되어 마음에 정한 대로 기쁘게 드려야 함)
2. 헌신의 동기 첫째는 무엇입니까?(고후 9:8~11, 더 부요하게 되려고)
3. 헌신(헌심, 헌물) 봉사의 동기 두 번째는 무엇입니까?
   (고후 9:13~14, 필요를 채워주고 하나님께 영광을 돌리게 하려 함)

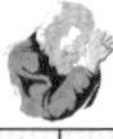

주간 경건의 시간 <35> · 날마다 말씀과 함께

요일 / 내용	주일/월(Mon)	화(Tue)	수(Wed)	목(Thu)	금(Fri)	토(Sat)
찬송	28동 / 29동	213 / 348	294 / 416	120 / 120	121 / 121	123 / 123
성경	고후8:/ 9:	고후 10:	고후 11:	고후 12:	고후 13:	갈 1:
적용	풍성한 연보/ 가난과 연보	사도직 변명	거짓 사도들	환상과 계시	권면과 인사	그리스도의 복음

* 가장 가까이 간직한 불이 가장 잘 탄다. <윌리엄 셰익스피어, 1564~1616, 영국 시인 극작가>

9단원 친절 봉사의 달

제36과

주인에게 충성 봉사하라

찬송 / 333, 336, 347 / 통 381, 383, 382
성경 / 창세기 39:1-22
요절 / 창세기 39:4
"요셉이 그의 주인에게 은혜를 입어 섬기매 그가 요셉을 가정 총무로 삼고 자기의 소유를 다 그의 손에 위탁하니"
목표 / 자기가 맡은 일에 충성 봉사하는 태도를 기른다.

시작하는 말

'충성'(忠誠)이란 '마음과 뜻과 힘을 다해 중심으로 일하는 것'을 말합니다. 우리 크리스천들과 성도들은 단순한 그리스도의 종이 아닌 그리스도의 착하고 충성된 종으로 인정받는 자가 복된 자입니다. 형들에게 팔린 요셉은 바로의 신하 시위대장인 애굽 사람 보디발의 종으로 팔려 갔습니다. 그렇지만 요셉은 가장 어렵고 힘든 상황 하에서도 주인에게 '충성'을 다했습니다. 여러분들은 여러분 자신들을 다스리는 상사에게나 윗사람에게 충성하십니까? 충성은 말로만 하는 게 아닙니다.

오늘의 말씀

1. 노예가 된 요셉은 시련 중에도 제 임무를 다했습니다(창 39:1~6).

① 요셉의 형들로부터 산 이스마엘 상인들은 결국 애굽에 도착하여 요셉을 바로의 시위 대장이었던 보디발에게 팔았습니다. 보디발은 애굽

인으로 바로 왕의 수비 대장이었습니다. 바로 왕의 생명을 보호하는 임무를 맡았다는 점에서 매우 중요한 지위를 가진 자였습니다.

② 하나님께서 요셉과 함께 하셨습니다. 하나님께서 함께 하셔서 그를 형통케 하셨고, 그의 필요들을 채워주셨기에 주인 보디발은 자기 가정에서 일하도록 했습니다. 요셉은 17세 소년으로서 부유한 가정에서 무엇 한 가지 부족한 것 없이 호강하면서 아버지의 사랑을 독차지 하며 살았습니다. 그러던 요셉이 애굽에 팔려 와서 친절 봉사로 몸종처럼 일을 하고, 충성을 다함으로 보디발은 그를 가정 총무로 삼았습니다.

· 함께 읽어요 : 창세기 39장 4절

"4 요셉이 그의 주인에게 은혜를 입어 섬기매 그가 요셉을 가정총무로 삼고 자기의 소유를 다 그의 손에 위탁하니"

2. 요셉이 유혹을 이기면서 그의 인격도 성숙해 갑니다(창 39:7~20).

하나님께서는 보디발의 아내를 통해 유혹을 허용하십니다. 그러나 요셉은 그 유혹을 당당히 물리치고 인격적으로도 더욱 성숙해 갑니다. 자기 주인의 아내의 유혹은 그녀와 함께 맘만 먹으면 그 집안 재산을 통째로 삼킬 수 있는 절호의 기회이기도 했습니다. 요셉은 그녀가 자기와 동침하자는 것을 거절하자 그녀는 그의 옷을 붙잡았고 요셉은 옷까지 벗어던지고 도망쳤습니다(7~12절). 그러자 사람들에게 "여보세요. 히브리 사람을 데려다 나를 희롱하게 만들었습니다. 나를 겁간하고자 들어왔기로 소리치자 도망을 쳤어요, 버리고 간 옷을 보세요." 소리쳤습니다. 주인이 집에 돌아오기를 기다렸다가 또 그렇게 보고합니다. "당신이 데려온 히브리 사람이 나를 희롱하려고 들어왔으므로 내가 소리 질러 불렀더니 그가 그의 옷을 버려두고 도망쳤나이다." 주인은 그 말을 듣고 심히 노했습니다. 유혹을 뿌리쳤다가 신세 망친 꼴이 되어 왕의 정치범을 가두는 옥에 갇히게 되었습니다. 요셉은 그가 가졌던 그의 소유물과 지위까지 다 잃어버리게 되었습니다(13~20절).

· 함께 읽어요 : 창세기 39장 20절

"20 이에 요셉의 주인이 그를 잡아 옥에 가두니 그 옥은 왕의 죄수를 가두는 곳이었더라. 요셉이 옥에 갇혔으나"

3. 요셉은 하나님의 은총으로 더욱 강건하게 됩니다(39:21~23).

여러분! 요셉은 정말 억울한 옥살이를 하고 있습니다. 그러나 이때도 여호와 하나님께서 요셉과 함께 하셨습니다. 성도들이 유혹과 시련을 당할 때 유의할 점은 '여호와 하나님의 은총밖에 기다릴 것이 없다'는 사실입니다. 여기서 우리 성도들이 배워야 할 점 몇 가지가 있습니다.

① 요셉의 환경에 굴하지 않는 긍정적인 태도입니다(21~22절).

② 어렵고 힘든 순간들을 통과하면서 지도자 준비를 합니다(22~23절).

③ 요셉은 이 모든 일에서 하나님의 능력과 보호하심을 신뢰합니다.

하나님께서는 당신의 일꾼들을 세우실 때 반드시 통과해야 하는 시련과 인내의 시간을 견뎌야 한다는 것입니다. 밥을 할 때 뜸을 들이는 시간을 가져야 하는 것처럼 인생길에서 성숙한 인격과 실력 있는 사람으로 키워지기 위해서는 뜸 들이는 시간이 필요하다는 것입니다.

요셉의 인생길에 늘 여호와께서 함께 하셨지만 그가 고난과 역경을 당할 때 그에게 더 가까이 가셔서 은총을 덧입혀 주시는 것을 보게 됩니다. 꿈을 해몽하는 그 시간들보다 종으로 팔려서 묵묵히 충성 봉사를 다하며, 여인의 유혹을 이긴 데는 항상 성령의 역사하심을 따라 순종하며 자신의 일을 했다는 데 그의 신앙과 영성의 성숙함과 위대함이 있습니다.

· 함께 읽어요 : 창세기 39장 21-22절

"21 여호와께서 요셉과 함께 하시고 그에게 인자를 더하사 간수장에게 은혜를 받게 하시매 22 간수장이 옥중 죄수를 다 요셉의 손에 맡기므로 그 제반 사무를 요셉이 처리하고."

정리하는 말

사랑하는 성도 여러분! 여러분들은 신앙생활을 하면서 너무 기적적인 치유나 성령의 은사들만을 구하는 것보다 세상에서 살아가면서 자신에게 맡겨진 직무를 잘 이행해 가며 즐거운 마음으로 봉사하십시오. 이것이 방언을 하고 예언을 하며 많은 사람들에게 신비함을 보여주는 그것보다 더 실속 있는 신앙생활인 것입니다. 일만 마디 방언보다 남을 가르치기 위하여 깨달은 마음으로 다섯 마디 말하는 것이 나은 것입니다(고전 14:19). 왜 그렇습니까? 열매를 맺히게 하기 때문입니다. 여러분은 자신에게 맡겨진 일에 충성 봉사하시기 바랍니다.

평가와 결심

1. 노예가 된 요셉의 생활이 어떠했습니까?
   (창 39:2~5, 여호와께서 함께 하셔서 형통케 하셨고, 충성함)
2. 요셉의 인격과 도덕적인 삶이 어떠했습니까?
   (창 39:10~12, 여인의 유혹을 뿌리쳤고, 신앙인격이 성숙함)
3. 요셉의 생애를 통해서 성도가 본받아야 될 점은 무엇입니까?
   (창 39:13~15, 긍정적 태도, 환난극복 태도, 하나님의 은총 유지)

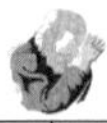

주간 경건의 시간 <36> · 날마다 말씀과 함께

요일 / 내용	주일/월(Mon)	화(Tue)	수(Wed)	목(Thu)	금(Fri)	토(Sat)
찬송	89동 / 93동	257 / 189	258 / 190	259 / 193	260 / 194	261 / 195
성경	창 36:/ 37:	창 38:	창 39:	창 40:	창 41:	창 42:
적용	에서 자손 / 요셉형제들	유다와 다말	보디발의 아내	관원장 꿈	바로 꿈 해석	형들 애굽으로

* 기도할 때 유쾌한 마음의 찬동이 없으면 입술이 결코 승리하는 역할을 할 수 없다.

<로버트 헤릭, 1591~1674, 영국 시인>

9단원 친절 봉사의 달

까다로운 자에게 충성 봉사

찬송 / 333, 336, 368 / 통 381, 383, 486
성경 / 창세기 44:1-34
요절 / 베드로전서 2:18
"사환들아 범사에 두려워함으로 주인들에게 순종하되 선하고 관용하는 자들에게만 아니라 또한 까다로운 자들에게도 그리하라."
목표 / 까다로운 자에게라도 충성 봉사하는 태도를 기른다.

시작하는 말

세상을 살다보면 참으로 대하기가 힘들고 까다로운 자를 만나게 됩니다. 성도 여러분들은 이럴 때 어떻게 하십니까? 어떤 분은 이런 때에 피해버립니다. 여러분! 그렇지만 피한다고 영영 세상에서 그런 사람을 만나지 않는다는 법이 없잖아요. 피한다고 해결 되는 것이 아닙니다. 본문에 요셉은 형제들을 시험하기 위해 까다로운 자로 변신합니다.

본문은 우리가 세상을 살아가면서 까다로운 자들을 만날 때 대처하는 방법을 보여주고 있습니다. 가장 중요한 점은 깨어져서는 안 될 '가정 공동체의 연합'을 이루어가야 한다는 것입니다.

오늘의 말씀

1. 요셉은 시험을 통해 가족의 연합을 강화시키려 합니다(창 44:1~15).

여러분들은 가족의 연합이 깨져 있거나 약화되어 있을 때 어떻게 대처하십니까? 가족의 연합을 강화시키려는 것이야말로 가족에 대한 관심과 사랑의 첫 번째 표시입니다. 요셉은 하나님의 뜻에 따라 연합을 강화시키기 위해 그가 할 수 있는 모든 방법을 강구합니다(창 45:7~8).

약 22년 전 요셉의 형제들은 그의 생명을 위협했고 결국은 노예로 상인에게 팔고 말았습니다.(창 37:18~30). 그 시절 요셉의 형제들은 거칠고, 난폭하며, 자기중심적인 천박한 사람들이었습니다. 지금은 어떻습니까? 처음 왔을 때 요셉을 알아보지도 못했으나 지금 그들의 잘못을 공개적으로 시인했고, 지은 죄를 자백했으며, 하나님의 심판이 그들 위에 있음을 감지했습니다. 정직했고, 신뢰할만했습니다. 시므온을 풀려나게 하기 위해 돌아왔고, 아버지에 대한 진실된 마음과 관심을 보여주었습니다(창 43:23~31). 그러나 가족들의 연합과 충성, 그리고 경건성을 보고 싶었으며, 약속의 땅을 찾는 진심이 보고 싶었던 것입니다.

· 함께 읽어요 : 창세기 44장 15절

"15 요셉이 그들에게 이르되 너희가 어찌하여 이런 일을 행하였느냐 나 같은 사람이 점을 잘 치는 줄을 너희는 알지 못하였느냐?"

2. 형제들은 가족의 죄를 같이 감당하려 했습니다(창 44:14~20).

요셉을 20년 전 죽이려했고 노예에게 팔아버렸던 형제들입니다. 그들은 자신들의 죄를 아비에게도 하나님께도 요셉에게도 자백하지 않았습니다. 이들은 이제 요셉과 하나님께 그들의 죄를 자백할 기회를 갖게 된 것입니다. 은잔을 훔친 죄! "내가 점을 잘 치는 줄 알지 못하느냐?"라고 다그치자 은잔이 베냐민의 배낭에서 나왔으니 풀이 다 죽었습니다. 형제들은 이실직고[1]할 수밖에 없었습니다. 변명의 여지가 없습니다. 그러나 그들은 베냐민만을 남겨두고 고향으로 돌아가지 않았습니다. 그뿐입

1) '이실직고'(以實直告)란 '사실 그대로 고함'을 의미합니다.

니까? 유다는 가족을 위해 자신이 희생하겠다고 했습니다(창 44:18~34). 여기 본문의 유다의 연설은 주석가 류폴드(H.C. Leupold)의 말처럼 '인간에 의해 행해진 연설 중 가장 남자답고 정직한 것'이었습니다. 참된 사랑과 진실이 담겨진 유다의 연설이야말로 판사의 판결이나 달변의 설득력 있는 웅변 그 이상의 것이었습니다.

· 함께 읽어요 : 창세기 44장 18절, 20절

"18 유다가 그에게 가까이 가서 이르되 내 주여 원하건대 당신의 종에게 내 주의 귀에 한 말씀을 아뢰게 하소서 주의 종에게 노하지 마소서 주는 바로와 같으심이니이다."

"20 우리가 내 주께 아뢰되 우리에게 아버지가 있으니 노인이요 또 그가 노년에 얻은 아들 청년이 있으니 그의 형은 죽고 그의 어머니가 남긴 것은 그뿐이므로 그의 아버지가 그를 사랑하나이다하였더니"

3. 유다는 가족을 위해 자신이 희생하려 했습니다(창 44:21~34).

유다의 염려는 베냐민 문제나 그들이 중죄를 지고 받는 형벌이 아니라 고향에 계신 아버지에 대한 염려였습니다. 형제 앞에서 가족들의 생명을 걸고 애굽 총리에게 호소력 있게 연설하는 부분에서 모두 울었습니다. 요셉도 울고 형제도 울고 애굽 궁중도 울었습니다. 이 울음소리가 울려 퍼지는 시간이야말로 모든 문제의 매듭들이 한꺼번에 풀려지는 시간이었습니다. 울음소리가 그친 궁중, 그들이 머문 총리의 집무실! 거기엔 아무도 없었고 요셉과 그의 형제들, 이런 화해의 장면을 기다리시던 하나님만이 계셨습니다. 하나님이 이 일을 주도하신 것입니다.

· 함께 읽어요 : 창세기 45장 1절

"1 요셉이 시종하는 자들 앞에서 그 정을 억제하지 못하여 소리 질러 모든 사람을 자기에게서 물러가라 하고 그 형제들에게 자기를 알리니 그때에 그와 함께 한 다른 사람이 없었더라."

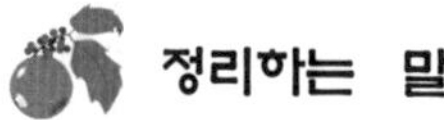

정리하는 말

사랑하는 성도 여러분! 대장부들의 울음소리는 당시 문명국 애굽 궁중을 울렸습니다. 감동은 물결처럼 퍼져나갑니다. 유다의 가슴에서 형제들의 가슴으로, 그리고 총리 요셉의 가슴으로 말입니다. 그보다 애굽 궁중 이방 땅 바로의 마음까지 움직였습니다. 여러분! 관용하는 자들에게만 아니라 까다로운 자들에게도 진실로 충성 봉사하시기 바랍니다.

평가와 결심

1. 요셉이 형제들에게 시험한 것은 무엇 때문이었습니까?
   (창 44:1~15, 가족의 연합, 가정공동체의 연합을 위함)
2. 요셉의 형제들의 마음이 어떻게 변화되었습니까?
   (창 44:14~20, '개인주의에서 가족 연합 공동체의식'으로)
3. 유다의 연설에서 가장 감동적인 부분은 무엇입니까?
   (창 44:22, 29, 33, 아버지에 대한 효성, 자신이 희생하겠다는 결심)

주간 경건의 시간 <37> · 날마다 말씀과 함께

요일 / 내용	주일/월(Mon)	화(Tue)	수(Wed)	목(Thu)	금(Fri)	토(Sat)
찬송	87동 / 89동	309/ 409	295/ 417	294/ 416	293/ 414	292/ 415
성경	창 43/ 44:	창 45:	창 46:	창 47:	창 48:	창49~50:
적용	베냐민 애굽 / 은잔 사건	요셉 정체 밝힘	이삭 애굽 행	아버지 봉양	므낫세에게 축복	야곱유언/ 야곱별세

* 기도는 우리를 하늘로 보내주는 자동식 계단이다. <가가와 도요히꼬>

9단원 친절 봉사의 달

제38과

은혜 베푸심을 받는 봉사

찬송 / 85, 236, 366 / 통 85, 223, 485
성경 / 출애굽기 1:1-22
요절 / 출애굽기 1:21
"그 산파들은 하나님을 경외하였으므로 하나님이 그들의 집안을 흥왕하게 하신지라."
목표 / 애굽 산파들의 '은혜 베푸심을 받는 충성'을 본받도록 한다.

시작하는 말

사랑하는 성도 여러분! 여러분들은 처음 믿을 때의 신앙의 정체성을 보존하고 있습니까? 하나님께서는 과거에 기근에 처한 야곱과 이스라엘 후손들을 애굽으로 인도하셨습니다(창 46:1~27). 이제 야곱의 가족들은 그들의 경건한 신앙의 정체성을 상실할 지경에 있었습니다. ① 가족 안에 도덕적 부패가 있었습니다(창 34:1~3, 37:1~36, 38:1~30). ② 주변의 세속적인 풍속에 물들어져 있었습니다. 그러므로 하나님께서는 자기 백성을 구원하고 보전하는 일에 착수하셨습니다. 여러분들의 신앙이 차츰 변질되어 가고 있다면 오늘의 말씀에 주목하시기 바랍니다.

오늘의 말씀

1. 하나님은 이스라엘을 애굽에서 큰 민족 되게 하셨습니다(출 1:1~7).

여러분들은 이사할 때 무엇을 먼저 생각하십니까? 자녀교육 염려되시는 분들은 교육 여건을, 장사하는 분들은 장사 여건을 보게 될 것입니다. 그러나 가장 중요한 한 가지는 신앙 향상을 위한 비전을 보아야 합니다.

왜 그렇습니까? 신앙이 무너지면 가정이고, 재물이고, 명예고 다 무너지기 때문입니다. 아브라함의 조카 롯은 소돔, 고모라의 비옥한 땅을 택했다가 신앙이 무너지니 하늘에서 유황 불비가 내리는 속에서 겨우 롯과 세 딸만 남았다가 그들도 근친결혼이라는 좋지 않은 가풍을 남겼습니다.

애굽으로 내려간 이스라엘 자손이 70명이었습니다.[2] 이들은 애굽의 풍요로운 물질과 문명, 그리고 큰 민족 형성, 인종 차별정책 등 함정에서 하나님의 약속의 땅 가나안조차 잊어버릴 위기에 처했습니다.

· 함께 읽어요 : 스바냐 1장 14절

"14 여호와의 큰 날이 가깝도다. 가깝고도 빠르도다. 여호와의 날의 소리로다. 용사가 거기서 심히 슬피 우는 도다."

2. 하나님의 백성이 압제를 극복해가야 했습니다(출 1:8~22).

세상은 하나님을 믿는 자들을 핍박합니다. 여러분들이 진실 되게 믿을수록 핍박의 강도는 더 강해집니다. 이스라엘이 애굽에서 왜 핍박을 당하게 되었습니까? ① 요셉을 알지 못하는 새 왕이 다스리게 되었습니다(8절). 그는 요셉이 믿는 여호와를 전혀 모르고, 요셉의 정치적 공적도 무시했습니다. ② 이스라엘 백성들에 대한 두려움이 있었습니다(9절). ③ 이스라엘 사람들의 노동력과 경제적 이익을 잃을까 걱정되었습니다(10절). 그러나 이스라엘은 핍박을 이겨냈습니다. ① 종노릇하며 압제와 고역을 하나님의 약속과 은총으로 이겨내며 더욱 번성했습니다(11절). ② 하나님께서 창성케 하셨습니다(12절). ③ 더 엄한 고역으로 고통을

2) 레아 아들 여섯에게서 25명과 2명의 손자 합33명, 라헬 두 아들에게서 12아들 합 14명, 빌하의 두 아들에게 5아들 합 7명, 실바의 두 아들에게 11명의 아들과 1명의 딸과 2명 손자 합 16명

주었습니다(13~14절).

· 함께 읽어요 : 출애굽기 1장 13절
"13 이스라엘 자손에게 일을 엄하게 시켜 어려운 노동으로 그들의 생활을 괴롭게 하니 곧 흙 이기기와 벽돌 굽기와 농사의 여러 가지 일이라 그 시키는 일이 모두 엄하였더라."

3. 하나님을 두려워하는 자들로 인해 극복했습니다(출 1:15~21).

새 왕에 의해 가해진 두 번째 압제는 끔찍한 것이었습니다. 그러나 이러한 압제도 하나님을 두려워하는 믿음을 가진 자들로 인해 이겨내었습니다.

① 이스라엘의 남자 아이가 태어나면 죽이라고 했습니다(15~16절).

② 하나님을 두려워하는 산파들이 왕의 명을 어기며 도왔습니다(17절).

③ 왕이 산파들을 소환하여 책임을 물었습니다(18~19절). 그러자 산파들은 이스라엘 산모들이 건장하여 산파가 도착하기 전에 출산했다고 거짓 보고 했습니다. ④ 하나님께서 산파들에게 은혜를 베푸셨습니다(20~21절).

이 어려운 핍박을 이겨낸 것은 다름 아닌 하나님께 대한 담대한 믿음의 극복이었습니다(요 16:33). 생명의 존엄성이 치명적인 타격을 입고 상대적 가치로 전락했습니다. 요즘 산모들은 낙태수술을 자기 맘대로 결정하고 단행합니다. 얼마나 무서운 살인죄를 저지르고 있는지 모릅니다. 하나님을 두려워하십시오. '선의의 거짓말'에 대한 본문의 입장은 하나님이 그들의 집안을 흥왕케 하심으로 침묵하고 있습니다.(21절).

여러분들이 처한 상황에서 이런 일에는 하나님께서 과연 무엇을 원하시고, 무엇을 뜻하시는 지 기도하시면서 결정하실 일입니다.

· 함께 읽어요 : 출애굽기 1장 20~21절
"20 하나님이 그 산파들에게 은혜를 베푸시니 그 백성은 번성하고 매우 강해지니라. 21 그 산파들은 하나님을 경외하였으므로 하나님이 그들의 집안을 흥왕하게 하신지라."

정리하는 말

사랑하는 성도 여러분! 오늘의 제목은 '은혜 베푸심을 받는 봉사'입니다. 하나님을 경외한 애굽의 산파들은 하나님 두려운 줄 알고 처신했습니다. 오늘날 성도들은 두려운 사람 없이 살아가는 사람들 같습니다. 애굽에서의 이스라엘 백성들은 지금까지 인도하시고 보호해 주신 하나님의 사랑과 은혜만을 바라보고 살았습니다. 생명을 아끼고 사랑하며, 봉사를 하시되 '하나님의 은혜 베푸심을 받는 봉사'를 기쁨으로 하시기 바랍니다.

평가와 결심

1. 하나님은 이스라엘을 왜 애굽에 보내셨습니까?
   (출 1:1~7, 아브라함에게 하신 큰 민족의 약속하심을 이루시려고)
2. 성도들은 세상에서 당하는 핍박을 어떻게 이겨야 합니까?
   (출 1:8~22, 하나님의 뜻을 알고 약속을 믿고 의지함으로)
3. 이스라엘 백성들이 이길 수 있었던 것은 무엇 때문입니까?
   (출 1:15~21, 하나님을 두려워하는 자들의 믿음이 있었기 때문)

주간 경건의 시간 <38> · 날마다 말씀과 함께

요일 / 내용	주일/월(Mon)	화(Tue)	수(Wed)	목(Thu)	금(Fri)	토(Sat)
찬송	87동 / 89동	352 / 390	353 / 391	354 / 394	355 / 386	356 / 396
성경	출 1:/ 2:	출 3:	출 4:	출 5:	출 6:	출 7:
적용	애굽의 학대/ 모세 출생	모세를 부르심	능력 주심	아론 바로 앞에	출애굽 사명주심	대언자 아론

* 육체의 향락을 좇는 결혼은 빙상에 집을 세우는 것과 같다.

<레오 N. 톨스토이, 1828~1910, 러시아 작가>

유월절 지키며 충성 봉사

찬송 / 455, 456, 454 / 통일 507, 509, 508
성경 / 출애굽기 12:1-28
요절 / 출애굽기 12:13

"내가 애굽 땅을 칠 때에 그 피가 너희가 사는 집에 있어서 너희를 위하여 표적이 될지라. 내가 피를 볼 때에 너희를 넘어가리니 재앙이 너희에게 내려 멸하지 아니하리라."

목표 / 유월절 예식 지킴은 재앙을 면하는 최대의 봉사임을 알게 한다.

시작하는 말

오늘날 많은 사람들은 흔히 생각하기를 왜 하나님께서는 이렇게 바쁜 농번기에 일하기도 바쁜데 예배만 드리라고 그러는지 모르겠다며 불평합니다. 실제로 아직 신앙을 이해하시지 못하시는 어른들은 아이들에게 '노는 날이나 일을 도와주어야지', 하시면서 꼭 주일이면 '밭의 땅을 파라.' '논두렁을 풀을 깎으라.' 하시면서 일을 시키셨습니다. 그러나 진실된 신앙인들은 교회 예배만큼은 거르지 않아야 하겠다는 신념으로 살았던 것이 사실입니다. 이스라엘 백성들도 광야에서 "비상적인 때에 '유월절'을 지키라니 이게 될 말인가?"라고 했을 것입니다.

오늘의 말씀

1. 유월절 예식의 중요성을 알아야 합니다(출 12:1~4)

군대에 가서 '열외'라는 게 있었습니다. 고된 훈련을 받을 때 '열외'가

되면 그늘에서 쉬며 밥 때가 되면 밥도 나오고 얼마나 편한지 모릅니다. 우리가 신앙생활을 하면서 이런 '열외'를 꿈꾸는 자들이 상당히 많은 것 같습니다. 그러나 신앙생활에서 '열외'가 되어서는 안 됩니다. 훈련 받을 때는 봐 주지만 전쟁이 발발하면 열외가 적군에게 포로가 되기 쉽고 생명 보전이 어렵게 되어집니다. 본문을 자세히 보십시오.

'이스라엘 온 회중'에게 이르라고 하십니다. 여기 그냥 '회중'(עֵדָה, 에다)[3]이 아니라 '온 회중'을 부르시고 유월절 제사에 참석하게 하라는 것입니다. 왜 그럴까요? '예배'는 생명을 살리기 위하여 여호와 하나님께서 임재 해 내려오시는 의식이기 때문에 빠지지 말고 예물을 미리 준비하여 참예해야 합니다.

· 함께 읽어요 : 출애굽기 12장 3절

"3 너희는 이스라엘 온 회중에게 말하여 이르라 이 달 열흘에 너희 각자가 어린 양을 취할지니 각 가족대로 그 식구를 위하여 어린 양을 취하되"

2. 유월절 양은 지시하신 대로 도살 되어야 합니다(출 12:5~7).

하나님의 유월절 제사는 신약에서 어린 양 예수 그리스도의 십자가 대속의 사건과 연결됩니다. 유월절은 하나님의 명령에 따라 드려져야 했습니다. ① 어린 양은 해의 첫 달 14일에 도살되어야 합니다(6절).

이 사건은 그리스도의 대속의 사건을 상징함에 유의하십시오.

ⓐ 죄의 형벌로 죽어야 함, ⓑ 죄와 사망의 형벌을 피할 수 있는 길은 유일함, ⓒ 하나님께서 자신의 아들의 죽음을 미리 정하셨습니다.

② 어린양의 피를 문 좌우 설주와 인방에 발라야 합니다(7절).

성경은 대속적인 죽음의 영광스러운 진리를 선언합니다. 희생 제물과 그 제물의 피는 생명이 다른 생명을 위하여 대신하는 것을 상징합니다.

---

3) '회중'(עֵדָה, 에다)라는 말은 '주님을 경배하거나 하나님의 말씀을 듣기 위하여 모인 하나님의 백성을 가리키기 위하여 성경에 100번 이상이나 사용되었다.

어린 양과 그 피는 믿는 자를 대신해서 바쳐졌습니다. 찬송가 265장 1절입니다. ♬ 주 십자가를 지심으로 죄인을 구속하셨으니/ 그 피를 보고 믿는 자는 주님의 진노 면하겠네./ 내가 그 피를 유월절 그 양의 피를 볼 때에 내가 널 넘어서 가리라. ♬

· 함께 읽어요 : 출애굽기 12장 13절
"13 내가 애굽 땅을 칠 때에 그 피가 너희가 사는 집에 있어서 너희를 위하여 표적이 될지라. 내가 피를 볼 때에 너희를 넘어가리니 재앙이 너희에게 내려 멸하지 아니하리라."

3. 유월절 양 고기를 쓴 나물과 같이 먹어야 합니다(출 12:8~13).

유월절은 가족 중심이었습니다. 식구들이 같이 예배하고 같이 참예해야 했습니다. ① 고기를 구워 무교병과 쓴 나물과 같이 먹어야 합니다(8절). 유월절 양을 먹는 것은 우리가 그리스도의 죽음의 공로들을 확실히 먹어야 한다는 것을 상징합니다(참예함을 의미함). 무교병은 죄 없으신 그리스도의 의를 먹음으로 이에 참예해야 합니다. ② 꼭 불에 구워 먹어야 합니다(9절). 그리스도에 의한 구원의 방법도 유일하게 하나님에 의해 준비되고 바쳐진 대로 꼭 그대로 받아들여야 합니다. ③ 아침까지 남겨 두지 말아야 합니다(10절). 이는 구원은 그리스도의 죽으심과 부활, 자기 부인, 낮아지심, 가르치심, 모든 것을 내 것으로 받아들여 소화해야 된다는 것입니다. ④ 급히 먹어야 함(11절). 옷을 입고 지팡이를 잡고 행진 준비하고 급히 먹어야 했습니다. 이것은 서둘러 옛 생활을 버리고 복음을 믿어 약속의 땅으로 나아가야 한다는 뜻입니다.

· 함께 읽어요 : 고린도전서 6장 2절
"2 이르시되 내가 은혜 베풀 때에 너에게 듣고 구원의 날에 너를 도왔다 하셨으니 보라 지금은 은혜 받을 만한 때요 보라 지금은 구원의 날이로다."

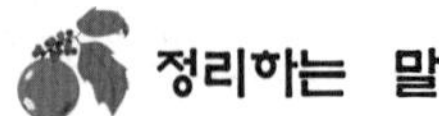

사랑하는 성도 여러분! 여러분들은 예배드리는 시간을 어떻게 생각하며 지키십니까? 신앙생활에서 '열외'가 있어서는 안 됩니다. 이제까지 믿어오셨는데 생명의 구원에서 멀어진 '열외'가 되어서는 안 되지요.

어린 양 예수 그리스도의 흘리신 보배로운 피로 모든 죄 대속하심을 받고 영원한 생명의 땅 가나안을 향하여 전진하시기를 바랍니다. 지금은 은혜 받을 만한 때요 구원의 날입니다. 여러분들의 가족 전체가 '유월절' 생명의 잔치에 다 참예하시기를 주님의 이름으로 부탁드립니다.

평가와 결심

1. 유월절 예식이나 예배 시간에 열외가 있습니까?
   (출 12:3, 없습니다. 온 회중 다 참석해야 함)
2. 유월절 양은 어떻게 해야 합니까? (출 12:6, 도살 되어야 함)
3. 유월절 양은 무엇과 함께 누구와 나누어 먹으라고 하였습니까?
   (출 12:8~13, 무교병과 쓴 나물과 같이 온 식구가 나누어 먹어야 함)

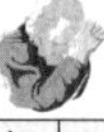

주간 경건의 시간 <39> · 날마다 말씀과 함께

요일 / 내용	주일/월(Mon)	화(Tue)	수(Wed)	목(Thu)	금(Fri)	토(Sat)
찬송	85동 / 87동	254 / 186	255/ 187	260 / 194	261/ 195	274/ 332
성경	출 8:/ 9:	출 10:	출 11:	출 12:	출 13:	출 14:
적용	세 재앙/ 요술사도	두 재앙	첫 태생죽음	유월절 예식	무교절	홍해 도강

* 담배는 비록 건강한 자라도 병들게 할 것이다. <존 레이, 1627~1705, 영국 자연주의자>

제40과

계명을 지켜 충성 봉사

찬송 / 213, 212, 292 / 통일 348, 347, 415

성경 / 출애굽기 20:1-17

요절 / 출애굽기 20:2

"나는 너를 애굽 땅, 종 되었던 집에서 인도하여 낸 네 하나님 여호와니라."

목표 / 계명을 지킴이 최고의 봉사인 줄 알고 충성 봉사 하는 태도를 기른다.

시작하는 말

사랑하는 성도 여러분! 십계명이나 성경에서 제시하시는 계명을 지키기에 번거롭지 않으십니까? 자동차를 운전하다 길이 너무 많아 헷갈릴 때가 있습니다. 그럴 때 '왜 이렇게 길을 많이 만들어 놓은 거야!' 하면서 불평을 합니다. 그러나 길을 하나만 만들어 놓는다면 수많은 자동차가 어떻게 운행되겠습니까? 마찬가지로 계명들이 많은 것은 필요에 의해서 지켜지면 참 좋은 세상이 되기 때문입니다. 예수님의 최후 명령은 ① 가라. ② 제자를 삼으라. ③ 세례를 주라. ④ 가르치라 입니다. 두 가지로 집약하면 '말씀 전파'와 '성례 집행'입니다. 성도 여러분! 주님의 말씀 전파와 성례를 지켜가는 것이 최고의 봉사인 줄 아시기 바랍니다.

오늘의 말씀

1. 계명을 주신 분은 하나님이십니다(출 20:1~2).

세상은 엄밀히 따져보면 하나님의 계율과 질서에 따라 운행되어지는 것입니다. 만일 하나님께서 손을 떼시면 세상은 엉망일 것입니다. 인간은 세상을 통제하지 못하고 죄와 악이 만연되어 걷잡을 수 없을 것입니다. '무법', '남용', '살인', '폭력', '부도덕' 등으로 세상의 파멸을 재촉할 것입니다. 본문에서 여호와께서는 출애굽 사건을 전제로 하여 하나님의 인격과 사역을 말씀하셨습니다. ① 하나님이(스스로 있는 자) ② 이르시되(이 모든 말씀) ③ 관계 설정(너의 하나님) ④ 구원하심(너를 인도하여 내신)의 주체가 되셨습니다. 그분은 여호와시요. 그분께서 하나님과 인간과 세상에 계명을 주신 것입니다. 이것이 곧 '십계명'입니다.

· 함께 읽어요 : 출애굽기 20장 2절
"2 나는 너를 애굽 땅, 종 되었던 집에서 인도하여 낸 네 하나님 여호와니라."

2. 하나님께 대한 인간의 의무를 다하라는 계명들입니다(출 20:3~11)

우주의 창조자 그분은 유일하시고 참되시며 살아계신 주 여호와이십니다. 자신만 똑똑하다고 믿는 사람들은 하나님과 함께 사는 삶을 원하지 않을 뿐만 아니라 하나님 존재 자체를 부인하며 헛된 것을 신으로 믿고 섬기며 살아갑니다. 확실하게 알지도 못하면서 하나님을 부인하며 세상의 신들이 회교도나 불교도, 그리고 기독교인들이 믿는 신이 하나라고 생각하며 다 똑똑한 자신의 머리만 믿습니다. 그래서 하나님께서는 ① "너는 나 외에 다른 신들을 네게 두지 말라"(2절). ② "너를 위하여 새긴 우상을 만들지 말고…절하지 말며… 그것들을 섬기지 말라"(4~6절). ③ "너는 네 하나님 여호와의 이름을 망령되게 부르지 말라"(7절). ④ "안식일을 기억하여 거룩하게 지키라"(8~12절)고 하셨습니다.

· 함께 읽어요 : 출애굽기 20장 5~6절
"5 그것들에게 절하지 말며 그것들을 섬기지 말라 나 네 하나님 여호와는 질투하는 하나님인즉 나를 미워하는 자의 죄를 갚되 아버지로부터 아들에게로 삼사 대까지 이르게 하거니와 6 나를 사랑하고 내 계명을 지키는 자에게는 천 대까지 은혜를 베푸느니라."

3. 사람들에 대한 의무를 다하라는 계명들입니다(출 20:12~17).

유월절이 가족 중심이었듯이 가정은 지구상에 설립된 첫 번째 제도인 만큼 매우 중요합니다. 하나님께서는 남자를 창조하시고 배필로 하와를 여자로 창조하셔서 아들을 낳아 가정을 이루게 하셨습니다. 이 가정 공동체를 중심으로 사회와 국가를 형성하도록 하신 것입니다. 그리고 계명을 주셨으니 여섯 가지 계명입니다.

① 네 부모를 공경하라. 그리하면 네 하나님 여호와가 네게 준 땅에서 네 생명이 길리라(12절). 가정이 존속되어야 사회적인 공동체와 국가적인 공동체가 잘 유지될 수 있는 것입니다. 그래서 하나님께서는 인간의 삶과 공동체를 다스릴 계명을 주신 것입니다.

② "살인하지 말라"(13절). ③ "간음하지 말라"(14절). ④ "도둑질하지 말라"(115절). ⑤ "네 이웃에 대하여 거짓 증거 하지 말라"(16절).

⑥ "네 이웃의 집을 탐내지 말라. 네 이웃의 아내나 그의 남종이나 그의 여종이나 그의 소나 그의 나귀나 무릇 네 이웃의 소유를 탐내지 말라"(17절) 하셨습니다. 왜 탐내지 말라고 하셨겠습니까? 탐내는 사람들은 때때로 ① 간음자가 됨. ② 우상 숭배자가 됨. ③ 슬픔과 비탄을 겪게 될 것임. ④ 기도 응답을 받지 못함. ⑤ 탐욕으로 인해 병들게 됩니다.

탐하는 사람들은 하나님 나라를 유업으로 받지 못하며, 심판에 직면하게 될 것입니다.

· 함께 읽어요 : 누가복음 12장 15절

"15 그들에게 이르시되 삼가 모든 탐심을 물리치라 사람의 생명이 그 소유의 넉넉한 데 있지 아니하니라 하시고"

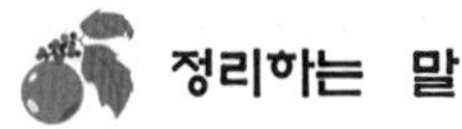

정리하는 말

사랑하는 성도 여러분! 여러분들은 '계명'을 어떻게 생각하며 지키십니까? 신앙생활에서 '계명'은 단순한 부가 서비스가 아니라 시편 기자의 고백대로 '내 발에 등이요, 내 길에 빛'(시 119:105)입니다. 주의 계명들은 신실합니다(시 119:86). 어지러운 세상 불안한 당신의 길잡이로 주님의 율법과 계명을 지켜 충성 봉사하며 살아가시기를 간절히 부탁드립니다.

평가와 결심

1. 누가 계명을 주셨습니까?
   (출 20:2, 이스라엘을 출애굽 시키신 하나님 여호와)
2. 하나님께 대한 인간의 의무를 다룬 계명은 무엇입니까?
   (출 20:3~11절, 십계명 중 첫째, 둘째, 셋째, 넷째 계명임)
3. 사람들에 대한 의무를 기록한 계명은 어느 것입니까?
   (출 20:12~17, 십계명 중 다섯째 계명에서 열째 계명까지임)

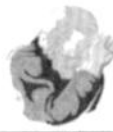

주간 경건의 시간 <39> · 날마다 말씀과 함께

요일 내용	주일/월(Mon)	화(Tue)	수(Wed)	목(Thu)	금(Fri)	토(Sat)
찬송	85동 / 87동	254 / 186	255/ 187	260 / 194	261/ 195	274/ 332
성경	출 15:/ 16:	출 17	출 18	출 19	출 20:	출 21:
적용	모세 노래/ 만나	반석의 생수	이드로 방문	시내산 도착	십계명	종에 관한 법

* 덕행에는 비록 늦을지라도 반드시 보상이 뒤따랐다.

< 윌리엄 콘그레브, 1670~1729, 영국 극작가 >

제41과

총력을 다해 예배드리라

찬송 / 333, 336, 347 / 통 381, 383, 382
성경 / 출애굽기 23:10-33
요절 / 출애굽기 23:14
"너는 매년 세 번 내게 절기를 지킬지니라."
목표 / 성도의 최선의 의무인 예배 드림에 총력 다하는 태도를 기른다.

시작하는 말

'예배'(禮拜)란 '경의를 표하여 배례(拜禮)함'을 뜻합니다. 요한복음 4장에서 예수님은 사마리아 여인과의 대화에서 '영과 진리로 예배 할 때'를 말씀하시면서 아버지께서는 이렇게 '예배하는 자들을 찾으신다.'고 하셨습니다. '예배'란 하나님께서 사람들을 찾아오셔서 은혜와 권능을 베푸실 때에 사람들이 그 은혜와 권능의 하나님께 응답하여 무릎을 꿇는 것입니다. 불교에서 '탑돌이'나 '일천 배'를 해서 소원 성취한다고 합니다. 참으로 올바른 예배가 우리에게 요구되는 시대입니다. 예배에 총력을 다한다는 의미를 알아 예배드림에 최선을 다하시기를 바랍니다.

오늘의 말씀

1. 안식일에 대한 규례입니다(출 23:12~13).

본문 23장 1절 이하에서 송사와 재판에 관한 율법을 말씀하고 있습니다(23:1~9). 하나님께서는 선민 이스라엘에게 사법제도를 말씀하고 있는데, 율법의 목적은 이렇습니다. ① 정의와 진리 실행을 위함, ② 자비와 긍휼을 강화하기 위함, ③ 편견에 좌우되지 않기 위함, ④ 상반된 이익과 동기를 가진 이들을 중재하기 위함, ⑤ 모두 공평하고 공의롭게 하기 위함, ⑥ 두 입장을 화해시키고 화평을 가져오기 위해서입니다.

사회적인 율법을 말씀하고는 종교적인 율법을 말씀합니다.

먼저 안식년과 안식일에 대한 규례를 제시하고 있습니다(10~13절).

① 이스라엘의 농토와 포도원은 6년 동안 농사를 지은 후 7년째는 농토도 농사도 쉬고 대신 예배와 하나님 말씀(율법)을 공부해야 합니다.

② 엿새 동안 일하고 이렛날은 육신의 일을 쉬고 예배드려야 합니다.

· 함께 읽어요 : 출애굽기 23장 12절

"12 너는 엿새 동안에 네 일을 하고 일곱째 날에는 쉬라 네 소와 나귀가 쉴 것이며 네 여종의 자식과 나그네가 숨을 돌리리라."

2. 먼저 '무교절'을 지켜야 합니다(출 23:14~17)

본문은 세 절기에 관한 율법 중 첫 절기에 관한 말씀입니다. 일 년에 세 번 이스라엘의 모든 남자들은 이 절기를 지키기 위해 성막으로 나아와야 했습니다. 이 절기들은 농경문화와 역사적인 사건에 관련되어 정해졌습니다. 그들이 어디에 살든지 얼마나 멀리 떨어져 있든지 상관없이 이스라엘의 모든 남자들은 성막으로 나아와야 했습니다. 그들은 절기를 지키면서 ① 추수할 곡식을 주심에 감사하고, ② 그들을 구출해 주시고 인도하심에 감사하고, 하나님의 은혜와 자비를 기억해야 했습니다.

'무교절'(15절)은 7일 동안 무교병(무죄함)을 먹으면서 애굽에서 구출된 사건을 기념하여 '유월절'과 더불어 시작되었으며, 예물을 가지고 성막에 나와, 하나님의 경고를 마음에 두어야 했습니다.

· 함께 읽어요 : 출애굽기 23장 15절

"15 너는 무교병의 절기를 지키라 내가 네게 명령한 대로 아빕월의 정한 때에 이레 동안 무교병을 먹을지니 이는 그 달에 네가 애굽에서 나왔음이라 빈손으로 내 앞에 나오지 말지니라.

3. 세 절기는 '무교절', '맥추절', ' 수장절'입니다(출 23:14~17).

앞서 말한 '무교절'은 7일 동안 지켜졌으며, 절기의 첫날과 끝 날에는 큰 '예배'가 있었습니다. 다음에 나머지 두 절기 입니다.

① '맥추절'은 무교절 후 7주를 지나(50일째) 지켰기에 '칠칠절' 혹은 '오순절'이라고 합니다. 맥추, 즉 첫 열매를 수확하고 드리는 축제입니다.

② '수장절'은 장막절이라고도 불립니다. 이는 출애굽한 이스라엘 백성들이 40년 동안 초막이나 천막에서 살았던 것을 기념하여 지키는 절기라 붙여진 이름입니다. 또한 이 절기는 한 해 농사나 원예작물의 수확을 기념하는 것으로, 7~8일 동안 계속했습니다. 이스라엘의 모든 남자는 예외가 없이 다 지켜야 했습니다. 왜 절기를 지켜야 합니까?

① 이스라엘 모든 남자들 모두에게 연합과 하나됨의 위대한 정신을 갖게 함으로써 강하고 통일된 나라로 만들기 위함입니다.

② 백성들에게 하나님의 위대하신 축복, 즉 삶에서 그분의 위대하신 구원과 인도하심을 간직하게 하기 위함입니다.

③ 백성들이 하나님께 감사와 찬양, 그리고 십일조와 예물을 드림으로써 경배하게 하기 위함입니다.

하나님의 백성들은 하나님의 율법 및 십계명, 그리고 시민법에 순종해야 됩니다. 절기나 예배드림에 총력을 다하여 순종하고 지켜야 합니다.

· 함께 읽어요 : 출애굽기 23장 16절

"16 맥추절을 지키라 이는 네가 수고하여 밭에 뿌린 것의 첫 열매를 거둠이니라. 수장절을 지키라 이는 네가 수고하여 이룬 것을 연말에 밭에서부터 거두어 저장함이니라."

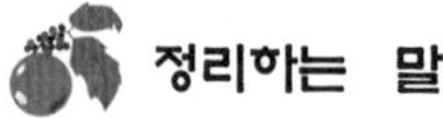

정리하는 말

사랑하는 성도 여러분! 본문에서는 '안식년과 안식일에 대한 규례를 주시면서 삼가 지키고, 다른 신들의 이름을 부르지도 말며, 네 입에서 들리게도 하지 말지니라.'고 하셨습니다. 또한 매년 세 절기를 지키라고 하셨습니다. 그러면 ① 약속의 땅까지 보호하며 인도하시며(23:20~23), ② 필요를 공급하시고 축복하시며(23:24~26), ③ 약속의 땅을 정복케 하신다(23:27~33)고 하셨습니다. 바쁘고 힘든 세상이지만 하나님께서 인생을 행복하게 하시려고 제정하신 법과 율례와 규례를 따라 안식일과 절기들을 지켜 예배드림에 총력을 다하시기를 간절히 부탁드립니다.

평가와 결심

1. 하나님이 이스라엘 백성들이 지킬 것 첫째는 무엇입니까?
   (출 23:10~13, 안식년(토지 관리법)과 안식일(사람과 짐승)
2. 매년 지켜야 할 세 절기는 무엇입니까?
   (출 23:14~17, 무교병의 절기, 맥추절, 수장절)
3. 본문에서 강조하고 있는 점은 무엇입니까?
   (출 23:10~33, 절기 지키는 것이나 예배드리는 일에 총력 다하라)

주간 경건의 시간 <41> · 날마다 말씀과 함께

요일 / 내용	주일/월(Mon)	화(Tue)	수(Wed)	목(Thu)	금(Fri)	토(Sat)
찬송	89동 / 93동	257 / 189	258 / 190	259 / 193	260 / 194	261 / 195
성경	출 22:/ 23:	출 24:	출 25:	출 26:	출 27:	출 28:
적용	배상법 / 공평 법	시내산 언약	성소 건축예물	성막	제단 뜰 등불 관리	제사장 옷

* 우리의 원수는 우리 마음 밖에 있는 양심이다.

<윌리엄 셰익스피어, 1564~1616, 영국 시인, 극작가>

10단원 총력 결실의 달

제42과

총력을 다해 안식일 지키라

찬송 / 333, 336, 368 / 통 381, 383, 486
성경 / 출애굽기 31:1-18
요절 / 출애굽기 31:14

"너희는 안식일을 지킬지니 이는 너희에게 거룩한 날이 됨이니라. 그 날을 더럽히는 자는 모두 죽일 지며, 그 날에 일하는 자는 누구든지 반드시 죽일지니라."

목표 / 총력 다해 안식일(주일)을 지키는 습관과 태도를 기른다.

시작하는 말

출애굽기 23장에서 매년 3차 남자마다 절기를 지키라고 하셨고, 바로 앞에 안식년과 안식일에 대하여 말씀하셨습니다. 그런데 본문에 또 안식일에 대하여 거론하고 있습니다. 왜 그랬을까요? 그보다 앞서 한 가지 질문을 드립니다. "당신은 무엇을 위하여 살고 있습니까?" "당신은 의미 있는 삶을 살고 있습니까?" 이런 질문들은 공허와 무력감만을 준다고 합니다. 요즘 세상에 누가 자살을 합니까? '생이 어렵고 힘들어서도 그렇지만 사는 것이 너무 허무하기 때문이라'고 할 것입니다. 왜 그렇습니까? 생의 목적이나 의미를 모르기 때문입니다.

오늘의 말씀

1. 하나님은 성막을 지으라고 명령하십니다(출 31:1~5).

부흥하는 교회를 보면 무슨 사업이든 계속 시도하고 있다는 것입니다. 부흥집회, 총동원주일, 구역이나 기관별 대회, 성경읽기, 전도대회 등 여러 가지 행사들을 진행합니다. 그 중에는 맘에 들지 않는 것도 있겠지만 대부분 사람들은 정신없어 하면서도 따라갑니다. 여기에는 목표가 있다는 것이고, 목표달성에 대한 성취감을 주는 시상제도, 인정해 주는 격려 프로그램 등이 있다는 것입니다. 본문에 하나님께서는 '성막을 지으라'고 명령하시고 실행할 인물 브사렐과 오홀리압을 세웁니다. 그리고 다양한 인물과 기능자들을 세우고 붙여줍니다. ① 하나님의 영을 충만하게 하여 지혜, 총명, 지식, 여러 가지 재주 겸비한 인물 ② 정교한 일을 연구하여 금속공예의 달인, 보석공들로 일하도록 했습니다.

· 함께 읽어요 : 출애굽기 31장 3~5절

"3 하나님의 영을 그에게 충만하게 하여 지혜와 총명과 지식과 여러 가지 재주로 4 정교한 일을 연구하여 금과 은과 놋으로 만들게 하며 5 보석을 깎아 물리며 여러 가지 기술로 나무를 새겨 만들게 하리라."

2. 성막 기구들을 만들도록 했습니다(출 31:6~11).

하나님께서는 단 지파 아히사막의 아들 오홀리압을 세워 ① 그와 함께 하시고, ② 지혜 자에게 지혜를 더해 주셨으며, ③ 하나님께서 명령하신 것을 만들게 하셨습니다. 이들은 온전히 하나님의 지시를 좇아서, 완전히 연합되어 수행했습니다. 그 위대한 작업의 결과 만들어진 기구들을 보십시오. '성막, 언약궤와 속죄소, 다른 기구들, 떡상과 그 기구들, 금등대, 분향단, 번제단과 그 기구들, 대야와 그 받침, 제사장의 거룩한 옷, 관유와 특별한 향료'였습니다. 참으로 성령 하나님은 자상하십니다. 그들의 최선의 지혜와 지식, 재능과 재주들을 총력을 다하게 하여 성막 기구들을 만들도록 했습니다. 여기에 '지혜로운 마음이 있는 모든 자에게'라는 구절에서 공평하신 하나님의 일 맡기심의 주밀성을 봅니다.

· 함께 읽어요 : 출애굽기 31장 6절

"6 내가 단 지파 아히사막의 아들 오홀리압을 세워 그와 함께 하게 하며 지혜로운 마음이 있는 모든 자에게 내가 지혜를 주어 그들이 내가 네게 명령한 것을 다 만들게 할지니"

3. 하나님과의 표징이 되는 안식일을 지키라 하셨습니다(출 31:12~18).

성막 건축에 앞서 이미 언급했던 안식일의 의미와 준수 방법이 다시 강조되었습니다. 모세에게 주신 명령이지만 백성들에게 전달 될 때 백성들은 일할 만반의 준비가 되어있었고, 종일 하루도 빠짐없이 일할 마음으로 부풀어있었을 것입니다. 그러나 모세를 통하여 주신 명령, 즉 '안식일을 지키라'는 명령이 있었습니다.

① 성막 짓는 동안에도 안식일을 지켜야 합니다(13절). 어느 교회는 주일에 성경공부와 전도, 불가피한 심방 이외의 일들은 하지 않습니다. 그러나 어떤 교회는 바자회나 속회의 자금을 위한 판매행위를 묵인합니다. ② 본문은 '거룩한 날을 더럽히는 자를 죽이라'고 명령하셨습니다. 엄중한 경고의 본문 성경말씀을 잘 묵상하면서 최선의 선택을 하시기 바랍니다. ③ 안식일은 '거룩한 날'임을 기억하시기 바랍니다.

왜 그렇습니까? 안식일을 거룩하게 지키는 것이 하나님 백성들의 표징이기 때문입니다. 안식일 지키라는 계명은 가장 기본적인 계명입니다. 이 계명이 무너지면 다른 계명들은 볼 것 없이 부서집니다. ④ 영원한 언약이기 때문입니다(16~17절).

· 함께 읽어요 : 이사야 58장 13절

"13 만일 안식일에 네 발을 금하여 내 성일에 오락을 행하지 아니하고 안식일을 일컬어 즐거운 날이라 여호와의 성일을 존귀한 날이라 하여 이를 존귀히 여기고 네 길로 행하지 아니하며 네 오락을 구하지 아니하며 사사로운 말을 하지 아니하면 14 네가 여호와 안에서 즐거움을 얻을 것이라 내가 너를 땅의 높은 곳에 올리고, 네 조상 야곱의 기업으로 기르리라 여호와의 입의 말씀이니라."

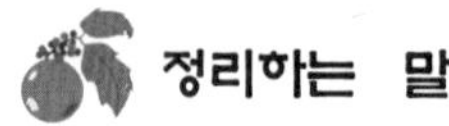

정리하는 말

사랑하는 성도 여러분! 하나님께서는 '일'보다 '관계'를 더 소중하게 생각하십니다. 바로 안식일을 통하여 당신과 인생들과의 관계를 바르게 가지고 싶어 하십니다. 총력을 다해 안식일(주일)을 지키시기 바랍니다.

평가와 결심

1. 하나님은 이스라엘 백성들에게 무엇을 명령하셨습니까?
   (출 31:12~17, 안식일을 지키라고 하셨음)
2. 하나님은 또 무엇을 만들라고 명령하셨습니까?
   (출 31:7~11, '성막과 성막 기구들'을 만들라고 함)
3. 왜 안식일을 지키라고 하셨습니까?
   (출 31:16~18, 영원한 하나님과의 언약의 표징이기 때문)

주간 경건의 시간 <42> · 날마다 말씀과 함께

요일 / 내용	주일/월(Mon)	화(Tue)	수(Wed)	목(Thu)	금(Fri)	토(Sat)
찬송	93동 / 91동	374/ 423	375/ 421	400/ 463	401/ 457	406/ 464
성경	출 29:/ 30:	출 31:	출 32:	출 33:	출 34:	출 35:
적용	제사장 위임/분향단	회막기구	금송아지	시내산 떠나라	두 번째 돌판	안식일규례

* 헌신으로 굶는 모든 무릎은 성스럽다.

<올리버 웬델 홈즈, 1809~1894, 미국 시인, 작가, 찬송가 작가>

제43과

총력을 다해 영광 돌리라

찬송 / 315, 297, 298 / 통 512, 191, 35
성경 / 출애굽기 40:1-38
요절 / 출애굽기 40:34-35

"34 구름이 회막에 덮이고 여호와의 영광이 성막에 충만하매 35 모세가 회막에 들어갈 수 없었으니 이는 구름이 회막 위에 덮이고 여호와의 영광이 성막에 충만함이었으며"

목표 / 총력 다해 하나님께 영광을 돌리며 살아가는 태도를 기른다.

시작하는 말

사랑하는 성도 여러분! 본문은 성경 전체를 통하여 하나님의 권능이 나타나는 가장 위대한 장면들 가운데 하나입니다. 하나님의 영광은 성막에 나타나서 그곳을 가득 채웠습니다. 이 장면에서 성막 완성과 봉헌에 대해 하나님께서 어떻게 응답하셨는지 주목해야 합니다. 히브리어로 '영광'(Kaboud)이란 '찬송, 존귀, 존경할만한 것이 하나님이나 사람에게 있는 측면'을 말합니다. 오직 창조주 하나님 그분께 영광을 돌려야 합니다(사 43:21). 성막 완성과 봉헌에 하나님께서 응답하셨습니다.

오늘의 말씀

1. 하나님은 성막 완성과 봉헌에 어떻게 응답하셨습니까?(출 40:34~38)

모세는 시내 산에서 하나님의 찬란한 영광의 빛이 그에게 침투되어

산에서 내려올 때 사람들은 그 빛에 두려움을 느껴 모세가 회중 앞에 나갈 때는 수건을 썼다고 성경은 증언하고 있습니다. 여기 본문에는 하나님께서는 '성막 봉헌 예배'를 받으시고 어떻게 응답하셨습니까?

① 하나님께서는 영광의 구름으로 성막을 덮으심으로써 그분의 임재를 나타내셨습니다(34~35절). 이스라엘 백성들을 구름기둥과 불기둥으로 인도하셨습니다. 하나님은 빛이시며(요 1:1~14) 소멸하는 불이시라고 하셨습니다(히 12;29).

② 하나님께서 이스라엘 백성들을 인도하셨습니다(36~37절).

③ 하나님께서 낮에는 구름이 성막 위에 떠 있게 하셨고 밤에는 구름 가운데 있게 하셨습니다(38절). 이스라엘 온 족속이 눈으로 보았습니다.

· 함께 읽어요 : 출애굽기 40장 38절

"38 낮에는 여호와의 구름이 성막 위에 있고 밤에는 불이 그 구름 가운데에 있음을 이스라엘의 온 족속이 그 모든 행진하는 길에서 그들의 눈으로 보았더라."

2. 성막과 성막 완성이 주는 의미가 있습니다(출 40:33)

'성막'(Mishikan)이란 시내 산에서 주어진 하나님의 명령에 따라 이스라엘 백성들이 만들었던 이동식 구조물로서, 광야 생활 시에 하나님의 거처가 되었습니다. 이것은 또한 그 안에 안치된, 십계명이 기록된 두 돌판이 들어있는 언약궤와 연관되어서(출 31:18), '증거막'으로도 불리어지기도 했습니다. 그러나 '회막'(tent of meeting)이란 이름으로 가장 많이 불리어집니다. 하나님께서 모세를 거기서 만나셨으며, 그에게 말씀하셨습니다. 이는 성막과 그 뜰이 하나님과 그의 모든 백성들이 만나는 장소로서는 너무 작았기 때문입니다.

본문에서 성막이 주는 가장 중요한 의미는 성막이란 ① '하나님의 임재'하심과 ② '예배드리는 장소'로서의 의미입니다. 구약 출애굽 시대 하나님께서 이스라엘 백성들에게 만나주시던 장소가 바로 '성막'이었던 것입니다. 역사적으로 볼 때 ① 출애굽 시대의 '성막'을 거쳐 가나안 입국 후에 이스라엘 백성들이 ② '솔로몬 성전'을 짓게 되고, 포로귀환 후 제2의 '느헤미야 성전', 유다 백성들의 비위를 맞추기 위해 지었던 ③ '헤롯의 성전'이 있습니다. 성전에서 하나님께 예배드렸던 것입니다.

· 함께 읽어요 : 출애굽기 40장 34절
"34 구름이 회막에 덮이고 여호와의 영광이 성막에 충만하매"

3. 피조물들은 하나님께 영광을 돌려야 합니다(출 40:15~21).

하나님께서는 당신의 영광을 다른 자에게 주지 않는다고 하셨습니다. 이사야 선지자의 글에 "나는 여호와이니 내 이름이라 나는 내 영광을 다른 자에게, 내 찬송을 우상에게 주지 아니하리라"고 하셨습니다. 시편 103편에는 '여호와를 송축하라'는 말이 반복되어 나타나고 있습니다. 이 말은 '하나님께 감사하고, 찬송하며 영광을 돌리라는 뜻'입니다.

우리 성도들은 하늘에 있는 교회의 영광을 손상시켜서는 안 됩니다. 우리 주 하나님의 이름에 합당한 영광을 돌려드려야 합니다.

온 세상 천지만물을 창조하셔서 만물의 영장인 우리 인생들에게 선물로 주셨습니다(일반은총이라 함). 창조주 하나님! 죄악으로 죽었던 우리를 독생자 예수 그리스도를 보내 주셔서 십자가에서 죽으심으로 대속해 주셨습니다(특별은총이라 함). 세상 모래와 같이 많은 사람 중에 천에 하나, 만에 하나 택하셔서 구원해 주셨습니다. 모든 영광을 창조주 하나님께 드려야 합니다. 이사야 선지자의 말씀에 '내 영광을 다른 자에게, 내 찬송을 우상에게 주지 아니하리라'(사 42:8)고 했습니다.

· 함께 읽어요 : 이사야 42장 8절
"8 나는 여호와이니 이는 내 이름이라 나는 내 영광을 다른 자에게, 내 찬송을 우상에게 주지 아니하리라."

정리하는 말

사랑하는 성도 여러분! 여러분들은 오늘도 나의 영광을 위해서 살아가십니까? 아니면 하나님께 영광을 돌리면서 살아가십니까? 하나님께서는 천지만물 창조하셔서 인생들에게 선물로 주셨습니다. 예수 그리스도를 구속주로 보내 주셔서 우리 죄를 사해 주셨습니다. 우리에게 주신 생명, 재산, 평안과 기쁨을 통해 영광을 하나님께 돌려드리시기를 바랍니다. 총력 다해 하나님께 영광을 돌리시기를 간절히 부탁드립니다.

평가와 결심

1. 하나님은 성막 봉헌식에 어떻게 응답하셨습니까?
   (출 40:34, 성막에 구름이 덮이고 여호와의 영광이 충만함)
2. 하나님은 구약에서 어디에 거처하시고 임재 하셨습니까?
   (출 40:34, 성막에 거처하시고, 거기에 임재하심)
3. 하나님께서 양보하시지 않으시는 것이 무엇입니까?
   (사 42:8, 21, 하나님의 영광과 찬송)

주간 경건의 시간 <43> · 날마다 말씀과 함께

요일 / 내용	주일/월(Mon)	화(Tue)	수(Wed)	목(Thu)	금(Fri)	토(Sat)
찬송	88동 / 89동	452/ 505	453/ 506	454/ 508	455/ 507	456/ 509
성경	출 36:/ 37:	출 38:	출 39:	출 40:	레 1:	레 2:
적용	예물 넉넉함/ 언약궤 만듦	번제 단 만듦	제사장 옷	성막 봉헌	회막에서	소제 예물

* 내가 고아를 기르기 위해서는 내 자신부터 고아로 살지 않으면 안 되었다

<페스탈로치, 1746~1827, 스위스 교육개혁자>

10단원 총력 결실의 달

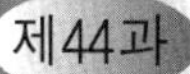

총력을 다해 예물 드리라

찬송 / 320, 325, 213 / 통일 350, 359, 348

성경 / 레위기 7:15~38

요절 / 레위기 7:37

"이는 번제와 소제와 속죄제와 속건제와 위임식과 화목제의 규례라."

목표 / 대속받은 성도들은 총력 다해 예물 드리는 태도를 기른다.

시작하는 말

인간 역사가 시작된 이래 사람은 자신이 하나님으로부터 분리되었음과 화목하게 되어야 할 필요성을 인식해 왔습니다. 영적인 분별력이 있는 사람들과 정직한 사람들은 그들이 하나님께 이를 수 없으며 그들 자신의 힘으로는 그분과의 화목을 결코 회복할 수 없다는 것을 인정해 왔습니다. 그렇다면 인간이 하나님과 화목 하는 길이 없다는 말입니까? 이 사실을 하나님께서 아시고 당신의 독생자 예수 그리스도를 세상에 보내주셔서 십자가 대속의 죽으심으로 살 길을 열어주셨습니다. 이것이 바로 제물을 죽여서 드리는 구약 제사의 필요성입니다.

오늘의 말씀

1. 구약의 제사마다 제물이 죽어져야 했습니다(레 7:11~15).

구약에서 제사는 꼭 제물이 있어야 합니다. 제물은 제물 드리는 사람을 위하여 죽어져야 했습니다. 본문에는 감사의 화목제에 의한 규례입니다. ① 사람은 희생제물을 통하여 하나님께 나아가야 했습니다(12절).

② 서원으로 또는 하나님의 화평과 교제 안에서 자라고자 하는 사람의 열망을 보여 주기 위해 드리는 화목제를 드려야 합니다(16~21절).

ⓐ 제물(그리스도에 대한 상징)을 통하여 하나님께 나아가야 했음(16절). ⓑ 이튿 안에 그 제물을 다 먹어야 했음(16절). ⓒ 남은 모든 고기는 제 3일에 불태워야 했음(17절). ⓓ 제 3일에 화목제의 고기를 조금이라도 먹어서는 안 됨(18절). ⓔ 정결에 관한 계명에 절대적으로 순종했음(19~20절). 이와 같이 구약의 제물은 예수 그리스도를 상징합니다.

· 함께 읽어요 : 레위기 7장 15절

"15 감사함으로 드리는 화목제물의 고기는 그 날에 먹을 것이요 조금이라도 이튿날 아침까지 두지 말 것이니라."

2. 교제 제사와 제물에 대한 금기사항이 있습니다(레 7:22~27).

하나님께서 제사와 제물 드림에 있어서 인간을 먼저 생각하십니다. 금기사항은 사람에게나 하나님께 지켜져야 했습니다.

ⓐ 사람은 어느 동물의 기름이든지 먹어서는 안 되었습니다(23~25).

ⓑ 사람은 결코 동물의 피를 먹거나 마셔서는 안 되었습니다(27절).

제사장들의 몫과 관련된 명령들입니다(28~36절).

ⓐ 희생 제물 일부를 제사장 앞으로 가지고가면 요제[1])로 삼아야 했습니다. 제단 위에서 기름을 태워야 하며, 가슴 고기를 제사장 몫으로 돌려야 했습니다. ⓑ 믿는 자는 자신을 대신하여 피와 기름을 하나님께 드리는 제사장에게 오른편 뒷다리를 주어야 했습니다. ⓒ 희생 제물의 가슴과 뒷다리는 제사장들의 몫으로 주어졌습니다. 이것은 제사장들의 정규적인 몫의 일부였고, 하나님께 드리는 제물의 일부였으며, 제사장

1) '요제'(Tenupha)라는 용어 '테누파'란 '앞뒤로 흔들다, 움직이다'는 뜻이며, 주로 농산물을 제물로 드릴 때 사용하는 제사 방법이다.

들이 섬기는 바로 첫 날에 시작되었습니다. 또한 이것은 하나님의 계명이었고, 그것은 대대로 제사장들의 몫이 되어야 했습니다.

· 함께 읽어요 : 레위기 7장 33절

"33 아론의 자손 중에서 화목제물의 피와 기름을 드리는 자는 그 오른쪽 뒷다리를 제사장에게 주어 거제를 삼을지니."

3. 제사장들에게 주어진 규례와 의무입니다(레 7:37~38).

여기 이 부분은 레위기의 첫 번째 부분을 다루는 결론이기도 합니다. 즉 지금까지 주어진 것이 제사와 관련된 규례나 의무임을 단순히 선언하는 것입니다. 하나님께서 자기 백성들에게 제사를 드리도록 하신 두 가지 기본적인 이유들을 기억하십시오. 첫째는 백성들의 다양한 필요들을 충족시키기 위해서입니다. 둘째는 예수 그리스도의 완전한 사역을 상징하기 위해서입니다.

① 첫째, 번제는 구속에 대한 인간의 필요, 즉 하나님과의 화해에 대한 인간의 필요를 충족시켰습니다. ② 둘째, 소제는 기쁨과 감사, 그리고 자기 삶을 이 세상에서 발견할 수 있는 것보다 더 고상한 목적을 위하여 헌신하고자 하는 인간의 필요를 충족시켰습니다. ③ 셋째, 속죄제는 지속적으로 죄의 용서를 받아야 하는 인간의 필요성을 충족시켰습니다. 사람이 죄의 용서에 대한 필요를 느낄 때 그는 하나님께 속죄제를 드렸습니다. ④ 넷째, 속건제는 죄책의 무게와 고통으로부터 구원을 받아야 할 인간의 필요를 충족시켰습니다. 이것 역시 예수 그리스도의 희생에 대한 강력한 상징입니다. ⑤ 다섯째, 화목제는 하나님의 화평과 고제 안에서 자라야 할 인간의 필요를 충족시켰습니다. 이 제사 희생은 수예수 그리스도의 희생을 가리켰습니다. ⑥ 여섯째, 임직 제사는 영적인 지도자에 대한 인간의 필요를 충족시켰습니다.

· 함께 읽어요 : 에베소서 1장 7절

“7 우리는 그리스도 안에서 그의 은혜의 풍성함을 따라 그의 피로 말미암아 속량 곧 죄 사함을 받았느니라.”

정리하는 말

여러분! 예배드리는 시간에 예물을 어떻게 준비하십니까? 예배 때마다 예물을 요구하신다는 사실을 기억하십시오. ‘빈손으로 내 앞에 나오지 말지니라’고 하셨습니다. 총력을 다해 참된 예물 드리시기 부탁드립니다.

평가와 결심

1. 구약 제사에서 제물은 누구를 상징합니까?
   (레 7:11~15, 예수 그리스도를 상징 함)
2. 제물 드림에서 누구를 먼저 생각하십니까?(레 7:22~27, 사람)
3. 구약 제사는 곧 ‘예배’인데, 무엇을 준비하여 드려야 합니까?
   (레 7:37~38, 예배 때 꼭 예물을 준비하여 드려야 함)

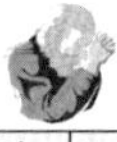

주간 경건의 시간 <44> · 날마다 말씀과 함께

요일 / 내용	주일/월(Mon)	화(Tue)	수(Wed)	목(Thu)	금(Fri)	토(Sat)
찬송	73동 / 83동	292 / 415	298/ 35	336 / 383	347/ 393	411/ 473
성경	레 3:/ 4:	레 5:	레 6:	레 7:	레 8:	레 9:
적용	화목제 / 속죄제	여호와의 성물	번제 규례	속건제 규례	제사장 위임식	불로 응답

* 하나님께 모두 바치고 홀가분해 지니 번민할 일이 전혀 없어졌다. <허드슨 테일러>

제45과

성령의 역사, 순종 감사하라

찬송 / 570, 569, 559 / 통 453, 442, 305
성경 / 누가복음 1:26-56
요절 / 누가복음 1:38
"마리아가 이르되 주의 여종이오니 말씀대로 내게 이루어지이다 하매 천사가 떠나 가니라."
목표 / 성도로서 순종 감사하는 태도를 기른다.

시작하는 말

'감사'(感謝), 즉 성경에서의 '감사'(εὐχαριστέω, 유카리스테오)란 '그의 백성이 하나님께 마땅히 드려야 할 반응'을 뜻합니다. 이 단원에서는 '성령으로 찬송 감사'하는 생활을 강조하여 배우게 됩니다. 성경에는 성모 마리아에 대한 기록이 거의 없으나 본문에서 언급된 내용은 매우 충격적이며, 하나님의 뜻에 순종하는 위대한 모범을 우리에게 보여 줍니다. 하나님께 순종하며 감사하는 일은 모든 믿는 사람들에게 요구되는 절대적으로 필수 불가결한 일인 것입니다.

오늘의 말씀

1. 천사 가브리엘이 하나님의 보내심을 받았습니다(눅 1:26).

천사 '가브리엘'(Γαβριήλ)은 천사들 가운데 특별한 천사로 미가엘과 함께 성경에 그 이름이 나타나 있습니다. 그는 하나의 전달자로서 다니엘에게 나타나서 다니엘이 보았던 이상에 대하여 해석하여 주었습니다(단 8:16절 이하). 본문 누가복음에 나타나는 가브리엘은 세례 요한의 탄생을 사가랴에게 예고했고, 예수님의 탄생을 마리아에게 예고했습니다(눅 1:11~20, 26~38). 따지고 보면 성경말씀은 예언으로 가득 차 있습니다. 성경말씀이 곧 예언입니다. 사도 요한은 "이 예언의 말씀을 읽는 자와 듣는 자와 그 가운데 기록한 것을 지키는 자는 복이 있나니 때가 가까움이라"(계 1:3)고 했습니다. 여러분들은 성경말씀을 예언으로 받아 순종해야 하는 것입니다.

· 함께 읽어요 : 누가복음 1장 28절

"28 그에게 들어가 이르되 은혜를 받은 자여 평안 할지어다. 주께서 너와 함께 하시 도다 하니"

2. 가브리엘은 마리아에게 예수 탄생을 알려 줍니다(눅 1:27~30).

어느 시대나 복음과 예언은 항상 구별하여 지목된 사람들에게 전달되어졌습니다.

① 마리아는 순결한 처녀였습니다.[1] 그녀는 결코 사내를 알지 못했고, 부도덕하지 않았습니다. 성경에 이것은 명백하고도 분명하게 언급되었습니다. 그리고 그녀 스스로도 이 사실을 확실히 했습니다(34절).

② 마리아는 요셉과 정혼했습니다. 정혼은 결속력 있는 약혼이며,

ⓐ 정혼 기간 중 성적 접촉은 간음이며, 돌 맞아 죽었습니다.

ⓑ 정혼은 너무나 진지해서 만일 깨어지면 이혼으로 간주했다는 것입니다.

③ 마리아와 요셉은 둘 다 경건했고, 경건했기 때문에 하나님께서 그

---

1) '처녀'라는 히브리어(Alma)가 의구심 나는 점을 지닌 '젊은 여성'을 의미한다는 주장은 빈약하다(사 7:14). 히브리인들이 '알마'를 말할 때는 항상 순결한 젊은 여자를 가리켰다(창 24:43, 리브가/ 출 2:8, 미리암 등).

분의 아들을 세상에 보내시는 데 육신의 부모로 그들을 택하셨습니다.

· 함께 읽어요 : 누가복음 1장 30~31절
"30 천사가 이르되 마리아여 무서워하지 말라 네가 하나님께 은혜를 입었느니라. 31 보라 네가 잉태하여 아들을 낳으리니 그 이름을 예수라 하라.

3. 예수 그리스도의 탄생은 동정녀 몸에서의 탄생입니다(눅 1:27~37).

그리스도의 동정녀 탄생에 대하여 부인하는 자들과 무관심한 자들이 있습니다. 왜 하나님의 아들은 동정녀를 통하여 태어나야만 했겠습니까? '하나님의 아들'의 탄생에는 ① 이적이 요구되었습니다. 인간들처럼 한 남자와 한 여자를 통해 세상에 왔다면 한 인간일 뿐입니다. 그래서 '한 몸'을 예비하셨던 것입니다(히 10:5). 이것이 동정녀 탄생의 신비를 마련하신 뜻입니다. ② 하나님께서는 그분의 신적인 힘의 능력으로 여인을 통해 수태케 하는 이적을 행하신 것입니다. ③ 신의 성품과 인간의 성품 모두가 요구되었습니다. ④ 완전한 성품의 탄생이 요구되었습니다. ⑤ 창조적인 하나님의 말씀을 요구했습니다(벧전 1:23). ⑥ 동정녀 탄생을 요구했습니다. ⑦ 두 번째 아담을 요구했습니다. ⑧ 독신이나 결혼한 상태가 아닌 정혼한 상태를 요구했습니다.

마리아는 ① 하나님께 큰 은혜를 받았습니다. ② 주님은 마리아와 함께 하셨습니다. ③ 마리아는 여자 중에서 복 받은 자였습니다. 인간적으로 마리아는 ① 천사의 말을 듣고 놀랐습니다. ② 그녀 같은 사람에게 큰 은혜를 주신데 놀랐습니다. 태어날 아들 그 이름을 '예수'(Ιησους, 예수스)라 하라 하면서 다윗의 왕위를 그에게 주시겠다는 데 놀랐습니다.

· 함께 읽어요 : 누가복음 1장 32절
"32 그가 큰 자가 되고 지극히 높으신 이의 아들이라 일컬어질 것이요 주 하나님께서 그 조상 다윗의 왕위를 그에게 주시리니"

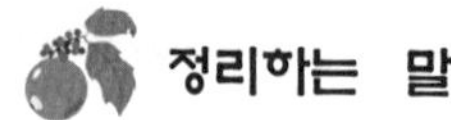

정리하는 말

여러분! 성경의 예언은 신비하고 놀라운 일들이 많습니다. 마리아의 입장에서 보면 얼마나 황당하고 놀라운 일이 현실로 다가올 때 얼마나 힘들고 어려웠겠습니까? 그러나 마리아는 천사 가브리엘이 수태고지(受胎告知)[2]를 하고, 그 이적을 믿도록 요구되었을 때, 정말 당황하였습니다. 그러나 믿고 순종 감사했습니다. 여러분도 순종하고 감사하시기 바랍니다.

평가와 결심

1. 마리아에게 '수태고지'를 한 천사가 누구입니까?
   (눅 1:126, 가브리엘 천사)
2. 마리아와 요셉은 어떤 사람이었습니까?
   (눅 1:17~31, ① 순결한 처녀 ② 요셉과 정혼 ③ 경건한 자)
3. 하나님의 아들 '예수'의 탄생은 어떻게 특별하였습니까?
   (눅 1:35, 동정녀 몸에서 탄생하심)

주간 경건의 시간 <45> · 날마다 말씀과 함께

요일 / 내용	주일/월(Mon)	화(Tue)	수(Wed)	목(Thu)	금(Fri)	토(Sat)
찬송	88동 / 89동	205/ 236	208/ 246	209/ 247	213/ 348	214/ 349
성경	눅 1:/ 2:	눅 3:	눅 4:	눅 5:	눅 6:	눅 7:
적용	데오빌로/ 예수 나심	세례 요한	예수 시험	제자 선택	안식일 이삭	백부장의 종

* 우리의 원수는 우리 마음 밖에 있는 양심이다.

<윌리엄 셰익스피어, 1564~1616, 영국 시인, 극작가>

2) '수태고지'(受胎告知)란 천사 가브리엘이 성령에 의한 임신을 마리아에게 알려준 일을 가리킨다.

제46과

좋은 땅처럼 말씀에 순종하라

찬송 / 314, 400, 420 / 통 511, 463, 212
성경 / 누가복음 8:1-15
요절 / 누가복음 8:15
"좋은 땅에 있다는 것은 착하고 좋은 마음으로 말씀을 듣고 지키어 인내로 결실하는 자니라."
목표 / 좋은 땅처럼 말씀을 순종하는 태도를 기른다.

시작하는 말

우리가 세상을 살면서 '좋은 땅'처럼 유복하게 산다면 무엇을 어떻게 해야 할까요? 오늘날 부(富)의 분배를 얘기는 잘하지만 자신에게 그런 명령이 떨어진다면 몇 사람이나 순종하겠습니까? 본문은 매우 흥미 있는 부분입니다. 하나님의 아들 예수께서 하나님 나라를 반포하실 때 그 분을 재정적으로 돕고 있던 여인들을 기록하고 있습니다. 오늘날에도 아무도 모르게 선교비를 지원하고 어려운 목회자들을 돕는 분들이 많아졌다는 것은 참으로 고무적(鼓舞的)[3]인 일입니다.

오늘의 말씀

1. 여인들은 복음전파 사역을 물질로 도왔습니다(눅 8:1~3).

복음전파는 예수님의 임무입니다. 이를 위해 그분은 오셨으며, 그분

3) 고무(鼓舞)란 말은 '격려하여 기세를 돋움'을 의미한다.

의 제일의 소명이자 사명이었습니다. 주님은 복음을 위하여 자신이 오셨다고 말씀했습니다. 예수님의 모든 이적도 결국은 복음을 전파하기 위한 수단이었습니다. 우리의 교회의 목표도 구원을 목적으로 하는 선교에 있음을 우리는 잊어서는 안 됩니다. 부흥하는 교회는 예배뿐 아니라, 모든 것이 구원을 위한 복음에 맞춰져 있음을 봅니다. 본문을 보면 예수님의 복음전파 사역에 몸소 재정적 지원을 한 여인들, 즉 일곱 귀신이 나간 막달라 마리아, 헤롯의 청지기 구사의 아내 요안나와 수산나, 다른 여자가 함께 하여 자기들의 소유로 섬겼습니다. 여러분도 복음전파를 위해 모든 여건을 활용하여 최선을 다하시기 바랍니다. 이 길이 부흥과 축복의 길임을 명심하시기 바랍니다.

· 함께 읽어요 : 누가복음 8장 3절

"3 헤롯의 청지기 구사의 아내 요안나와 수산나와 다른 여자가 함께 하여 자기들의 소유로 그들을 섬기더라."

2. 예수님의 말씀을 들으려고 에워쌌습니다(눅 8:4~10).

지금 유대 나라 전체가 복음의 불길이 타오릅니다. 세례 요한으로부터 시작해서 메시야 예수님 때에도 계속 이어가고 있습니다. 많은 사람들이 예수님께 나아와 회개하고 하나님을 따르라는 도전을 받습니다. 나사렛 출신 목수 예수가 성령의 능력으로 이적을 베풂으로 말씀을 뒷받침해 주고 있기 때문에 몰려들었습니다. 그러나 오늘날에도 많은 사람들의 마음에 진실한 신앙보다 가족이나 친구 따라 오고, 그저 교제하기 위해서 나오기도 합니다. 사회적 명성을 듣고 나오기도 합니다. 그래서 예수님은 '씨 뿌리는 비유'를 통해서 열려진 마음에 복음을 전하시고, 닫혀 진 마음에는 진리를 감추시길 원했습니다. 중요한 것은 씨 뿌리는 자가 있어야 하고, 좋은 씨앗(복음)이 있어야 하는 것입니다. 오늘날 멸망케 할 이단(벧후 2:1)들의 행태는 이런 점에서 기성 신자들을 교묘하게 유혹하여

'영과 진리의 예배'를(요 4:24) 무너뜨리고, 기성교회에서 실증이 난 성도들을 분리시켜 이리 저리 끌고 다니며 유혹합니다. 성도 여러분! 예수님의 복음과 진리를 전하는 건전한 교회에 등록하심을 감사하고, 영적 지도자들의 지도를 잘 받아 복음과 진리에 순종하시기 바랍니다.

· 함께 읽어요 : 로마서 12장 3절

"3 내게 주신 은혜로 말미암아 너희 각 사람에게 말하노니 마땅히 생각할 그 이상의 생각을 품지 말고 오직 하나님께서 각 사람에게 나누어 주신 믿음의 분량대로 지혜롭게 생각하라."

3. 좋은 땅에 떨어진 씨앗처럼 지켜 순종해야 합니다(눅 8:11~21).

사람의 마음 밭은 네 가지가 있습니다. ① 길가에 있다는 것입니다(12절). 이런 사람도 하나님의 말씀을 듣기는 합니다. 그러나 곧 마귀가 와서 씨를 빼앗아 갑니다. ② 바위 위에 있다는 것은 말씀을 들을 때 기쁨으로 받으나 잠깐 믿다가 시련이 닥쳐오면 배반하는 자입니다(13절). ③ 가시 떨기에 있다는 것은 말씀을 들었지만 이생의 염려와 재물과 향락에 기운이 막혀 결실치 못하는 자입니다. ④ 좋은 땅에 있다는 것은 착하고 좋은 마음으로 말씀을 듣고 지켜 인내로 결실하는 자입니다.

좋은 땅의 마음은 ⓐ 착하고, ⓑ 좋은 마음으로 ⓒ 말씀을 듣고 지키어, ⓓ 인내로 결실하는 자입니다. 많은 사람들이 좋은 땅에서 백배의 결실을 하고 싶어 합니다. 그렇다면 철저하게 '말씀을 듣고 지킴', 곧 '순종' 하십시오. 그러면 '인내'로 백배의 결실을 할 수 있을 것입니다.

· 함께 읽어요 : 누가복음 8장 8절

"8 너러는 좋은 땅에 떨어지매 나서 백배의 결실을 하였느니라. 이 말씀을 하시고 외치시되 들을 귀 있는 자는 들을 지니라.

정리하는 말

사랑하는 성도 여러분! 여러분들 누구나 남보다 좋은 땅에 떨어진 씨처럼 백배의 결실을 하고자 원합니다. 그러나 희망 사항일 뿐 한해를 살고 나서 일 년을 결산해보면 그저 평년작으로 만족해야 할 때가 많습니다. 좋은 땅에 떨어진 씨앗처럼 말씀을 지켜 순종하여 인내로 백배의 결실을 하는 여러분들의 기관과 구역과 속회가 되시기 바랍니다.

평가와 결심

1. 예수님의 복음사역을 누가 어떻게 도왔습니까?
   (눅 8:1~3, 막달라 마리아, 요안나, 수산나, 여자들/ 재정적 지원)
2. 건전한 교회의 선택이 왜 중요합니까?
   (요 4:24, '성령과 진리의 예배'와 건전한 영적 성장을 위해서)
3. 왜 좋은 땅과 같은 마음이어야 합니까?
   (눅 8:8, 좋은 땅에 떨어져야 순종과 인내로 결실되기 때문)

주간 경건의 시간 <46> · 날마다 말씀과 함께

요일 / 내용	주일/월(Mon)	화(Tue)	수(Wed)	목(Thu)	금(Fri)	토(Sat)
찬송	88동 / 73동	286/ 218	285/ 209	292/ 415	294/ 416	293/ 414
성경	눅 8/ 9:	눅 10:	눅 11:	눅 12:	눅 13:	눅 14:
적용	씨 뿌림/ 제자 파송	칠십 인 파송	기도 가르치심	외식 주의하라	회개하라	잔치 비유

* 헌신으로 꿇는 모든 무릎은 성스럽다.

<올리버 웬델 홈즈, 1809~1894, 미국 시인, 작가, 찬송가 작가>

11단원 찬송 감사의 달

제47과

큰 소리로 주님을 찬양하라

찬송 / 315, 297, 298 / 통 512, 191, 35
성경 / 누가복음 19:28-44
요절 / 누가복음 19:38
"이르되 찬송하리로다 주의 이름으로 오시는 왕이여 하늘에는 평화요 가장 높은 곳에는 영광이로다 하니"
목표 / 큰 소리로 주님을 찬양하는 태도를 기른다.

시작하는 말

사랑하는 성도 여러분! 여러분은 하루에 찬송하는 시간을 가지십니까? 아니면 한 장도 부르시지 못하고 하루가 갑니까? 찬송은 구속 받은 인간이 창조주 하나님! 구원하신 주 예수님! 날마다 은혜와 복을 주시는 성령님께 감사와 함께 드려야 하는 의무인 것입니다. 그러나 성경은 한 장씩이라도 목표를 정하고 읽어 가는데, 찬송은 건너뛰기가 보통입니다. 하루에 한 장씩이라도 찬송을 꼭 부르시기 부탁을 드립니다. 찬송을 부르면 기쁨이 옵니다. 가정에 평화와 평안이 옵니다.

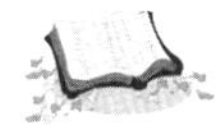

오늘의 말씀

1. 메시야가 나귀 타시고 예루살렘에 입성 하십니다(눅 19:28~36).

세상에 어찌 이런 일이 있을 수 있습니까? 만왕의 왕 예수 그리스도께서 예루살렘에 입성하시는데, 제자들은 모른 채 시키는 대로만 합니다. 메시야 그분의 마지막 한 주간이 시작된 것입니다. 이 날을 '거룩한 주간' 혹은 '종려주일'이라고 부릅니다. 예수님은 명백히 자신이 왕이심을 주장하셨습니다. 그러나 세상의 군왕처럼 말을 타신 것이 아니고 평화의 왕으로서 나귀 새끼를 타시고 왕도에 입성하시는 것입니다. 이제 주님이 오시기 500년 전 스가랴 선지자의 예언이 성취되는 순간입니다(슥 9:9).

· 함께 읽어요 : 스가랴 9장 9절

"9 시온의 딸아 크게 기뻐할지어다. 예루살렘의 딸아 즐거이 부를지어다. 보라 네 왕이 네게 임하시나니 그는 공의로우시며 구원을 베푸시며 겸손하여서 나귀를 타시나니 나귀의 작은 것 곧 나귀 새끼니라."

2. 예수께서는 자신이 메시야이심을 나타내셨습니다(눅 19:37~40).

예수님은 나귀를 풀려고 가는 제자 두 명에게 분명하게 만일 너희에게 어찌하여 푸느냐 묻거든 말하기를 '주가 쓰시겠다.'고 하라 하십니다. 바로 나귀를 타실 분이 만왕의 왕 메시야 그리스도라는 말씀입니다. 나귀 주인은 두말 할 것 없이 나귀 새끼를 내주었습니다.

예수께서는 고난과 죽음으로 몰아가시는 압박감이 있었지만, 므나의 비유를 말씀하신 후에도 즉시 그분은 예루살렘을 향하여 가셔야만 하는 압박감을 느꼈습니다. 거기에서 그분의 목적은 절정을 이룰 것이었습니다. 그분은 거기서 곧 인류를 위하여 고난을 당하고 죽을 것이었습니다. 예수님은 침묵을 깨고 '호산나 주의 이름으로 오시는 왕이여! 찬송하리로다.' 종려나무 가지를 흔들고 찬송을 부르는 무리들의 찬송을 벅찬 가슴으로 들으시면서 왕도에 입성하십니다.

· 함께 읽어요 : 누가복음 19장 40절

"40 대답하여 이르시되 내가 너희에게 말하노니 만일 이 사람들이 침묵하면 돌들이 소리 지르리라 하시니라."

3. 메시야 그분이 예루살렘 성을 향해 우셨습니다(눅 19:41~44).

이 장면은 4복음서에서 오직 누가만이 다루고 있습니다. 왕도(王都) 예루살렘을 보시고 평화의 왕이신 예수 그리스도를 배척한 예루살렘의 끔직한 운명에 대한 예언과 철저히 파멸로 운명 지어진 그 백성들에 대한 우리 주님의 긍휼이 나타나 있습니다.

① 예수님은 예루살렘 성을 위해 우셨습니다. ② 예수님은 자신이 우신 이유에 대해서 스스로 분명히 말씀하십니다. 예루살렘과 그 성의 백성들이 평화의 길, 즉 메시야 그분을 배척했기 때문이라는 것입니다. 평화의 왕을 거절한 것입니다.

ⓐ 하나님께 있는 평화는 이미 얻어진 평화입니다. ⓑ 하나님께 있는 평화는 완전한 확신을 주는 평화입니다. ⓒ 하나님께 있는 평화는 하나님과의 친밀함이 깃든 평화입니다. 그 평화는 마음에 평안을 주고, 의지를 굳게 해주며, 마음을 안정케 합니다.

평화의 근원은 오직 예수 그리스도께서 가져다주시는 화해에 기초하고 있습니다. 평화는 항상 인격적인 관계와 관련이 있습니다. 즉 자신과의 관계, 하나님과의 관계, 이웃과의 관계입니다. 사람들은 늘 자신과, 하나님과, 동료들과 함께 결합하고 묶여져 있어야 합니다(엡 2:13~14).

여러분은 하나님과의 관계 개선을 위해, 그리고 이웃과의 관계 개선을 위하여 마음 밑바닥에서 쏟아져 나오는 화해의 감정과 회개의 눈물이 있어야 합니다. 진정한 찬송과 기쁨과 평화와 화해는 내 마음과 이웃의 마음과 하나님의 마음을 녹이는 눈물임을 기억하십시오.

· 함께 읽어요 : 누가복음 19장 41~42절

"41 가까이 오사 성을 보시고 우시며, 42 이르시되 너도 오늘 평화에 관한 일을 알았더라면 좋을 뻔 하였거니와 지금 네 눈에 숨겨졌도다."

정리하는 말

사랑하는 성도 여러분! 여러분들은 어렵고 힘든 과정을 다 이겨내며 최후의 승리의 메달을 목에 걸며 울먹이는 모습을 지켜보았을 것입니다. 세상만사 다 헤치며 가슴에 녹아내린 은혜의 눈물 농도를 누가 헤아릴 수 있겠습니까? 이때는 크게 부르지 말라고 해도 가슴에서 터져 나오는 함성 자체가 큰 소리로 봇물처럼 찬송이 터져 나올 것입니다. 이런 감사와 감격한 찬양을 큰 소리로 함께 부르시며 영광 돌리시기를 부탁드립니다.

평가와 결심

1. 메시아의 예루살렘 입성 광경은 어떠했습니까?
   (눅 19:35~39, 어린 나귀를 타시고, 무리의 찬양소리를 들으시며)
2. 구약성경 어디에 나귀 새끼를 타는 장면을 예언하였습니까?
   (스가랴서 9장 9절 말씀)
3. 메시아 그분이 어디를 향하여 보시고 우셨습니까?
   (눅 19:41, 예루살렘 성을 향하여 보시고)

주간 경건의 시간 <47> · 날마다 말씀과 함께

요일 / 내용	주일/월(Mon)	화(Tue)	수(Wed)	목(Thu)	금(Fri)	토(Sat)
찬송	145동/ 88동	219/ 279	218/ 369	220/ 278	312/ 341	313/ 352
성경	눅 15:/ 16	눅 17:	눅 18:	눅 19:	눅 20:	눅 21:
적용	잃은 아들/ 청지기	용서 믿음	한 맹인	삭개오	무슨 권위로	과부의 헌금

* 내가 고아를 기르기 위해서는 내 자신부터 고아로 살지 않으면 안 되었다

<페스탈로치, 1746~1827, 스위스 교육개혁자>

제48과

한량없이 성령 주심을 감사하라

찬송 / 196, 197, 191/ 통일 174, 178, 427
성경 / 요한복음 3:1-36
요절 / 요한복음 3:34
"하나님이 보내신 이는 하나님의 말씀을 하나니 이는 하나님이 성령을 한량없이 주심이니라."
목표 / 한량없이 성령 주심에 감사하는 태도를 기른다.

시작하는 말

여러분은 성령의 임재를 느끼시며 살아가십니까? 영의 사람은 영이 속삭이는 소리를 들으면서 살아갑니다. 그러나 오늘날 하나님 아버지와 그리스도 예수님의 말씀을 전혀 읽지도 듣지도 않고 살아가면서 영의 사람이라면서 성령의 사람처럼 살아가는 무식하고 불쌍한 사람들도 있습니다. 예수께서는 공생애의 복음사역을 시작하시기 전 이미 요단 강에서 세례를 받으시면서 성령이 임재 하셨고, 하나님께서 성령을 한량없이 부어주시는 성령 충만함을 받고 사역을 계속하셨습니다.

오늘의 말씀

1. 먼저 영적인 탄생, 즉 영혼이 거듭나야 합니다(요 3:1~15).

예수님은 영적인 거듭남을 말씀하셨습니다. 니고데모에게 '사람이 거듭나지 아니하면 하나님의 나라를 볼 수 없다'고 했습니다.

① 새로운 탄생, 즉 사람의 거듭남은 필수적입니다(요 3:7).

② 영적 탄생, 즉 새로운 힘과 영의 탄생을 가리킵니다(요 3:5~6).
③ 거듭남은 분명한 체험, 즉 실제적인 체험입니다(요일 5:1).
④ 변화된 삶, 즉 전혀 새로운 삶입니다(요일 2:29; 엡 2:10).
인간의 노력이나 수고를 넘어서는 영적인 탄생인 것입니다.

· 함께 읽어요 : 요한복음 3장 5절
"5 예수께서 대답하시되 진실로 진실로 네게 이르노니 사람이 물과 성령으로 나지 아니하면 하나님의 나라에 들어갈 수 없느니라."

2. 하나님의 사랑에는 구원이라는 목적이 있습니다(요 3:16~17).

하나님께서 당신의 아들 독생자 예수 그리스도를 주심은 확실한 목적이 있습니다.
① 멸망으로부터 사람들을 구원해 내는 것입니다(요 3:16).
② 영원한 생명으로 사람들을 구원하는 것입니다(요 1:4; 10:10).
③ 믿음을 통해서 사람들을 구원하는 것입니다(벧전 1:9).
그래서 베드로 사도는 "믿음의 결국, 곧 영혼의 구원을 받음이라"고 했습니다. 하나님의 사랑에는 증거가 있습니다. 곧 성육신의 사건이 그것입니다. 하나님은 실제로 자신의 아들을 세상에 보내셨습니다.
① 그리스도는 세상을 정죄하거나 심판하기 위해 보내진 것 아니요
② 그리스도는 우리를 구원해 내시고자 보내심을 받았습니다.
구원은 그분 그리스도를 통해서, 오직 그분만을 통해서 이루어집니다. "다른 이로서는 구원을 얻을 수 없나니, 천하 인간에 구원을 얻을 만한 다른 이름을 우리에게 주신 일이 없음이니라 하였더라"(행 4:12).

· 함께 읽어요 : 요한복음 3장 17절
"17 하나님이 그 아들을 세상에 보내신 것은 세상을 심판하려 하심이 아니요 그로 말미암아 세상이 구원을 받게 하려 하심이라."

3. 예수님만이 하나님께서 지명하신 메시야 이십니다(요 3:18~36).

하나님은 구원을 주시고자 그 아들을 세상에 보내셨습니다(행 4:12).

① 정죄 받는 사람은 믿지 아니하는 자입니다(18절).

② 정죄 받는 시기는 '이미' 받았습니다(18절).

③ 정죄 받는 이유가 있습니다(18~20절).

ⓐ 하나의 확실한 사실입니다. ⓑ 불신자는 벌써 죄의 저주 아래 있습니다. ⓒ 불신자는 자신이 그 동안 범해 왔던 모든 죄에 대하여 벌써 유죄인 상태에 있습니다. 불신자가 왜 정죄 받습니까? 믿지 않았기 때문이요. 빛이 세상에 왔기 때문입니다. 어두움을 사랑하기 때문입니다. 빛으로 나아오지 않기 때문입니다.

그러면 어떤 사람이 정죄를 피할 수 있습니까?

ⓐ 진리를 실천하고 의롭게 살아가야 사람입니다. ⓑ 빛으로 나아온 사람입니다. ⓒ 하나님 안에서 행하는 사람인 것입니다.

그러면 인간이 정말 율법대로 하나님의 율례와 규례를 지키며 살아갈 수 있습니까? 그것은 도저히 불가능한 것입니다. 타락한 인간은 속 사람이 죽어져 버렸습니다. 그렇다면 어떻게 하나님의 말씀대로 순종하며 살아갈 수 있겠습니까? 구약 선지자들의 한결같은 외침이 바로 하나님께서 '새 마음'을 주셔야 가능하다는 것입니다(겔 3:26). 신약 시대에 몇 날이 못 되어 '성령으로 세례를 받으리라' 하신 대로 성령 강림하심으로 새 사람이 되어 은사를 받아 베드로의 설교에 3천 명, 5천 명이 회개하고 돌아온 것입니다. 여러분께도 성령 주심에 감사하시기 바랍니다.

· 함께 읽어요 : 에스겔 36장 26~27절

"26 또 새 영을 너희 속에 두고 새 마음을 너희에게 주되 너희 육신에서 굳은 마음을 제거하고 부드러운 마음을 줄 것이며 27 또 영을 너희 속에 두어 너희로 내 율례를 행하게 하리니 너희가 내 규례를 지켜 행할지라."

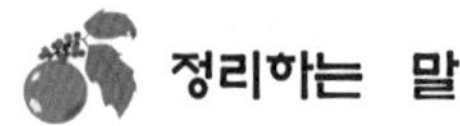

정리하는 말

사랑하는 성도 여러분! 여러분은 하나님께서 약속하신 성령을 받으셨습니까? 날마다 시간을 정하여 말씀을 읽고 묵상하십시오. 그리고 그 말씀대로 살아갈 수 있도록 기도하시면서 확인하시기 바랍니다. 제자들은 예수 그리스도께서 십자가에 죽으시자, 모두 힘이 빠졌듯이 오늘날 세상이 악해지면서 성령 충만 없이는 살아가기 힘듭니다. 성령 충만 주심을 감사하며 살아가시기를 간절히 소원합니다.

평가와 결심

1. 신앙생활에서 우리에게 우선적으로 무엇이 필요합니까?
(요 3:1~15, 성령으로 거듭남이 필요함)
2. 하나님의 사랑에 무슨 목적이 있습니까?(요 3:16, 구원하심)
3. 하나님께서 유일하게 구원의 길을 열어주신 분이 누구십니까?
(행 4:12, 다른 이름은 없고 오직 예수뿐임)

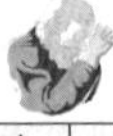

주간 경건의 시간 <48> · 날마다 말씀과 함께

요일 / 내용	주일/월(Mon)	화(Tue)	수(Wed)	목(Thu)	금(Fri)	토(Sat)
찬송	83동 / 87동	246 / 221	250/ 182	254 / 186	261/ 195	265/ 199
성경	눅 22:/ 23:	눅 24:	요 1:	요 2:	요 3:	요 4:
적용	유다 배반 / 빌라도 심문	예수 부활	말씀이 육신	가나 혼인	니고데모	사마리아 여자

* 악을 견뎌내지 못하는 것도 큰 악이다. <비온, ~ B. C. 100, 그리스 시인>

인자의 살(떡)을 나눔

찬송 / 366, 227, 229 / 통 486, 283, 281
성경 / 요한복음 6:22-59
요절 / 요한복음 6:54
"내 살을 먹고 내 피를 마시는 자는 영생을 가졌고, 마지막 날에 내가 그를 다시 살리리니"
목표 / 성도로서 성찬식에 꼭 참례하는 습관을 가지게 한다.

시작하는 말

'성찬'(聖餐)이란 그리스도교의 성례 가운데 하나입니다. 온 교회가 그리스도의 몸과 죄를 상징하는 떡과 포도주에 참예하는 제의적 식사입니다. 이 성찬은 그리스도 안에 있는 생명의 근원인 몸과 피로써 그분의 죽으심을 천명하는 성례입니다. 떡과 포도주는 십자가 위에서의 그리스도의 구속을 상징합니다. 본문에서 예수님은 5병 2어로 5천 명을 먹이시고 이 성찬에 대한 무거운 말씀을 하십니다. 이 성찬은 이스라엘 백성들이 가졌던 유월절 예식과 결부됩니다.

오늘의 말씀

1. 영적 굶주림이 있을 때 예수님을 찾아야 합니다(요 6:22~25).

예수님 당시 사람들은 모세가 했던 대로 하늘로부터 만나를 내리게 해 그들로 먹게 하리라는 것이 당시 일반적인 믿음이었습니다. 사실 메시야가 모세보다 더 많은 것을 줄 것으로 여겨졌습니다. 그래서 5병 2어로 5천 명을 먹이셨을 때, 예수님을 붙잡아 왕으로 삼으려했습니다(1~15절). 사람들은 정말 메시야라면 왜 피해 그들과 함께 계시지 않는가? 하고 의아해 했습니다. 그러나 사람들은 그분을 경배하고 섬기기 위함이 아니고, 메시야가 주었던 것, 썩어질 양식, 빵을 얻기 위하여 찾았습니다.

· 함께 읽어요 : 요한복음 6장 23절
"23 그러나 디베랴에서 배들이 주께서 축사하신 후 여럿이 떡 먹던 그 곳에 가까이 왔더라."

2. 영생하도록 있는 양식을 위하여 일해야 합니다(요 6:26~30).

어느 시대나 복음과 빵 문제는 인간을 혼란케 만들었습니다. 복음이 우선이냐? 빵이 우선이냐? 는 것입니다. 예수님이 사마리아 여인과 대화를 하고 있을 때, 제자들은 양식을 얻기 위해 동네에 들어갔다가 왔을 때, 대화하던 여인이 동네로 전도하러 나가자 "랍비여 잡수소서." "내게는 너희가 알지 못하는 먹을 양식이 있느니라"(요 4:31~32)고 하셨습니다. 그러시면서 '나의 양식은 나를 보내신 이의 뜻을 행하며 그의 일을 온전히 이루는 이것이니라'고 말씀하셨습니다. 그러시고는 빵을 위하여 예수님을 좇아온 수많은 사람들에게 벳세다 들판에서 5병 2어로 5천 명을 먹이셨습니다. 정말 기적이요, 놀랍습니다. 그리고는 바다 위로 걸어 제자들을 만나셨습니다. 배를 타고 가버나움으로 가서 예수님을 뵙습니다. 그때 '영생하도록 있는 양식'을 위해 일하라고 하셨습니다. 이 본문의 일화를 듣고서 여러분들은 오늘도 무엇을 위해 일하겠습니까?

· 함께 읽어요 : 요한복음 6장 27절
"27 썩을 양식을 위하여 일하지 말고 영생하도록 있는 양식을 위하여 하라 이 양식은 인자가 너희에게 주리니 인자는 아버지 하나님께서 인 치신 자니라."

3. 예수 그리스도가 곧 생명의 떡입니다(요 1:47~59).

예수 그리스도께서 떡이나 빵을 위해 오셨다면 기독교는 1세기에 종료되었을 것입니다. 그리스도께서 '생명의 떡'으로 오셨기에 오늘 우리에게까지 '영생의 말씀'이 미쳐진 것입니다.

예수를 잘 안다고 하는 유다 사람들은 이렇게 말합니다. "이르되 이는 요셉의 아들 예수가 아니냐? 그 부모를 우리가 아는데 자기가 지금 어찌하여 하늘에서 내려왔다 하느냐?"(42절)고 말입니다.

지금 세상에도 "우리가 왜 예수만 믿어야 하느냐? 공자도 있고 석가도 있는데 말이다." 이렇게 말하면서 예수 그리스도께서 도성인신(道成人身, 말씀이 육신을 이룬 사실)하신 사실을 믿으려고 하지 않습니다.

'인자의 살을 먹지 아니하고 인자의 피를 마시지 아니하면 너희 속에 생명이 없느니라' 하셨습니다. 이 말씀을 하니, 제자 중에도 "이 말씀은 어렵도다. 누가 들을 수 있느냐?"(60절) 하면서 하나 둘 씩 떠나갑니다.

예수께서는 여기서 이런 성찬에 대한 말씀을 가르쳐 주셨습니다. 십자가에서 몸 버려 피 흘려주신 그리스도의 죽음을 기념하는 '성찬'에 대한 말씀은 새 신자들에게는 이해하기 부담이 되는 것이 사실입니다. 그러나 예수님께서 "너희도 가려느냐?" 하시니 시몬 베드로는 "주여! 영생의 말씀이 주께 있사오니 우리가 누구에게로 가오리까?"(67~68절)라고 했습니다. 여러분! 어려운 말씀이라 할지라도 성령님께 기도하시면서 이해하려고 노력하시기 바랍니다. '생명의 떡'이신 예수께서 '베들레헴'(떡집)에서 나셨습니다. 예수가 곧 '생명의 떡'이십니다. 성찬식에 참예하심으로 '생명의 떡'을 나누시기 바랍니다.

· 함께 읽어요 : 요한복음 6장 56절

"56 내 살을 먹고 내 피를 마시는 자는 내 안에 거하고 나도 그의 안에 거하나니"

정리하는 말

여러분! 기독교의 교리는 신비 그 자체입니다. 예수 그리스도의 생명이 믿음으로 성찬에 참예하는 이들에게 임하는 것입니다. 금년 마지막 달! 새 신자들도 꼭 성경공부에 꼭 참석하시고, '학습'과 '물 세례'를 받으셔서, 다음 성찬식 때는 여러분들도 그리스도의 '살과 피'에 참예하는 '성찬'에 꼭 참예하시기 바랍니다. 그리스도의 희생과 피 없는 '예배'는 상상할 수도 없습니다. '성례 식' 예배야말로 최상의 살아있는 예배입니다.

평가와 결심

1. 누가 예수님을 찾습니까? 배부른 자입니까? 배고픈 자입니까?
   (요 6:2~25, 영적으로 배가 고픈 자)
2. 우리는 무엇을 위해 일해야 합니까?
   (요 6:27, 영생하도록 있는 양식을 위하여)
3. 하나님의 아들 '예수님'이 자신을 무엇이라 표현했습니까?
   (요 6:48, 내가 곧 생명의 떡이니라.)

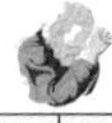

주간 경건의 시간 <49> · 날마다 말씀과 함께

요일 / 내용	주일/월(Mon)	화(Tue)	수(Wed)	목(Thu)	금(Fri)	토(Sat)
찬송	93동 / 87동	216/ 356	215/ 354	217/ 362	218/ 369	235/ 222
성경	요 5:/ 6:	요 7:	요 8:	요 9:	요 10:	요 11:
적용	생명의 부활/ 생명의 떡	생수의 강	오직 예수	보게 된 맹인	양의 문	나사로 살리심

* 하나님은 계절의 진행 속에 계시고, 유성들의 공전 속에도 계시며, 세계의 구조 속에도 계시듯 역사의 사실 속에도 계신다. <존 라나한, 1870년경, 미국 감리교 목사>

12단원 신앙 결산의 달

아낌없는 희생을 찬송하라

찬송 / 314, 400, 420 / 통 511, 463, 212
성경 / 요한복음 12:1-36
요절 / 요한복음 12:24
"내가 진실로 진실로 너희에게 이르노니 한 알의 밀이 땅에 떨어져 죽지 아니하면 한 알 그대로 있고 죽으면 많은 열매를 맺느니라."
목표 / 생명을 바친 희생을 생각하며 주님께 감사하며 찬양하는 태도를 기른다.

시작하는 말

우리가 좋은 믿음을 소유하려면 여러 가지 여건을 중시합니다. 여기 본문에 베다니의 한 가정이 등장합니다. 늘 예수님이 전도여행 시 머물렀던 가정입니다. 이 가정이야말로 복음 사역에서 결코 빼놓을 수 없는 그런 가정입니다. 마르다의 남편 문둥이 시몬의 집이요, 죽은자 가운데서 다시 살리신 나사로, 그리고 마르다와 마리아의 가정입니다.

여러분들의 가정은 예수님을 모시기에 합당한 가정입니까? 사랑과 봉사와 희생이 있는 가정은 부러운 가정입니다.

오늘의 말씀

1. 마리아의 헌신과 나사로 때문에 예수를 믿었습니다(요 12:1~11).

복음전파는 헌신과 희생이 있을 때 급진합니다. 마리아는 지극히 비싼 향유 곧, 순전한 나드 한 근을 예수님의 발에 붓고 머리털로 발을 닦았습니다. 향유가 온 방안에 가득했습니다. 가룟 유다는 "300데나리온에 팔아 가난한 사람들에게 주지 아니하였느냐"고 불평을 하면서, 그는 돈 궤를 맡아 훔쳐갔습니다. 그는 예수님을 위해 일했지만 사랑하지는 않았습니다. 그러나 마리아의 사랑이 담긴 헌신은 예수님의 장례를 준비함이었다고 칭찬해 주었습니다. 정말 오빠 나사로 때문에 많은 유대 인들이 예수를 믿었습니다. 여러분들 때문에 믿는 자가 생겨야 합니다.

· 함께 읽어요 : 요한목음 12장 11절
"11 나사로 때문에 많은 유대인이 가서 예수를 믿음이러라."

2. 군중이 유월절 절기를 지키기 위해 모여들었습니다(요 12:12~19).

이번 유월절 축제에는 죽었다가 살리신 나사로도 볼 겸, 예수님도 볼 겸 많은 사람들이 모여들었습니다. 메시야에 대한 잘못된 견해를 가진 사람들도 있었습니다. ① 이 땅 위에 유토피아[1])를 세우실 지상의 구주로 보았습니다. 오늘날도 사회개혁이나 사상가로 보는 자들이 있습니다. 그러나 예수님은 초라하게 보이지만 겸손하여 ② 어린 나귀를 타시고 입성하시는 평화의 왕이셨습니다(슥 9:9). 인자가 온 것은 섬김을 받으려 함이 아니라 섬기려 하고, 자기 목숨을 많은 사람의 대속물로 주려 하심입니다(마 20:28). 제자들조차 예수님의 메시야 되심과 왕 되심을 오해했습니다. 성령이 오셨을 때 비로소 제자들의 마음속에 그 진리를 생각나게 하셨고, 예수께서 승리의 예루살렘 입성을 통하여 성경을 어떻게 성취하셨는지를 알게 되었습니다.

· 함께 읽어요 : 요한복음 12장 28절
"28 아버지여 아버지의 이름을 영광스럽게 하옵소서하시니 이에 하늘에서 소리가

---

1) '유토피아'(Utopia)란 공상적인 이상 사회, 이상향을 뜻한다. 실현성이 없는 공상이나 계획을 말한다.

나서 이르되 내가 이미 영광스럽게 하였고 또 다시 영광스럽게 하리라 하시니"

3. 한 알의 밀이 땅에 떨어져 썩어져야 합니다(요 12:20~36).

세상에는 한 알의 밀알이 썩어지지 않고 그대로 보존되기를 원하는 사람도 있습니다. 그러나 예수님은 빌립과 안드레의 인도로 예수님 앞에 온 헬라인들의 오해된 메시야 관(Messianism)을 시정하려 하셨습니다.

① 메시야의 영광에 대한 오해였습니다. 세상 사람들의 영광을 받으시는 왕으로서의 길로 가시는 예수님을 은근히 바라고 있었을 것입니다. 그러나 예수님은 "내가 진실로 진실로 너희에게 이르노니 한 알의 밀이 땅에 떨어져 죽지 아니하면 한 알 그대로 있고, 죽으면 많은 열매를 맺느니라"(24절)는 말씀을 하십니다. 예수님의 영광은 십자가 영광입니다.

② 메시야의 목적에 대한 오해였습니다. 다음 여섯 가지 점을 주목하십시오. ⓐ 예수님은 영적인 괴로움을 겪고 계셨습니다. ⓑ 그분의 괴로움은 그분이 세상에 오신 큰 목적에 직면하게 되었습니다. ⓒ 예수님은 하나님의 영광을 위해 기도했습니다. ⓓ 하나님께서는 예수님의 기도를 받고 허락하셨습니다. 그분이 실제로 하늘에서 이미 자신을 영광되게 하셨고, 또 영광되게 하실 것이라고 말씀하셨습니다. ⓔ 주변에 섰던 사람들은 어리둥절했습니다. 우레를 들었다고 했고, 어떤 사람들은 천사가 예수께 말했다고 생각했습니다. ⓕ 예수님은 소리가 났다는 것을 사람들에게 분명하게 말씀하셨습니다. 그 소리는 그분이 하나님의 아들이심을 그들로 하여금 믿을 수 있도록 하기 위해 난 소리였습니다.

③ 세상은 당연히 있어야 할 그런 모습의 세상, 완전하고 영원하도록 창조된 그런 세상도 아닙니다. 예루살렘 입성이 세속적인 부와 능력의 왕으로 생각했지만 심판받아야 할 세상입니다. 사단이 세상 임금입니다.

· 함께 읽어요 : 요한복음 12장 31절

"31 이제 이 세상에 대한 심판이 이르렀으니 이 세상의 임금이 쫓겨나리라."

정리하는 말

사랑하는 성도 여러분! "너희에게 아직 빛이 있을 동안에 빛을 믿으라. 그리하면 빛의 아들이 되리라"(요 12:36)고 하셨습니다. 한 알의 밀알이 땅에 떨어져 죽어 많은 열매를 맺는 것입니다. 예수 그리스도의 십자가의 대속의 죽음은 가장 아름답고 신기한 비밀입니다. 성탄절은 최고의 명절입니다. 그리스도께서 세상에 오신 날이기 때문입니다. ♫ 기쁘다 구주 오셨네. ♫ 예수님께 최고의 찬양, 영광을 돌리시기 바랍니다.

평가와 결심

1. 누구 때문에 유대인들이 예수를 믿었습니까?
   (요 12:11, 나사로 때문에)
2. 군중들이 예수께 모여든 까닭이 무엇입니까?
   (요 12:18, '예수님이 행하신 표적'을 보았기 때문)
3. 왜 한 알의 밀알이 땅에 떨어져 죽어야 합니까?
   (요 12:24, 땅에 떨어져 죽어야 많은 열매를 맺기 때문)

주간 경건의 시간 <50> · 날마다 말씀과 함께

요일 / 내용	주일/월(Mon)	화(Tue)	수(Wed)	목(Thu)	금(Fri)	토(Sat)
찬송	87동 / 93동	86/ 86	123/ 123	144/ 144	150/ 135	205/ 236
성경	요 12:/ 13:	요 14:	요 15:	요 16:	요 17:	요 18:
적용	향유 부음/ 끝까지 사랑	근심하지 말라	나는 포도나무	성령의 일	그리스도 아는 것	세 번 부인

* 위험에 처했을 때 용감한 것은 이미 전투의 반은 이긴 것이다.
<플라우투스, B.C. 254~184, 로마 희극 시인>

12단원 신앙 결산의 달

제51과

피와 물의 희생을 찬양하라

찬송 / 315, 297, 298 / 통 512, 191, 35

성경 / 요한복음 19:16-37

요절 / 요한복음 19:34

"그 중 한 군인이 창으로 옆구리를 찌르니 곧 피와 물이 나오더라.

목표 / 그리스도의 피와 물의 희생을 찬양하는 태도를 기른다.

시작하는 말

사랑하는 성도 여러분! 십자가를 지신 예수 그리스도를 깊이 묵상해 보십시오. 역사상 가장 중요한 사건은 예수 그리스도께서 십자가에 못 박히신 사건입니다. 인생은 그분의 죽으심으로 말미암아 구원을 받았습니다. 그러나 그렇게 되는 데는 조건이 있습니다. 우리가 그 사실을 '믿어야 한다'는 것입니다. 요한이 강조하고 있는 것은 '믿음'의 필요성입니다. 십자가 사건의 목격자인 그는 다음과 같이 말함으로써 십자가 사건의 기록을 종결짓습니다. "이를 본 자가 증거 하였으니 그 증거가 참이라 … 너희로 믿게 하려 함이니라"(요 19:35). 믿으시기 바랍니다.

오늘의 말씀

1. 예수께서 십자가를 지시고 그 십자가에 못 박히셨습니다(요 19:16~18).

① 예수께서 자신의 십자가를 지신 것입니다(16~17절). 그분은 기꺼이

나아가셨습니다. 희생자가 아닌 당당한 승리자로 나아가셨습니다.

ⓐ 빌라도가 그분을 넘겨주었습니다. ⓑ 군병들이 예수를 맡아서 끌고 갔습니다. ⓒ 그러나 그분은 십자가를 지시고 나아가셨습니다.

② 불의한 두 강도 사이에서 십자가에 못 박히셨습니다. 온 세상 모든 죄인을 대표한 두 불의한 그들을 위해 십자가에 못 박혀 죽으신 것입니다.

ⓐ 이것은 그분의 특별한 희생을 묘사합니다. 불의한 사람들에 둘러싸여 그분들을 위해 죽으셨습니다. ⓑ 특별한 죄를 묘사합니다. 죄인들의 왕으로 여겨졌습니다.

· 함께 읽어요 : 요한복음 19장 18절

"18 그들이 거기서 예수를 십자가에 못 박을 새 다른 두 사람도 그와 함께 좌우편에 못 박으니 예수는 가운데 있더라."

2. 예수는 '유대인의 왕'이란 죄 패를 달았습니다(요 19:19~22).

예수님은 만민의 죄를 대속하기 위해 십자가에서 죽으셨습니다. 그분의 죄 패에는 '나사렛 예수 유대인의 왕'이란 글자를 새겼습니다.

① 사람들은 그 패를 읽었지만 무관심했습니다.

② 종교인들은 그 패에 이의를 제기했습니다. '자칭 유대인의 왕'이라는 문구로 변경하도록 요구했습니다. 그들의 불신앙은 완고했습니다.

③ 예수님은 자신이 '유대인의 왕', 즉 약속된 메시야로 주장했습니다.

④ 그분의 죄 패는 히브리, 로마, 헬라 말로 기록되었습니다.

이는 우주의 왕으로서 합법적인 통치를 상징합니다.

· 함께 읽어요 : 요한복음 19장 20절

"20 예수께서 못 박히신 곳이 성에서 가까운 고로 많은 유대인이 이 패를 읽는데 히브리와 로마와 헬라 말로 기록되었더라."

3. 예수님은 십자가에 못 박히시고 죽으셨습니다(요 19:23~37).

하나님의 아들 독생자의 장엄한 죽음. 이 장면 앞에서 펼쳐지는 광경은 참으로 놀랍도록 천차만별이었습니다.

① 군병들은 그분의 옷을 놓고 제비뽑기를 했습니다. 무감각하고 세속적인 마음을 지닌 사람들에게는 긍휼한 마음조차 없었습니다. 제사장의 옷을 상징하는 통으로 짠 옷을 놓고 내기를 합니다. 이는 성경말씀을 응하게 한 것이었습니다(시 22:28).

② 십자가에서 예수님의 모친에 대한 위대한 사랑을 표현했습니다.

ⓐ 십자가 곁에 있는 여인들의 모습은 로마 군병들의 총칼도 두렵지 않았습니다. ⓑ 예수님은 그 고통스러운 가운데 "여자여! 아들입니다." 하셨습니다. 그때로부터 그 제자가 평생 어머니를 봉양했습니다.

③ 예수님의 고통스런 갈증과 성경에 응하려는 사려 깊은 노력이었습니다(시 69:21). 그분은 육신적인 목마름을 표현한 것보다는 성경을 응하게 하시려는 그분의 노력이었습니다. 예수님은 진정한 약속된 메시야, 즉 성경을 응하게 하신 분이신 것입니다.

④ '다 이루었다'는(*τετέλεσται*, 테텔레스타이) 말은 목적을 이룬 승리자의 외침이란 의미입니다. 예수님의 위대한 승리의 외침이었습니다.

⑤ 십자가의 여덟째 사건은 그분의 옆구리를 창으로 찌른 것입니다(31~37). 옆구리를 찌르니 '피'와 '물'이 나왔습니다. 찬양하라! 감사하라! 그분의 위대하신 십자가에서 피 흘리심으로 세계 모든 인류가 구원과 생명을 얻게 되었습니다.

· 함께 읽어요 : 요한복음 19장 34절
"34 그 중 한 군인이 창으로 옆구리를 찌르니 곧 피와 물이 나오더라."

정리하는 말

사랑하는 성도 여러분! 만왕의 왕 예수 그리스도의 죽으심의 위대한 막이 내렸습니다. 온 세상 인류들이 그분의 대속의 피로 속죄의 물로 깨끗함을 받아 생명을 얻게 되었습니다. 할렐루야! 만백성 하나님의 택한 백성들아! 입을 크게 벌리고 큰 소리로 찬양하라. ♬ 내 주의 보혈은 정하고 정하다/ 내 죄를 정케 하신 주 날 오라 하신다. 내가 주께로 지금 가오니 십자가의 보혈로 날 씻어 주소서 아멘 ♬ 주님께 찬송 찬양을 드립니다.

평가와 결심

1. 메시아이신 예수 그리스도는 어떻게 죽으셨습니까?
   (요 19:17~27, 십자가에 못 박혀 죽으셨음)
2. 예수님의 십자가 죄 패에 무엇이라 썼습니까?
   (요 19:19, 유대인의 왕)
3. 예수님의 옆구리를 창으로 찌르니 무엇이 나왔습니까?
   (요 19:34, 물과 피가 나왔음)

주간 경건의 시간 <51> · 날마다 말씀과 함께

요일 / 내용	주일/월(Mon)	화(Tue)	수(Wed)	목(Thu)	금(Fri)	토(Sat)
찬송	145동/ 88동	219/ 279	218/ 369	220/ 278	312/ 341	313/ 352
성경	요 19:/ 20:	요 21:	히 1:	히 2:	히 3:	히 4:
적용	십자가지심/ 살아나심	7제자에게 나타나심	아들을 통하여	큰 구원	안식을 주심	하나님의 말씀

* 의무감을 가진다는 것은 노예 신세를 의미하는 것이요, 노예 신세가 된다는 것은 증오심을 갖게 한다. <토마스 호브즈, 1582~679, 영국 철학자>

12단원 신앙 결산의 달

창세 전 예정하심 감사하라

찬송 / 182, 286, 285/ 통일 169, 218, 209
성경 / 에베소서 1:1-14
요절 / 에베소서 1:5
"그 기쁘신 뜻대로 우리를 예정하사 예수 그리스도로 말미암아 자기의 아들들이 되게 하셨으니"
목표 / 창세전에 예정하심에 감사하는 태도를 기른다.

시작하는 말

바울은 에베소에 있는 성도들에게 보내는 편지의 서두에서 생각할 수 없을 만큼 위대한 주제들 중의 하나인 '하나님의 부르심'으로 시작하고 있습니다. 사람에게 있어서 하나님께로부터 부름 받는 것보다 더 기쁘고 의미 있는 일은 아무 것도 없을 것입니다.

창세 전에 바로 여러분들 한 사람 한 사람을 천에 하나, 만에 하나 예정하시고 선택하셔서 부르셨다는 사실입니다. 하나님의 놀라우신 사랑과 은혜에 감사 찬송하시기 바랍니다.

오늘의 말씀

1. 바울을 향한 하나님의 부르심이 있었습니다(엡 1:1~).

바울은 원래 예수 그리스도의 복음에 대항하여 믿는 자들을 잡아 죽이려고 대제사장의 공문을 가지고 다메섹까지 올라가다가 정오의 밝은 대낮에 빛 가운데서 들려오는 주님의 음성으로 부르심을 받았습니다.

여러분들은 어떻게 어떤 모습으로 부르심을 받았습니까? ① 바울은 엄청난 특권을 받았습니다. ② '사도'(ἀπόστολος, 아포스톨로스)라는 말은 매우 특별한 사명을 위해 부름 받아 보냄 받은 사람을 의미합니다. 그리스도께서는 구원의 영광스러운 소식을 전할 사자들을 필요로 하십니다.

③ 바울은 예수 그리스도께 소유된 자였습니다. 바울은 예수를 개인적으로 만났습니다. 그러므로 그는 자신의 생명이나 모든 존재와 소유 전부를 그리스도께 바쳤습니다.

④ 바울은 하나님의 뜻에 의하여 부르심을 받았습니다. 바울이 그가 행하는 일이 하나님의 뜻이었습니다. 하나님이 그를 택하셨기 때문입니다.

· 함께 읽어요 : 에베소서 1장 1절

"1 하나님의 뜻으로 말미암아 그리스도 예수의 사도 된 바울은 에베소에 있는 성도들과 그리스도 예수 안에 있는 신실한 자들에게 편지 하노니"

2. 교회와 신자들을 향한 하나님의 부르심이 있었습니다(엡 1:1~2).

바울은 에베소 교회에 편지하면서 교회와 신자들에 대한 부르심에 관해 다루고 있습니다. ① 하나님께서는 믿는 자들을 성도와 신실한 자들이 되도록 부르십니다. ② 하나님께서는 믿는 자들을 은혜와 평강에로 부르십니다(엡 1:2). ⓐ '은혜'(χάρις, 카리스)는 하나님께서 주시는 모든 호의와 선물들을 의미합니다. 은혜는 하나님의 호의를 받을 자격이 없는 사람들에게 부어주시는 하나님의 호의를 말합니다. ⓑ '평강'(εἰρήνη, 에이레네)은 평화, 화평을 의미합니다. 사랑하는 성도 여러분! 우리들은 하나님의 놀라우신 사랑과 은혜로 부르시고 그 큰 사랑을 베풀어 주신 것입니다. 부모를 잘 만난 자식에게는 잘 나지 못해도, 별 볼일 없어도 은혜와 사랑을 듬뿍 유산으로 남겨 주시는 것과 같습니다. 자식은 부모를 잘 만나야 합니다. 또한 부모는 자식을 잘 만나야 합니다. 그리스도 안에서 하나님 아버지 잘 만나니, 다른 사람들과 비교가 안 되어도 은혜와 사랑과 평강을 덧 입혀 주시는 것입니다. 복 중에 가장 큰 복은 '평강'의 복입니다(요 14:27).

· 함께 읽어요 : 요한복음 14장 27절

"27 평안을 너희에게 끼치노니 곧 나의 평안을 너희에게 주노라 내가 너희에게 주는 것은 세상이 주는 것과 같지 아니하니라. 너희는 마음에 근심하지도 말고 두려워하지도 말라."

3. 하나님이 예정하신 영원한 계획 속에 '복'이 숨어 있습니다(엡 1:3~14).

성경의 위대한 구절 중에 본문은 특별히 위대한 구절 중 하나입니다. 본문은 세상을 위한 하나님의 계획, 즉 하나님의 영원한 계획을 다루고 있습니다. 하나님께서 자신의 아들 예수 그리스도를 그들의 구원자로 믿는 사람들에게 부어주시는 엄청난 복들을 다루고 있습니다.

ⓐ 하나님의 복은 물질적인 복이 아닌 하늘에 속한 복임(3절). 이 복은 육신적인 복이 아니고 영적이고 하늘에 관한 복입니다. ⓑ 우리를 거룩하고 흠이 없게 하시려고 택하셨음(4절). ⓒ 우리를 양자로 삼으심(5~6절). 우리를 자녀 삼으셨다는 말입니다. ⓓ 구속하심, 곧 죄를 용서하심(7절). 그리스도의 십자가 보혈로 속전을 주고 우리를 자유롭게 하셨습니다. ⓔ 지혜와 총명을 주심(8절). ⓕ 자신의 뜻의 비밀을 우리에게 드러내심(9~10절). ⓖ 우리에게 기업을 주심(11~13절). ⓗ 우리를 성령으로 인치심(14절). 완전한 확신을 주시려고 보증으로 성령을 주셨습니다.

· 함께 읽어요 : 에베소서 1장 13~14절

"13 그 안에서 너희도 진리의 말씀 곧 너희의 구원의 복음을 듣고 그 안에서 또한 믿어 약속의 성령으로 인치심을 받았으니 14 이는 우리 기업의 보증이 되사 그 얻으신 것을 속량하시고 그의 영광을 찬송하게 하려 하심이라."

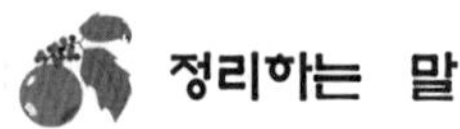

정리하는 말

사랑하는 성도 여러분! 여러분은 하나님의 거룩하신 뜻으로 예정을 받아 성령으로 보증을 필하신 분들입니다. 하나님 아버지께서 그리스도 안에서 우리를 택하셨습니다. 우리로 사랑 안에서 그 앞에 거룩하고 흠이 없게 하시려고 그 기쁘신 뜻대로 우리를 예정하셨습니다. 할렐루야! 창세 전에 여러분들을 하나님의 자녀로 예정하시고 신령한 복을 주시기 위해 택하셨다는 사실을 믿으시고 큰 소리로 감사하며 찬송하시기 바랍니다.

평가와 결심

1. 하나님께서 바울을 향한 무엇이 있었습니까?
(엡 1:1~, 하나님의 부르심이 있었음)
2. 교회와 신자들을 향한 무엇이 있었습니까?(엡 1:1, 주의 부르심)
3. 하나님의 영원하신 계획 속에 무엇이 숨어있습니까?
(엡 1:3, 육신적이고 물질적인 복이 아닌 신령한 복)

주간 경건의 시간 <52> · 날마다 말씀과 함께

요일 내용	주일/월(Mon)	화(Tue)	수(Wed)	목(Thu)	금(Fri)	토(Sat)
찬송	73동 / 88동	40 / 43	216/ 356	246 / 221	254/ 186	255/ 187
성경	엡 1:/ 2:	엡 3:	엡 4:	엡 5:	엡 6:	빌 1:
적용	죄 사함/ 허물과 죄	경륜의 비밀	성령이 하나되게	빛의 열매	자녀와 부모	그리스도의 심장

* 이러한 백성은 복이 있나니 여호와를 자기 하나님으로 삼는 백성은 복이 있도다.
<시편 144편 15절>

12단원 신앙 결산의 달

제53과

기쁘신 뜻을 믿고 순종하라

찬송 / 182, 286, 285/ 통일 169, 218, 209
성경 / 빌립보서 2:1-18
요절 / 빌립보서 2:13
"그 기쁘신 뜻대로 우리를 예정하사 예수 그리스도로 말미암아 자기의 아들들이 되게 하셨으니"
목표 / 하나님의 기쁘신 뜻을 믿고 순종하는 태도를 기른다.

시작하는 말

사랑하는 성도 여러분! 여러분은 오늘도 하나님의 기쁘신 뜻을 느끼시며 살아가십니까? 성령 세례를 받은 성령의 사람은 영의 속삭임 소리를 들으면서 살아간답니다. 그러나 오늘날 우리들의 현실은 핸드폰이다 스마트폰이다 해서 우리들의 이마에서 지키고 있습니다. 예배를 드리는 시간에도 문자가 오고갑니다. 이런 상황 하에서 성령 하나님께서 어떻게 역사하시겠습니까? 여러분! 하루 중에 가장 조용한 시간에 성령 하나님과 속삭임의 시간을 가지시기 바랍니다. 새벽 기도 시간에도 나 혼자 떠들지 마시고, 조용히 성령님의 속삭이심을 기다리시기 바랍니다.

오늘의 말씀

1. 빌립보 교회는 믿음에 굳건하게 선 교회였습니다(빌 2:1~4).

성경을 읽으면서 '기쁨'이란 말을 가장 많이 말하고 있는 곳이 있다면 빌립보서일 것입니다. 그런데 본문에 나타난 빌립보 교회는 결코 정체

되어 있지 아니했습니다. 교회가 굳건하고 활발히 움직이면서 보다 많은 사람들이 주의 일에 몸과 마음으로 봉사하므로 자연히 의견차가 생기기 마련이었습니다. 그래서 바울 사도는 교회의 연합을 강조하고 있습니다. 교회를 하나 되게 하고 연합시키는데 7가지 특성이 있습니다.

① 위로의 특성(1절). ② 사랑의 특성(1절). ③ 성령 안에서의 교제의 특성(1절). ④ 긍휼의 특성(1절). ⑤ 기쁨의 특성(2절). ⑥ 겸손, 즉 겸허한 마음의 특성(3절). ⑦ 이기심, 즉 자신에 대한 집착을 제어하는 특성(4절)입니다.

· 함께 읽어요 : 빌립보서 2장 2~3절

"2 마음을 같이하여 같은 사랑을 가지고 뜻을 합하여 한 마음을 품어 3 아무 일에든지 다툼이나 허영으로 하지 말고 오직 겸손한 마음으로 각각 자기보다 남을 낫게 여기고"

2. 예수 그리스도는 겸손의 본이십니다(빌 2:5~8).

예수 그리스도께서는 하나님이시지만 자신을 낮추셔서 인간의 몸을 입으시고 세상에 오셨습니다. 모든 영광을 가지신 분이시나 자신을 낮추셔서 이기심과 탐욕과 죽음 밖에 모르는 이 부패한 세상에 오셨습니다. 인간이 되시기 위해 겪으신 엄청난 고통 고뇌를 상상해 보십시오.

① 그리스도께서는 하나님의 본체이십니다. 하나님과 동등하신 분이십니다. ② 그리스도께서는 자신을 비워 사람이 되셨습니다. 사람들과 같이 되셨습니다. ③ 그리스도께서는 죽기까지 자신을 비우셨습니다. 아버지께도, 사람들에게도 자신을 낮추셨습니다. 예수 그리스도께서 가지셨던 겸손을 이해한다는 것은 도저히 불가능한 일입니다. 하룻밤만 자기의 방을 어려운 형편에 있는 사람에게 주고 침대 없이 차가운 방에서 자라고 한다면, 도저히 상상도 할 수 없는 일이라고 반대할 것입니다. 그러나 예수 그리스도께서는 하늘의 보좌를 버리시고 천하고 낮은 땅에

오셨습니다. 하나님이신 분이 사람들과 같이 낮아지셨습니다.

· 함께 읽어요 : 빌립보서 2장 6~7절

"6 그는 근본 하나님의 본체시나 하나님과 동등 됨을 취할 것으로 여기지 아니하시고 7 오히려 자기를 비워 종의 형체를 가지사 사람들과 같이 되셨고"

3. 그리스도는 하나님께로부터 지극히 높임을 받으셨습니다(빌 2:9~11).

그리스도께서는 하나님 아버지께 순종함으로 자신을 낮추셨습니다. 그리고 그분이 겸손히 순종했으므로 하나님께서는 그리스도께서 행하신 것처럼 하나님과 사람들 앞에서 겸손히 행하는 모든 믿는 자를 높여주십니다. 하나님은 그리스도를 어떻게 높이셨습니까?

① 모든 이름 위에 뛰어난 이름을 주셨습니다. 그의 이름으로 죄사함을 얻게 하는 놀라운 이름입니다. ② 지극히 높은 능력과 권세를 주셨습니다. 하늘과 땅이나 땅 아래 모든 자들이 다 그리스도 앞에 무릎을 꿇게 예정하셨습니다. ③ 그리스도로 하여금 지극히 높은 경배를 받게 하셨습니다. 하나님께서는 모든 피조물이 하나님 아버지께 영광을 돌리며, 예수 그리스도를 주님으로 고백하도록 하신 것입니다. '주'(主)라는 칭호는 황제에게 붙이는 칭호입니다. 하나님께서는 기쁘신 뜻대로 우리를 예정하사 예수 그리스도로 말미암아 아들들이 되게 하셨습니다. 하나님 아버지의 기쁘신 뜻은 세상 만민들이 다 구원받게 하시는 것입니다.

· 함께 읽어요 : 빌립보서 2장 12~13절

"12 그러므로 나의 사랑하는 자들아 너희가 나 있을 때뿐 아니라 더욱 지금 나 없을 때에도 항상 복종하여 두렵고 떨림으로 너희 구원을 이루라 13 너희 안에서 행하시는 이는 하나님이시니 자기의 기쁘신 뜻을 위하여 너희에게 소원을 두고 행하게 하시나니"

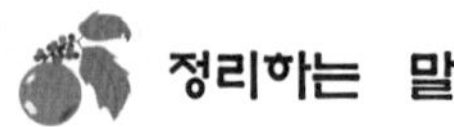

정리하는 말

사랑하는 성도 여러분! 여러분은 하나님의 독생자 예수 그리스도로 말미암아 하나님의 아들들이 되게 하셨습니다. 그리고 우리에게 소원을 두고 행하게 하셨습니다. 여러분들의 소원은 무엇입니까? 자녀들이 잘 되는 것, 부자 되는 것, 영화를 누리는 것입니까? 주님께서 십자가에서 자신을 내어 주신 것은 육신적인 안락이나 영화를 위해서가 아닙니다. 항상 복종하여 두렵고 떨림으로 구원을 이루시기를 간절히 소원합니다.

평가와 결심

1. 빌립보 교회는 어떠한 교회였습니까?
   (빌 2:1~4, 믿음에 굳게 선 교회였음)
2. 예수 그리스도는 무엇의 본이십니까? (빌 2:5~8, 겸손의 본)
3. 하나님께서는 낮아지신 그리스도를 어떻게 하셨습니까?
   (빌 2:9~11, 지극히 높이셨음)

주간 경건의 시간 <53> · 날마다 말씀과 함께

요일 / 내용	주일/월(Mon)	화(Tue)	수(Wed)	목(Thu)	금(Fri)	토(Sat)D
찬송	83동 / 89동	165/ 155	182/ 169	185 / 179	204/ 379	246/ 221
성경	빌 2:/ 3:	빌 4:	골 1:	골 2:	골 3:	골 4:
적용	겸손/ 하나님 의	능력주시 는 자	진리 말씀	믿음에 굳게 서서	사랑을 더하라	기도를 계속하고

* 은밀한 사랑은 나쁘다. 그것은 곧 파멸에 이른다. <플라우투스, B. C. 254~184>

13단원 절기 예식 공과(고난주간)

십자가 고난의 길

찬송 / 150, 149, 151 / 통 135, 147, 138
성경 / 마태복음 27:32-61
요절 / 마태복음 27:46
"제 구시쯤에 예수께서 크게 소리 질러 이르시되 엘리 엘리 라마 사박다니 하시니 이는 곧 나의 하나님 나의 하나님 어찌하여 나를 버리셨나이까 하는 뜻이라.
목표 / 성도로서 고난의 주님을 묵상하며 경건하게 지내도록 한다.

시작하는 말

"좁은 문으로 들어가라. 멸망으로 인도하는 문은 크고 그 길이 넓어 그리로 들어가는 자가 많고 생명으로 인도하는 문은 좁고 길이 협착하여 찾는 자가 적음이라"(마 7:13~14). 이 말씀을 하신 예수 그리스도께서는 그 길로 그 문으로 들어가셨습니다. 하나님의 아들이 왜 그런 십자가의 길로 가셨을까요? 왜 좁은 문, 고통의 문으로 들어가셨습니까? 모진 형벌의 십자가를 지시고 골고다까지 가셔서 그분은 거기서 십자가 형틀에 못 박혀 매달린 채 온 몸에서 물과 피를 다 쏟으시고 '목마르다', '다 이루었다', '엘리 엘리 라마 사박다니' 말씀하시고 영혼이 떠나셨습니다.

오늘의 말씀

1. 주님은 생명의 떡으로서 고난의 길로 가셨습니다(마 27:32~37).

예수님께서는 '생명의 떡'으로서 베들레헴(בֵּית לֶחֶם, 뻬이트 레헴), '빵

집', 곧 '떡집'에서 나셨습니다. 공생애를 시작하시기 전 40일 금식기도를 하셨습니다. 마귀는 빵으로 유혹했습니다. 그러나 예수님은 "사람이 떡으로만 살 것이 아니요 하나님의 입으로 나오는 모든 말씀으로 살 것이라"(마 4:4) 하시면서 이기셨습니다. 사람의 몸을 입으신 예수님은 인간들이 당한 모든 고통을 다 당하셨지만 참고 이기셨습니다.

메시야가 우리에게 주시는 것은 세상 나라의 권세나 명예나 육신의 쾌락이나 썩어질 양식이 아니라 생명을 주시기 위하여 오셨습니다.

· 함께 읽어요 : 마태복음 27장 52~53절

"52 무덤들이 열리며 자던 성도의 몸이 많이 일어나되 53 예수의 부활 후에 그들이 무덤에서 나와서 거룩한 성에 들어가 많은 사람에게 보이니라."

2. 핍박과 수난의 길이지만 구원을 위해 가야만 합니다(마 27:38~44).

십자가 아래의 모습은 참으로 모진 인생들의 싸움판이었습니다. 예수님의 좌우에 달린 강도 둘마저 가관이었습니다. 달린 행악자 중 하나가 "네가 그리스도가 아니냐? 너와 우리를 구원하라"고(눅 23:39) 했습니다. 지나가는 자들이 자기 머리를 흔들며, "성전을 헐고 사흘에 짓는 자여 네가 만일 하나님의 아들이어든 자기를 구원하고 십자가에서 내려오라"고(40절) 합니다. 요즘 말로 '하나님만 보여주면 믿겠다'고 합니다.

대제사장들도 서기관들과 장로들과 함께 희롱합니다. "그가 남은 구원하였으되 자기는 구원할 수 없도다. 그가 이스라엘의 왕이로다. 지금 십자가에서 내려올지어다. 그리하면 우리가 믿겠노라"고(42절) 합니다. 우리가 믿는 믿음의 길은 생명의 길이지만 사단 마귀의 수종자들은 할 수만 있으면 넘어뜨리려고 고통, 핍박을 당하도록 유도합니다.

예수님의 십자가를 대신 지고 간 구레네 시몬도 얼마나 힘들고 어려웠겠습니까? 주님을 따르는 성도들의 걸음 또한 어렵고 힘듭니다. 요즘 세상도 십자가 아래의 사람들처럼 말다툼이요, 싸움판이요, 핍박의 장소요 고난과 핍박 받는 저주의 길이지만 굳건히 이겨내면서 신앙 생활 하시기를 바랍니다.

· 함께 읽어요 : 요한복음 16장 33절

"33 이것을 너희에게 이르는 것은 너희로 내 안에서 평안을 누리게 하려 함이라 세상에서는 너희가 환난을 당하나 담대 하라. 내가 세상을 이기었노라."

3. 우리의 죄악을 담당하는 구원의 고난이었습니다(마 27:45~56).

예수 그리스도께서는 하나님의 아들로서 그 위엄과 권능이 인간의 손에 의하여 여지없이 깨지고 멸시와 조소를 받는 참패의 비극의 표적이 되는 십자가의 고난을 자취하셨습니다. 베드로조차 예수님을 붙들고, "주여 그리 마옵소서. 이 일이 결코 주께 미치지 아니 하리이다"라고 하면서 말렸습니다. 세상 사람 모두 제자들마저도 정치적, 경제적 메시야의 꿈을 꾸었습니다. 그러나 예수 그리스도께서는 무겁고 끔찍한 십자가를 지시고 쓰러지면 채찍에 맞고 또 일어나 두어 발자국을 띄면 또 힘에 겨우셔서 쓰러지며 묵묵히 십자가의 길을 걸어가셨습니다.

이사야 선지자는 "그는 멸시를 받아 사람들에게 버림 받았으며 간고를 많이 겪었으며 질고를 아는 자라 마치 사람들이 그에게서 얼굴을 가리는 것 같이 멸시를 받았고, 우리도 그를 귀히 여기지 아니하였도다"(사 53:3)라고 묘사했습니다. 찬송가 153장에는 이렇게 노래합니다.

이러한 고난은 인간의 죄악을 담당하는 구원의 고난이었습니다.

예수 그리스도, 우리 주님이 당한 고난은 우리 죄인을 위함이십니다. 이 실을 꼭 기억하시기 바랍니다.

· 함께 읽어요 : 이사야 53장 5절

"5 그가 찔림은 우리의 허물 때문이요 그가 상함은 우리의 죄악 때문이라 그가 징계를 받으므로 우리는 평화를 누리고 그가 채찍에 맞으므로 우리는 나음을 받았도다."

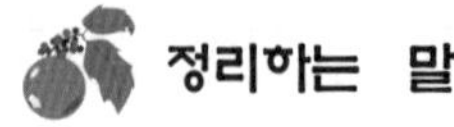

정리하는 말

사랑하는 성도 여러분! 조용히 무릎을 꿇고 앉아 주님의 십자가를 묵상해 보십시오. 그분은 아무 허물과 죄가 없으신 분이십니다. 우리 죄인들을 위하여 갖은 고초를 다 당하셨습니다. 주님의 피가 방울방울 땅에 떨어질 때 땅도 견딜 수 없었든지 바위가 터지고 지진으로 움직였습니다. 죽었던 성도들이 일어났습니다. 주님이 걸으신 '십자가의 길'을 통해 인생들에게는 '생명의 길', '새 길'이 열렸습니다. 감사 찬양을 드리시기 바랍니다.

평가와 결심

1. 주님이 걸어가신 십자가의 길은 첫째 어떤 길입니까?
(마 27:32~37, 생명의 길임)
2. 주님이 걸어가신 십자가의 길은 둘째 어떤 길입니까?
(마 27:38~44, 핍박을 받는 저주의 길임)
3. 고난의 절정 십자가 위에서 누가 못 박혀 죽으셨습니까?
(마 27:38, 주 예수 그리스도)

주간 경건의 시간 <54> · 날마다 말씀과 함께

요일 / 내용	주일/월(Mon)	화(Tue)	수(Wed)	목(Thu)	금(Fri)	토(Sat)
찬송	28동 / 89동	145/ 145	146/ 146	147/ 136	151/ 138	154/ 139
성경	마 22:/ 23:	마 24:	마 25:	마 26:	마 27:	마 28:
적용	혼인잔치비유 /찬송하리라	무화과 나무	달란트 비유	침 뱉으며	구레네 시몬	살아나시다

* 참고 순종하며 십자가를 져라. 그리하면 마지막에는 그 십자가가 너를 져줄 것이다.
<토마스 아켐피스, 1380~1471, 독일 학자, 성직자>

13단원 절기 예식 공과(부활절)

예수, 다시 살아나셨다!

찬송 / 161, 165, 164 / 통 159, 155, 154

성경 / 마가복음 16:1-20

요절 / 마가복음 16:6

"청년이 이르되 놀라지 말라 너희가 십자가에 못 박히신 나사렛 예수를 찾는구나. 그가 살아나셨고 여기 계시지 아니하니라. 보라 그를 두었던 곳이니라."

목표 / 예수께서 살아나셨음을 전파하는 태도를 기른다.

시작하는 말

해마다 4월이 오면 예수 그리스도의 십자가에서 죽으심과 부활이 인류 역사의 과거와 미래를 오늘 속에서 밝혀주고 있습니다. 죄악과 죽음의 권세에 묶여있던 인류를 무덤에서 살아나심으로 자유와 해방을 주셨습니다. 예수 그리스도의 부활은 하나님의 구속사와 인간의 세속사가 함축된 역사적 계시라 하겠습니다. 구주 예수 부활하사 사망 권세 이긴 것입니다. 우리 주님 부활하셔서 부활의 첫 열매가 되신 것입니다. 늘 살아계셔서 우리와 동행하시며 늘 말씀해 주시는 것입니다.

오늘의 말씀

1. 다시 살아나신 예수님의 목격자가 있었습니다(막 16:1~6).

십자가에서 운명하신 예수 그리스도께서는 아리마대 요셉의 새 무덤에 묻히셨습니다. 3일 후 막달라 마리아 일행이 첫 새벽에 시체에 바를 향료를 가지고 무덤으로 갔습니다. 그들은 놀랐습니다. 무덤은 열렸고, 예수님의 유해가 없어졌으며, 무덤은 텅 비어있었습니다. 놀라 당황하고 있었을 때 흰 옷 입은 한 청년이 나타나 "놀라지 말라. 너희가 십자가에 못 박히신 나사렛 예수를 찾는구나! 그가 살아나셨고, 여기 계시지 아니하니라. 보라, 그를 두었던 곳이니라"(막 16:6)고 말합니다.

· 함께 읽어요 : 마가복음 16장 1절

"1 안식일이 지나매 막달라 마리아와 야고보의 어머니 마리아와 또 살로메가 가서 예수께 바르기 위하여 향품을 사다 두었다가 2 안식 후 첫날 매우 일찍이 해 돋을 때에 그 무덤으로 가며"

2. 예수 그리스도는 몸으로 다시 살아나셨습니다(막 16:9~11).

예수님의 제자 중에 의심이 많았던 도마는 부활하신 예수님을 보았다는 제자들의 얘기를 듣고 "내가 그의 손의 못 자국을 보며 내 손가락을 그 못 자국에 넣어 보지 않고는 믿지 아니하겠노라"(요 20:25)라고 말했습니다. 도마도 결국은 예수님께서 "네 손가락을 이리 내밀어 내 손을 보고 네 손을 내밀어 내 옆구리에 넣어 보라. 그리하여 믿음 없는 자가 되지 말고 믿는 자가 되라"(요 20:27)고 하시는 말씀을 들었습니다. 예수님은 자신의 부활을 나타내 보이시면서 믿으라고 하셨습니다.

예수 그리스도는 어떤 사람들처럼 영이 잠간 나타나 보이신 것과 같은 환상이 결코 아닙니다. 제자들이 너무 기쁘므로 아직 믿지 못할 때 "여기 무슨 먹을 것이 있느냐 하시니 이에 구운 생선 한 토막을 드리니 받으사 그 앞에서 잡수시더라"(눅 24:41~43) 라고 의사인 누가는 기록하고 있습니다. 분명한 것은 예수그리스도께서 육신으로 다시 살아나셨다는 사실입니다.

· 함께 읽어요 : 누가복음 24장 39절

“39 내 손과 발을 보고 나인 줄 알라 또 나를 만져 보라 영은 살과 뼈가 없으되 너희 보는 바와 같이 나는 있느니라.”

3. 성경이 부활하신 예수 그리스도를 증거합니다(막 16:12~20).

예수님은 부활하신 후 실망에 젖어 엠마오로 내려가는 두 제자와 함께 동행 하셨습니다. 그들은 예루살렘에서 일어난 빅뉴스(big news)를 왜 모르느냐고 하면서 ‘나사렛 예수의 일’을 이야기합니다. 그를 대제사장들과 관리들이 넘겨주어 십자가에 못 박았습니다. 그 일이 일어난 후 사흘째인데 여자들이 새벽에 무덤에 갔다가 그의 시체는 보지 못하고 그가 살아나셨다고 하는 천사들의 나타남을 보았다고 합니다. 함께한 사람이 무덤에 갔지만 예수는 보지 못하고 빈 무덤만 보고 왔다고 합니다. 그때 예수님께서는 “미련하고 선지자들의 말한 모든 것을 마음에 더디 믿는 자들이여 그리스도가 이런 고난을 받고 자기의 영광에 들어가야 할 것이 아니냐?”(눅 24:24~25) 하시면서 모세와 모든 선지자의 글로 시작하여 모든 성경에 쓴 바, 십자가에 못 박혀 죽으셔야 할 것까지 자기(예수님)에 관한 것을 자세히 설명해 주셨습니다.

예수님은 십자가에 처형되시기 전에 제자들에게 “모든 성경이 곧 내게 대하여 증언하는 것이니라”라고 말씀하셨습니다. 성경은 유대인에게나 헬라인에게나 역사적인 체험을 신앙으로 해설하여 인생의 궁극적인 의미를 밝히는 거룩한 역사로서 부활을 증거하고 있습니다.

· 함께 읽어요 : 요한복음 5장 39절

“39 너희가 성경에서 영생을 얻는 줄 생각하고 성경을 연구하거니와 이 성경이 곧 내게 대하여 증언하는 것이니라.”

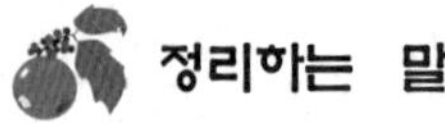

정리하는 말

사랑하는 성도 여러분! 본문에 보면 "그들은 예수께서 살아나셨다는 것과 마리아에게 보이셨다는 것을 듣고도 믿지 아니하니라"(요 12:36)고 했습니다. 예수 그리스도의 부활하심은 성경이 증언한 내용입니다. 그러나 본문에는 16:11, 13, 14, 16절에서 거듭 강조하고 있는 것은 예수님의 부활은 일어났고 믿어야 할 사건임을 말하고 있는 것입니다. 죽음 권세 이기시고 살아나신 예수 그리스도의 부활을 믿고 찬송과 영광을 돌리시기 바랍니다. 부활 신앙으로 승리하시기 바랍니다.

평가와 결심

1. 예수 그리스도의 부활의 목격자가 누구입니까?
(막 16:1, 막달라 마리아와 여인들 그리고 제자들)
2. 예수 그리스도의 부활은 어떤 부활입니까?
(눅 24: 36~43, 몸으로 부활하셨음)
3. 예수 그리스도의 부활을 확실히 증거 하는 것은 무엇입니까?
(요 5:39, 성경이 증언함)

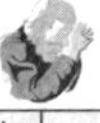

주간 경건의 시간 <55> · 날마다 말씀과 함께

요일 / 내용	주일/월(Mon)	화(Tue)	수(Wed)	목(Thu)	금(Fri)	토(Sat)
찬송	89동 / 88동	161/ 159	164/ 154	163/ 160	162/ 151	166/ 156
성경	막 10:/ 11:	막 12:	막 13:	막 14:	막 15:	막 16:
적용	맹인 눈뜸/ 호산나 찬송	가난한 과부헌금	깨어 있으라	마지막 만찬	골고다 달리심	예수 부활

* 십자가는 천국 문턱에 이르기에 충분한 만큼 높으며 유일한 사다리다.
<죠지 다나 보드맨, 1828~1903, 미국 목사>

제56과

믿음 위에 감사를 더하라

찬송 / 589, 590, 592 / 통 308, 309, 311
성경 / 누가복음 17:11-19
요절 / 누가복음 17:19
"그에게 이르시되 일어나 가라 네 믿음이 너를 구원 하였느니라 하시더라."
목표 / 믿음에 감사를 더하는 태도를 기른다.

시작하는 말

사랑하는 성도 여러분! 세상에서 가장 비참하게 느껴질 때가 언제 입니까? 중병이나 불치의 병에 걸렸을 때입니다. 본문에는 불치의 병인 나병환자 열 명이 예수께서 어떤 병이든 고치신다는 소식을 듣고 희망을 안고 기다렸습니다. 마침 예수께서 동네를 지나신다는 그날에 사람들이 웅성거리며 멀리 지나신다는 소리를 들었습니다. 이들은 소리를 높여 "예수 선생님이여! 우리를 불쌍히 여기소서"하고 소리를 질렀습니다. 예수님은 그들에게 "가서 제사장들에게 너희 몸을 보이라" 하셨습니다. 가다 보니 나병이 깨끗이 나음을 받았습니다. 믿으시기 바랍니다.

오늘의 말씀

1. 나병환자 열 명 중 한 사람은 감사의 내용을 찾았습니다(눅 17:11~14).

① 열 명의 나병환자들은 예수님께 나아가면 고침 받으리라는 믿음을

가졌습니다. ② 그러나 이들 중에 감사하는 마음이 없는 자가 있었습니다. 그들은 예수께 나아오지 않았습니다. 열 사람이 다 고침을 받았지만 그중 한 사람만 예수께 나아왔습니다. 여러분! 왜 그렇습니까? 우리가 세상을 살아가면서 똑같은 은혜와 은사를 받고도 감사의 내용을 찾는 사람이 있는가하면 감사의 내용을 찾지 못하고 그냥 넘어가는 사람이 많습니다. 여러분은 일부러 잊은 체하고 '감사절'을 지나치지는 않습니까? 문제는 해결 받고 질병은 치유 받았을지 모르지만 더 큰 은혜를 놓치고 맙니다.

· 함께 읽어요 : 누가복음 17장 15절
"15 그 중의 한 사람이 자기가 나은 것을 보고 큰 소리로 하나님께 영광을 돌리며 돌아와"

2. 감사의 대상을 바로 알고 찾아야 합니다(눅 17:16~17).

예수님은 큰 소리로 하나님께 영광을 돌리며 돌아온 그 사람을 만나셨습니다. 세상에 생명과 구원을 받은 사람은 많이 있지만 그 사실을 감사하기 위해 찾아 온 사람은 많지 않습니다. 열에 하나 꼴입니다. 당신은 10%안의 감사하는 사람입니까? 아니면 그밖에 있는 사람입니까? 감사의 대상은 바로 여러분 가까이에 있습니다. '제사장에게 너희 몸을 보이라'고 말한 바로 그분입니다. 여러분들이 조금만 주의하여 귀를 기울이면 그 말씀은 멀리에 있지 않습니다(신 29:15). 이미 선지자들과 사도들에게 말씀하신 그 언약과 율례와 규례가 바로 여러분들 가까이에 있습니다. 주 예수 그리스도께서는 이스라엘 땅이나 2천 년 전이 아니라 바로 '여기', 그리고 '지금'(Here and Now) 만나 주시는 것입니다. 찬송가 531장 1절입니다. ♬ 자비한 주께서 부르시네. 부르시네. 부르시네. 사랑의 햇빛을 왜 안 받고 점점 더 멀리 가나. 지금 오라! 지금 오라! 자비한 주께로 지금 곧 나아오라. ♬ 지금 곧 나아오시기 바랍니다.

· 함께 읽어요 : 신명기 29장 15절
“15 오늘 우리 하나님 여호와 앞에서 우리와 함께 여기 서 있는 자와 오늘 우리와 함께 여기 있지 아니한 자에게 까지이니”

3. 한 명은 하나님께 영광과 감사를 표현했습니다(눅 17:15~19).

가라앉은 믿음을 가진 자들이여! 입술로 가슴으로 감사 찬송을 표현하십시오. 큰 소리로 찬송을 부르세요. 큰 소리로 감사를 표현하세요. 입술이 열리면 가슴도 벌어집니다. 마음도 열립니다. 왜 답답하게 속병을 앓고 있습니까? 왜 터질 듯 가슴만 안고 몸부림을 치십니까?

제사장 앞에 보이러 가다가 천혜의 질병! 나병 환자가 깨끗함을 얻고서 ‘큰 소리로 하나님께 영광’을 돌린 사마리아 사람처럼 우리 함께 찬송을 불러 봅시다. 찬송은 구원 받은 언약의 백성들이 마땅히 불러야 할 노래인 것입니다.

여러분! 성탄절이나 부활절, 그리고 감사절에 하나님께 영광 감사를 표현하되, 될 수 있으면 최상의 소리로 아름답게 노래하시기 바랍니다.

찬송가 592장 1절에 이렇게 찬송합니다.

♬ 산마다 불이 탄다. 고운 단풍에 골마다 흘러간다. 맑은 물줄기 황금빛 논과 밭에 풍년이 왔다. 드맑은 하늘가에 노래 퍼진다. 눈이 닿는 우주공간에 손이 닿는 구석구석에 우리 주님 주신 열매 우리 주님 주신 알곡 감사하자. 찬송하자. 감사하자 찬송하자. ♬

우리 주님께서 부활하신 날을 기념하여 매 주일마다 주님께 나아와 찬송 부르세요. 감사를 표현하세요. 주신 열매로, 주신 물질로, 주신 건강으로 주님께 영광 돌리시기를 간절히 소원합니다.

· 함께 읽어요 : 누가복음 17장 16절
“16 예수의 발아래에 엎드리어 감사하니 그는 사마리아 사람이라.”

정리하는 말

사랑하는 성도 여러분! 영광과 감사를 표현한 사마리아 사람은 '네 믿음이 너를 구원했다'는 약속을 받았습니다. 주님은 우리들의 만병을 고쳐주셨습니다. 고질병인 죄악의 뿌리를 뽑아내고 구원의 생명줄로 칭칭 동여매 주셨습니다. 여러분! 믿음 위에 감사를 더 하시기 바랍니다. ♬ 피 흘려주신 그 사랑 감당치 못하여 상하신 주님 그 얼굴 우러러 봅니다. ♬(547장) 주님! 그 사랑 그 은혜 잊지 못해 찬송 찬양을 드립니다.

평가와 결심

1. 누가 감사의 내용을 알았습니까?
   (눅 17:15~16, 사마리아 사람 한 사람)
2. 진정한 감사의 대상이 누구입니까?
   (눅 17:11~19, 네 믿음이 너를 구원하였느니라하신 예수님)
3. 세상에 누가 진정한 감사의 대상입니까?
   (눅 17:11~17, 치유해 주시고 구원과 생명을 주신 예수님)

주간 경건의 시간 <56> · 날마다 말씀과 함께

요일 / 내용	주일/월(Mon)	화(Tue)	수(Wed)	목(Thu)	금(Fri)	토(Sat)
찬송	145동/ 88동	219/ 279	218/ 369	220/ 278	312/ 341	313/ 352
성경	마 11:/ 12:	마 13:	마 14:	마 15:	마 16:	마 17:
적용	마음 쉼/ 안식일 주인	씨 뿌리는 비유	세례 요한 죽음	장로들 유전	그리스도 시요	모세와 엘리야

* 항상 감사하는 일을 처음에는 하늘에 하고 다음에는 땅에 하라.

<데이빗 토마스, 1776~1850, 미국 농학자, 저술가>

요셉이 맞은 거룩한 성탄절

찬송 / 122, 125, 126 / 통 122, 125, 126
성경 / 마태복음 1:18-25
요절 / 마태복음 1:21
"아들을 낳으리니 이름을 예수라 하라 이는 그가 자기 백성을 그들의 죄에서 구원할 자이심이라 하니라."
목표 / 성탄절에 오신 예수 그리스도를 큰 소리로 찬양하는 태도를 기른다.

시작하는 말

해마다 연말이 오기 전 크리스마스 캐럴이 울려 나오고 이웃돕기 성금 캠페인이 벌어지고 선물이 오고 가노라면 성탄절이 어김없이 왔구나하고 생각을 합니다. 오늘은 본문을 통하여 예수님의 육신의 아버지였던 요셉이 맞은 성탄절을 통해 성탄절을 맞는 우리의 태도와 의미를 생각해 보겠습니다. '크리스마스'란[1] '그리스도를 예배한다'는 의미입니다. 이번 성탄절에 그리스도께 예배로 감사와 찬송 드리시기 바랍니다.

오늘의 말씀

1. 요셉은 예수 탄생 전 의로운 인격으로 준비했습니다(마 1:18~19).

요셉과 마리아는 정혼, 즉 약혼한 관계였습니다. 당시 유대 풍속으로 정혼하면 혼전까지 동침하지 아니하며 파혼은 이혼으로 간주되었습니

1) '크리스마스'(Christmas)란 영국 고어 'Cristes maesse', 즉 '그리스도의 미사(예배)'라는 뜻에서 유래되었다. 예수님의 탄생을 기념하는 의식이다.

다. 그런데 마리아의 몸에 이상이 생겼습니다. 의로운 사람 요셉은 가만히 끊고 파혼하고자 하였습니다. 정혼한 여인에게 아기가 생긴다고 하는 것은 참으로 거북한 일이었습니다. 요셉은 자신이 이 문제의 어려움을 인내로 이겨내려고 했습니다. 이것이 참된 성탄을 맞는 성도들의 마음이어야 합니다. 의롭고 경건한 태도로 인내하며 맞으시기 바랍니다.

· 함께 읽어요 : 마태복음 1장 19절
"19 그의 남편 요셉은 의로운 사람이라 그를 드러내지 아니하고 가만히 끊고자 하여"

2. 요셉은 태어날 아기를 위해 준비를 잘했습니다(눅 2:1~7).

마리아와 요셉은 인구 조사에 응하기 위하여 베들레헴 고향으로 내려갑니다. 그러나 고향은 먼저 온 손님들로 초만원을 이루고 있었습니다. 정혼한 마리아는 만삭되어 있었습니다. 여관에 방이 없어서 여관 집 마구간에 겨우 은신해 해산하게 됩니다. 초라한 마구간이지만 최선을 다해 얻은 것이기에 그들은 감사했습니다. 마리아가 낳은 첫 아들을 구유에 뉘었습니다. 요셉이 할 수 있는 최선의 봉사였습니다.

여러분들은 성탄절을 위해서 무엇을 준비했습니까? 아름다운 성탄 트리? 선물? 헌금? 축하 잔치? 크리스마스 칸타타? 오라토리오? 연극? 무엇입니까? 한 달 전부터 아이들을 모아놓고, 성탄절 찬송을 가르치며, 연극을 지도합니다. 참 아름답고 잘 하는 일들입니다.

주님께서 가장 기뻐하시는 선물은 무엇일까요? 케이크? 아니면 이벤트나 장식일까요? 주님은 여러분들의 정성과 충성을 다한 예배를 원하십니다.

· 함께 읽어요 : 요한복음 4장 23절
"23 아버지께 참되게 예배하는 자들은 영과 진리로 예배할 때가 오나니 곧 이때라 아버지께서는 자기에게 이렇게 예배하는 자들을 찾으시느니라."

3. 예수 그리스도만 돋보이게 한 것이 경배의 절정이었습니다(마 1:20~25).

요셉은 자신을 나타내지 않고 마리아와의 관계를 가만히 끊고자 했습니다. 주의 사자가 현몽하여 이르되 "다윗의 자손 요셉아 네 아내 데려오기를 무서워하지 말라 그에게 잉태된 자는 성령으로 된 것이라."(20절)고 하십니다. 아들의 이름을 '예수'[2]라 하라고 하십니다. '예수'란 이름에서 이미 자기 백성을 그들의 죄에서 구원할 자이심이라고 가르쳐 주셨습니다. 예수 그리스도는 '구세주'(메시야, Messiah))이십니다.

요셉의 성탄절 준비로 예언이 성취되고 있었습니다. 바로 이사야 선지자의 예언, "보라 처녀가 잉태하여 아들을 낳을 것이요. 그의 이름은 임마누엘[3]이라 하리라"(22절)는 예언이 성취된 것입니다. 아기 예수를 양육하도록 임무를 부여받은 요셉과 마리아는 아기 예수에 대한 사랑과 존경이 특별했을 것입니다. 아기가 탄생한 후 헤롯 왕은 두 살 이하의 아이들을 다 죽이도록 명령했습니다. 왕이 났다는 말을 들은 시점을 예산하여 두 살 이하의 영아들을 죽이라고 명령했을 것입니다. 그때 요셉과 마리아는 아기를 데리고 애굽으로 피난을 갔었습니다. 그리고 나사렛 동네로 와서 가난한 삶을 살아가게 되었을 것입니다. 요셉은 자기의 이름을 드러내지 아니하고 예수에게 목수(석수)의 기술을 익히도록 했을 것입니다. 예수의 양육 과정 자체가 경배의 삶이었을 것입니다.

· 함께 읽어요 : 마태복음 2장 23절

"23 나사렛이란 동네에 가서 사니 이는 선지자로 하신 말씀에 나사렛 사람이라 칭하리라 하심을 이루려 함이러라."

---

2) '예수'(Ιησους, 예수스), 히브리어 '예호수아'(Jehosua)라는 말은 '여호와께서 구원하실 것이다'라는 뜻이다.

3) '임마누엘'(Immanuel)이란 '하나님이 우리와 함께 하시다'라는 히브리어이다. 헬라어로 음역되어서 '엠마누엘'(*Ἐμμανουήλ*)이라 한다.

정리하는 말

성도 여러분! 여러분은 성탄절을 어느 정도 생각하시면서 준비하고 맞습니까? 선지자들의 예언을 성취하시면서 오신 예수 그리스도! 우리의 구세주이신 예수 그리스도! 그분은 하나님이시면서 독생자로 이 세상에 사람의 몸을 입으시고 태어나셨습니다. 그날은 하늘의 별들도 노래하며 천군들의 찬양이 메아리쳤습니다. 목자들은 양을 치다 성탄소식을 듣고 왔습니다. 요셉처럼 거룩히 준비하여 복되게 맞이하는 기쁜 성탄 되시기를 바랍니다.

평가와 결심

1. 요셉은 성탄을 첫째 어떻게 준비하여 맞았습니까?
   (마 1:19, 요셉의 의로운 인격으로)
2. 요셉은 성탄을 어떻게 맞았습니까? (눅 2:1!7, 준비 잘하여)
3. 요셉의 최고의 성탄준비는 무엇이었습니까?
   (마 1:20~25, 자신은 숨고 그리스도만 경배 받으시도록 함)

주간 경건의 시간 <57> · 날마다 말씀과 함께

요일 / 내용	주일/월(Mon)	화(Tue)	수(Wed)	목(Thu)	금(Fri)	토(Sat)
찬송	73동 / 88동	40 / 43	216/ 356	246 / 221	254/ 186	255/ 187
성경	마 1:/ 2:	마 3:	마 4:	마 5:	마 6:	마 7:
적용	예수/ 동방 박사	세례 요한	시험을 받으심	복 있는 사람	이렇게 기도하라	구하라 주실 것

* 우주는 가장 아름답다. 그것은 하나님이 지으신 것이기 때문이다.

<탈레스, B. C. 640~546, 그리스 철학자>

보라 새것이 되었도다!

찬송 / 550, 551, 552, 554, 555 / 통 248, 296, 358, 297
성경 / 고린도후서 5:17-21
요절 / 고린도후서 5:17
"그런즉 누구든지 그리스도 안에 있으면 새로운 피조물이라 이전 것은 지나갔으니 보라 새것이 되었도다."
목표 / 민속 절기인 새해 첫날 예배로 가정예배 드리는 태도를 기른다.

◎설날 가정 예배(신년, 설날)

1. 개회사
새해 첫날을 맞아 온 가족이 한 자리에 모여 조상들의 은공을 기리며, 하나님께 다같이 축하 예배를 드립시다.

2. 찬송 : 550장, 551장, 552장, 553장, 554장

3. 성시 교독은 찬송가 뒤 교독문 93번, 94번을 가족이 다 같이 교독 합니다.

4. 기도
새 일을 계획하시고 이루시는 하나님, 지난 한 해도 우리 가족들을 사랑하시고 지켜주셨음을 감사드립니다. 또 다시 새해를 맞이하게 하여 주심을 감사합니다. 새해가 시작되는 이 아침부디 올 한 해가 주님 은총 아래 온 가족이 하나님의 말씀대로 순종하며 살게 하시고, 불안과 좌절이 엄습해 온다고 할지라도 믿음으로 늘 승리하게 해 주시옵소서.
앞서가신 어르신들의 교훈과 정신을 기억하여 성실하고 믿음 생활 잘하

면서, 어떠한 계곡을 지나든지 우리의 영혼 속에는 늘 맑은 샘물이 솟아나게 하옵소서. 결단을 내려야할 때는 주께서 인도하셔서 강하게 이끌어 주시고, 나약한 이웃들을 도우며 형제간에 더욱 우애하면서 웃어른들을 늘 공경하면서 화목한 가정을 이루게 하옵소서. 가시밭과 같은 세상을 헤쳐 나갈 때 지혜를 주시고, 실패의 순간에도 용기를 잃지 않게 하옵소서. 언제나 우리 가족들의 인도자가 되시며 우리는 주님의 일꾼임을 잊지 않게 하셔서, 모든 이들에게도 유익한 사람이 되게 하옵소서. 금년 한 해가 모험을 통한 승리의 해! 행동을 통한 성취의 해! 성전을 더욱 가까이하는 한 해가 될 수 있도록 하시며, 자손들과 사업도 잘되며 물질적으로도 풍성한 한 해가 되게 하여 주옵소서. 온 가족이 죄악의 길로 접어들 때는 성령님께서 바른 길로 인도하옵소서. 주님께 영광과 찬양을 많이 드릴 수 있는 한 해가 되게 하여 주옵소서. 예수 그리스도의 이름으로 기도 드립니다. 아멘.

5. 성경 봉독은 다음 성경 구절 중에 한 곳을 읽습니다.
창세기 8:13-22, 출애굽기 12:15-20; 20:12, 요한복음 15:1-10, 19:26-27, 고린도후서 5:17-21, 에베소서 4:20-24, 빌립보서 2:1-22, 계 2:12-27

6. 성경을 읽고 말씀을 전합니다(성경 본문만을 읽을 수도 있습니다).

7. 찬송은 가족들이 즐겨 부르는 찬송가를 찾아 부릅니다.

8. 축복 기도 혹은 주기도문을 암송하거나 읽으면서 기도합니다.

설날 예배는 가장이나 가족 중 한 사람이 예배를 인도하고, 예배가 끝난 후에는 가족들이 둘러앉아 친교 하면서 어르신들의 교훈이나 추억담을 나누면서 음식을 나누어 먹습니다. 히브리 민족은 유월절에는 가족들이 모여 가족 중에 "이 절기가 무슨 뜻입니까?"하고 물으면 가장(家長)이 그 뜻을 설명해 주었다고 합니다.

* 유인물을 만들 때는 <교회 소개를 간략하게 하면 전도에도 좋습니다.>

새해 새 꿈! 새 희망!

(고린도후서 5:17)

"그런즉 누구든지 그리스도 안에 있으면 새로운 피조물이라 이전 것은 지나갔으니 보라 새것이 되었도다."

지구는 쉬지 않고 공전을 하고 자전을 합니다. 세월은 그 빠르기가 살같이 빠릅니다. 우리는 일 년을 보내고 또 새로운 한 해를 맞이할 때마다 새삼스러운 감상을 가집니다. 지난 한 해를 뒤로 보내고 새롭게 떠오르는 찬란한 태양과 함께 밝아오는 새해를 맞습니다. 새해에 새 꿈과 새 희망을 가져봅시다.

첫째로, 이전 것은 지나갑니다.

지난 세월을 뒤돌아보면 잘 한 것도 있습니다. 하나님께 충성을 다하고, 이웃을 사랑한 일, 친구에게 성실히 행한 것들 말입니다. 이런 것은 잘한 일들입니다. 그러나 그것은 지난 날에 잘 한 것이요 승리인 것입니다. 우리는 지난 날의 것들은 지난 시간처럼 깨끗이 날려 보내야 합니다. 왜냐하면 그것보다 더 잘해야 하고, 더 큰 승리를 해야 하기 때문입니다.

① 사람은 잘한 일, 승리한 것에 자족하여 앞날의 더 큰 승리를 잃어버리기가 쉽습니다. 이스라엘 백성이 여리고 성의 승리를 과신하다가 아이 성에서 크게 실패한 경우를 보게 됩니다. 여리고의 승리는 옛 것으로 날려 보내고, 새로운 각오로 아이성 전투에 최선의 역량을 기울여야 했습니다.

② 또한 사람은 과거에 실패한 것에 마음을 둘 수 있습니다. 사람은 승리에 자만키 쉬운 반면에 실패에서 낙심하기 쉬운 것도 사실입니다. 그러나 실패의 함정에서 용기를 잃어서는 안 됩니다. 낙망의 구덩이에 빠져서 진로를 포기해서는 안 됩니다.

③ 불충성 했던 지난날을 기억합니다. <하나님께 불충성>, <나에게 불충성>, <남에게 불충성>일 수 있습니다. 공자는 군자에게 세 가지 즐거움을 말

하면서 그 첫째가 위로 하나님께, 아래로 사람에게 부끄러움이 없는 것을 꼽았습니다.

④ 세월을 허송한 일입니다. 성경에는 "세월을 아끼라 때가 악하니라"(엡 5:16)고 했습니다. 시간은 하나님께서 우리에게 맡겨준 것입니다. 잃어진 시간은 다시 얻을 수 없습니다. 시간을 황금보다 귀하게 여기시며, 촌음을 아껴 살아가시기를 바랍니다.

둘째, 새 희망을 맞이합시다.

이제 우리는 우리가 원하든 원하지 않던 새 것을 맞아들여야 합니다.

① 새해 새 희망을 맞이합시다. 새해를 맞는 자세는 의미 없이 새해를 맞이 해서는 안 됩니다. 희망을 가지고 맞아야 합니다. 희망은 제2의 생명입니다. 개인이나 가정이나 단체나 특별히 교회나 기관은 새로운 희망을 가져야 합니다. 새해는 희망의 주님을 모셔야 합니다.

② 새로운 부흥을 맞이해야 합니다. 개인의 일이든지, 가정의 일이든지, 교회의 일이든지 부흥해야 합니다. 후퇴가 아니라 전진을 해야 합니다. 죄를 회개하는 니느웨 부흥, 불로 역사하는 갈멜 산 부흥, 기도의 응답으로 성령이 충만한 마가 다락방의 부흥처럼 부흥을 이뤄가야 하겠습니다.

③ 새로운 평화를 맞아야 하겠습니다. 사람은 누구나 평화를 원합니다. 하나님께서도 인류의 평화를 원하십니다. 형제가 하나 되고, 자매가 사랑으로 얼싸안아야 합니다. 가족이 하나 되고, 교회도 하나 되고, 가정도 하나 되어야 합니다. 그래야 평화가 정착이 되어집니다. 그리스도께서 십자가를 지심으로 우리는 하나 되었습니다. 그런데 왜 우리가 나눠져 서로 싸워야 합니까? 분단의 조국도 서러운데 왜 이웃이 서로 담을 쌓아야 합니까? 새해 제야의 종소리 울릴 때, 서로 손에 손을 잡고, 한강 물 다시 흐르듯 서로의 가슴을 털어놓읍시다. 부정적이고 실패한 옛 것을 떠나보내고, 서로의 가슴을 열고 새 희망, 평화의 새해를 맞이하시기를 주님의 이름으로 축원 드립니다.

제59과

중추절의 감사 찬송

찬송 / 587, 588, 589, 590, 591 / 통 306, 307, 308, 309, 310

성경 / 데살로니가전서 5:16-22
요절 / 데살로니가전서 5:18
"범사에 감사하라 이는 그리스도 예수 안에서 너희를 향하신 하나님의 뜻이니라."

목표 / 민속 절기인 중추절에 범사에 감사하는 신앙태도를 기른다

민속 절기 중추절 예배 순서

1. 개회사
추석을 맞아 온 가족이 한 자리에 모여 조상들의 은공을 기리며, 풍성한 가을을 주신 하나님께 다같이 묵상 기도를 드림으로 중추절 감사예배를 드리겠습니다.

2. 찬송은 592장, 593장, 590장 중 익숙한 찬송을 부릅니다.
3. 성시 교독은 찬송가 뒤 교독문 105번, 106번 감사절(1)(2)에서 선택하여 함께 교독합니다.

4. 다같이 기도합시다(가족 대표 한 분이 기도를 인도합니다).
천지를 만드시고, 사계절을 주셔서 봄에 뿌린 씨앗을 이 풍요한 가을에 열매를 거둘 수 있는 복을 주시니 감사합니다. 민속 명절인 '추석'을 주셔서 온 가족들이 한 자리에 모여 기쁨과 감사의 예배를 드릴 수 있게 해 주시니 감사합니다. 늘 하나님의 말씀대로 순종하며 살게 하시고, 불안과 염려가 엄습해 온다 할지라도 늘 믿음으로 승리하게 해 주시옵소서.
앞서가신 어르신들의 교훈과 정신을 기억하여 성실하고, 믿음 생활 잘

하면서 어떠한 어려움을 만나든지 우리의 영혼 속에는 늘 맑은 샘물이 솟아나게 하옵소서. 우리 가족 한 사람 한 사람을 늘 주님께서 인도해 주셔서 영·육간에 건강하게 하시고, 나약한 이웃들을 도우며 형제간에 더욱 우애하며, 웃어른들을 늘 공경하면서 화목한 가정을 이루게 하옵소서. 가시밭과 같은 세상을 헤쳐 나갈 때 지혜와 용기를 주시고, 실패의 순간에도 희망을 잃지 않게 하옵소서. 언제나 우리 가족들의 인도자가 되시며 우리는 주님의 도구와 연장임을 잊지 않게 하시고, 모든 사람들에게 유익한 사람이 되게 하옵소서. 한 해가 저물기 전에 믿음이 더욱 성숙하게 해 주시옵소서. 말씀으로 주님과 함께 성전 중심의 신앙 생활을 하게 하옵소서.

하나님의 성전을 아름답게 가꾸며, 주님을 뜨겁게 사랑하며 살아가게 하옵소서. "오늘부터 복을 주리라"하신 주님의 말씀을 믿사오니, 자녀들도 사업도 잘되며 물질적으로도 풍성한 한 해가 되게 하여 주옵소서. 온 가족이 죄악의 길로 접어들 때는 성령께서 바른 길로 인도하옵소서. 감사와 영광과, 찬양을 주님께 많이 드릴 수 있는 한 해가 되게 하여 주옵소서. 예수 그리스도의 이름으로 기도 드립니다. 아멘.

5. 성경은 다음 성경 구절 중에 한 곳을 읽습니다.
· 시편 23편, ·창세기 26:12-22, ·레위기 23:15-25, ·신명기 4:25-29; 8:1-3, ·요한복음 7:37-44, ·고전 10:23-33, ·빌립보서 4:2-9; ·살전 5:16-24

6. 성경을 읽고 말씀을 전합니다(성경 본문만을 읽을 수도 있습니다).

7. 찬송은 가족들이 즐겨 부르는 찬송가를 찾아 함께 부릅니다.

8. 축복 기도를 하거나 "주기도문"을 암송하거나 읽으면서 기도를 드림으로 예배를 마칩니다.

추석에는 가장이나 가족 중 한 사람이 예배를 인도하고, 예배가 끝난 후에는 사랑과 감사가 담긴 음식을 나누어 먹으면서, 조상들의 교훈이나 추억담을 나누는 것이 좋습니다. 히브리 민족은 '오순절'이나 '장막절'을 지키면서 감사의 절기를 지켰습니다.

중추절의 감사 찬송

(데살로니가전서 5:16-18)

"16 항상 기뻐하라 17 쉬지 말고 기도하라 18 범사에 감사하라 이는 그리스도 예수 안에서 너희를 향하신 하나님의 뜻이니라."

미국인들을 만나면 자주 "감사합니다(Than you)"라는 말을 듣게 됩니다. 그들은 감사가 생활화되어 있다는 얘기입니다. 미국인들이 세계에서 사랑받는 이유가 여기에 있는 것 같아요. 그러나 우리들은 불만과 불평이 너무 자주 터져 나오는 것을 봅니다. 성경에서는 '항상 기뻐하라'고 했습니다. 모든 기쁨의 생활은 감사하는 생활에 의해 가능합니다.

하박국 선지자는 "비록 무화과나무가 성치 못하며 포도나무에 열매가 없으며, 감람나무에 소출이 없으며 밭에 식물이 없으며, 우리에 양이 없으며 외양간에 소가 없을지라도 나는 여호와를 인하여 즐거워하며, 나의 구원의 하나님을 인하여 기뻐하리로다"(합 3:17-18)라고 하나님을 찬양하고 있습니다. 감사는 구원의 하나님께 하는 것입니다. 기쁨과 즐거움이란 구원 자체에 있는 것이지 소유나 환경이나 조건에 있지 않다는 것입니다.

어느 날 사탄이 지금까지의 사업을 정리하고, 그 동안 사람들을 공격하기 위해 사용했던 모든 연장들을 모아 경매 부치기로 했답니다. 그러자 많은 사람들이 몰려왔습니다. 사탄은 인간들의 마음을 미혹하고, 넘어지게 했던 그리고 망하게 하며, 약하게 만들고 타락시켰던 연장들을 진열했습니다.

시기심, 고집, 욕심, 보복심, 미움, 교만, 혈기, 열등의식 등 실로 다양한 도구였습니다. 그런데 연장들이 놓여있는 맨 끝에 아주 비싼 가격에 나와 있는 잘 포장된 도구가 있었습니다. 너무나 비쌌으므로 사람들은 그것이 무엇인지 궁금하였습니다. 그래서 사탄에게 물었습니다. 그러자 사탄은 그것이 "실망" 이라는 무기로써 얼마나 위력이 있었는가를 설명하기 시작했습니다.

대단히 훌륭히 일하던 사람도 이 실망으로 공격하면 일을 멈추었으며, 교사도, 집사도, 임원도, 권사도, 장로도, 목사도 이 무기 앞에서 꼼짝 못하고 무기력한 아무 쓸모없는 사람이 되더라는 것을 입에 거품을 토하며 신나게 설명했습니다. 이때 한 사람이 사탄에게 질문했습니다. "혹시 그 연장을 사용하여도 넘어지지 않는 사람은 없던가요?"라고 묻자 사탄은 "이 연장을 사용하여도 넘어지지 않는 사람들이 있었습니다. 그들은 '항상 범사에 하나님께 감사하는 성도들'이었습니다. 항상 감사하는 마음을 가지고 살아가는 사람에게는 이 무기가 아무 효력을 발휘할 수 없었습니다." 하더랍니다.

그렇습니다. 우리가 항상 범사에 감사하면 사탄도 우리를 넘어뜨리지 못하게 될 줄 믿습니다. 데살로니가전서 5장 18절에 보면 하나님은 바울 사도를 통하여 "범사에 감사하라 이는 그리스도 예수 안에서 너희를 향하신 하나님의 뜻이니라"고 말씀 하셨습니다. 모든 일에 감사하라고 하신 것은 우리에게 그만큼 감사거리를 충분히 주셨다는 의미이며, 또 얼마든지 감사하도록 은총을 쏟아 주시겠다는 사랑의 약속이 내포되어 있음을 알아야 합니다. 감사하면 감사의 결과는 무엇입니까?

① 모든 삶의 사건들이 축복의 사건으로 바뀌집니다.

② 모든 날들을 찬송하는 날로 만들어 줍니다.

③ 내가 서있는 모든 곳을 천국으로 만들어 줍니다. 그래서 결과적으로 내가 감사 속에 살도록 하십니다. 바로 그것이 '예수 그리스도 안에서 나를 행하신 하나님의 뜻'인 것입니다. 우리가 행복하여 감사하려고 한다면 감사란 평생 불가능한 일인지도 모릅니다. 어쩌면 그러한 행복은 평생 얻지 못할지도 모릅니다. 풍요한 가을! 민속명절인 중추절에 감사 찬송을 드리시기를 바랍니다. '범사'란 의미는 모든 환경, 모든 상황(all circumstances)이란 말입니다. 성공할 때뿐 아니라 실패할 때도 감사 찬송을 드리시기를 바랍니다. 기쁠 때나 슬플 때, 형통할 때나 고난을 만났을 때에도 감사하시기 바랍니다.

민속의 명절 중추절에 편한 마음으로 범사에 감사 찬송을 부르시기를 바랍니다. 감사는 인간의 최고의 덕입니다.

13단원 절기 예식 공과(추모예배)

인생은 나그네다

찬송 / 246, 305, 369, 239, 240 / 통 221, 405, 487, 230, 231
성경 / 히브리서 11:13-16
요절 / 히브리서 11:13 하반절
"땅에서는 외국인과 나그네로라 증거 하였으니"

목표 / 가족 친지의 추모 예배를 생활화하는 신앙 태도를 기른다.

추모 예배 순서

1. 개회사
오늘은 고 ○○○씨의 ○주년을 맞이하여 추모 예배4)를 드리겠습니다.

2. 사도신경으로 신앙 고백을 드립니다.

2. 찬송은 246장, 305장, 369장 중에서 잘 아는 찬송을 택하여 부릅니다.

3. 다같이 기도합시다(가족이나 교인 대표 한 분이 기도를 인도합니다).
"험악한 세상이지만 오늘까지 하나님의 은혜와 사랑으로 살아오게 하셨음을 감사드립니다. 오늘은 고 ○○○씨의 ○주년을 맞이하여 유족들과 성도들이 함께 추모예배를 드리게 됨을 감사드립니다.
사랑과 은혜가 풍성하신 아버지 하나님! 먼저 유족들을 위로하사 고인

4) '추모 예배'(追慕禮拜)란 '죽은 사람을 사모하여 드리는 예배'를 의미한다. '추도'(追悼)란 말은 '죽은 사람을 슬퍼함'이라는 뜻이니 '추모'라는 말로 씁시다.

의 믿음과 사랑과 믿음을 기억하게 하시고, 고인의 유훈(遺訓)을 따라 살게 하옵소서. 세상을 살아가면서 정직하고 부지런하게 살아가게 하시고, 고인을 추모하는 가족들에게 한없는 은혜와 사랑을 내려 주옵소서. 또한 고인이 다하지 못한 일들을 이어 나가게 하시며, 고인의 믿음을 자손들이 이어받아 거룩한 삶을 살아가게 하옵소서. 예수님 이름으로 기도합니다." 아멘.

4. 성경은 다음 성경구절 중에 한 곳을 읽습니다.

· 히브리서 11:13-16, 요한계시록 22:1-5, 왕상 2:1-4, 고린도후서 1:3-4, 요한복음 14:18, 요한복음 16:33, 누가복음 12:36-40, 히브리서 13:7-8

5. 성경을 읽고 말씀을 전합니다. 단 설교는 성경 본문을 읽고 생략할 수도 있습니다.

(예: 제목 : "믿음의 선배의 본을 받아라." ① 선배의 은덕을 기억하라 ② 선배의 생애를 기억하라 ③ 선배의 믿음을 본받아라)

6. 예배 인도자가 기도합니다.

7. 고인의 약력을 보고합니다. (가족에게 미리 알려주어 작성토록 함)

8. "추모사"를 형편에 따라서 읽거나 이야기합니다. (미리 작성토록 함)

9. 찬송을 부릅니다(492장, 496장, 359장, 377장 중에서 익숙한 찬송을 부르도록 합니다).

10. 집례 자가 축도를 하거나 다같이 '주기도문'으로 기도하고서 예배를 마칩니다.

11. 폐회사

"이상으로 고 ○○○씨(혹은 장로, 집사, 권사)의 추모예배를 마치겠습니다."

나그네 인생

(히브리서 11:13-16)

영원한 삶을 누리고자 하는 것은 모든 인간의 공통된 소망입니다. 그러나 세상에 태어난 인간은 반드시 죽게 된다는 사실입니다. 이 사실만은 누구에게도 예외가 적용되지 않는 대원칙입니다. 그러나 인생이 어디서 와서 어디로 가느냐하는 것을 확실히 알고 살아가는 사람에게는, 그런 인생에게는 색다른 의미를 지니게 됩니다. 본문에는 이처럼 삶의 의미를 분명히 알고 영원한 미래를 소망하며 살았던 사람들의 신앙이 소개되고 있습니다.

1. 인생은 죽음이 전제되어 있습니다

죽음이란 무엇입니까? 신앙의 선진들은 죽음을 하나님께 범죄함으로 인하여 인간들이 받게 되는 형벌로 이해했습니다. 누구나 인간은 죽음을 맞이하게 되지만 그 죽음의 의미를 정확히 알고 맞는다면 보다 새로운 의미를 발견하게 될 것입니다. 그래서 지혜문서 전도서에 기록하기를 "초상집에 가는 것이 잔치집에 가는 것보다 나으니"(전 7:2)라고 했습니다. 초상집에는 인생의 선배들에게서 배울 것이 많이 있기 때문입니다.

한 인생이 걸어간 길은 그 인간의 삶의 향기요, 그 인격이 묻어있는 법입니다. 마음이 정직하고 아름다운 사람이 머물다간 자리는 아름다운 법입니다. 허무한 인생 같지만 그 속에 어떤 마음과 믿음을 가지고 살았느냐에 따라 그 인생은 놀랍게 달라지는 것입니다. 사랑의 마음을 가지고 살아간 사람은 아름다운 사랑의 둥지를 짓다가 가는 것입니다. 완성하지 못하고 떠난다 하더라도 그 사랑과 정이 둥지에 남겨져 있는 법입니다. 본문에는 이렇게 '더 나은 본향을 사모하며' 살다간 사람의 아름다운 자취가 남아 있습니다.

2. 죽음 너머를 바라보는 신앙의 삶이 있습니다

아브라함은 하나님께서 기업으로 주시겠다고 언약하신 땅에 정착하지 못한 자신의 신세를 나그네로 비유했습니다. 야곱은 자신이 살아온 한 평생이 나그네로 '험악한 세월'을 보냈다고 고백했습니다.

따져보면 인생이란 하나님께서 허락하신 생애 동안 잠시 머물다 가는 나그네 인생인 것입니다. 아브라함과 야곱과 수많은 신앙의 선진들은 죽음 너머까지 바라볼 수 있는 신앙의 눈이 있었기 때문에 그래도 행복을 머금을 수 있었을 것입니다. 숱한 고난의 길이지만 그래도 돌아갈 곳 영원한 집이 있다는 희망을 가지고 행복을 느끼며 살아갑니다. 죽음이 인생의 마지막이 아님을 깨닫는 신앙! 죽음 이후에 만날 심판과 영원한 본향을 바라볼 줄 아는 신앙을 가진 자만이 삶과 죽음을 아는 깊이 있는 인생을 살아갈 수 있습니다.

3. 성도에게는 보장된 영원한 본향이 있습니다

하나님은 죄악으로 말미암아 죽음을 피할 수 없게 된 인간들을 위하여 새로운 생명의 길을 열어주셨습니다. 그 길은 바로 예수 그리스도 안에 열린 부활과 영생의 길입니다. 주님이 예비하신 영원한 처소는 하나님의 공의로운 통치가 실현되는 하나님의 나라이며, 구원받은 자들이 영원한 삶을 누릴 곳입니다. 오늘 우리들이 추모 예배를 드리는 것도 영원한 집에서의 만날 약속을 새롭게 하는 것입니다. 가신 분들이 끼쳐 놓은 신앙의 유산과 유훈(遺訓)들을 되새기면서 성실하고 정직하게 세상을 살아가시기를 바랍니다.

그것이 곧 먼저 가신 분을 기쁘시게 하는 길일 것입니다. 세상의 삶이 우리를 속일지라도 슬퍼하거나 노하지 맙시다. 믿음의 선진들도 우리가 받는 고난과 역경을 믿음과 사랑과 소망의 삶을 통해 이겨갔습니다. 함께 예배에 참여하신 우리 성도들에게도 정직하고 성실하게 믿음으로 살다가 보장된 영원한 그 나라에서 함께 만나 할렐루야! 찬양 부를 수 있기를 주님의 이름으로 축원 드립니다.

영생을 얻었고

찬송 / 239, 240, 608, 479, 607 / 통 230, 231, 295, 290, 292

성경 / 요한복음 5:24-29

요절 / 요한복음 5:24 상반절

"내가 진실로 진실로 너희에게 이르노니 내 말을 듣고 또 나 보내신 이를 믿는 자는 영생을 얻었고."

목표 / 건전한 기독교의 장묘 문화를 세워간다

입관식 예배 순서

1부 입 관

* 입관식은 소천한 시신을 관에 넣고 뚜껑을 덮어 봉하는 의식인데, 특별한 경우를 제외하고는 소천 후 24시간이 경과한 후에 시신을 처리하는 것이 상례입니다. 가장 가까운 가족과 함께 시신을 정성스럽게 입관하되, 고인의 성경 찬송 등 유품은 관속에 넣지 말고 따로 보관하여 자손들에게 물려주는 것이 좋습니다.

2부 예배

1. 개식사 :

지금부터 (○월 ○일 오○ ○시 ○분 소천하신) ○○○(직분 혹은 성도)의 입관식(장례식)을 거행하겠습니다.

2. 묵 도 ………………………………………………… 다같이

3. 기 원 ………………………………………………… 집례자

"인간의 생사화복을 주관하시는 전능하신 하나님, 슬픔에 잠긴 유가족들을 위로하여 주옵소서. 고인은 주안에서 믿음으로 살다가 영생의 나라로 옮겨가신 줄로 믿습니다. 여기 둘러선 유족과 성도들도 영생의 소망을 가지고 위로 받게 하시고, 진행되는 모든 장례의 절차를 주님께서 선히 인도해 주실 줄 믿사옵고, 예수님의 이름으로 기도합니다. 아멘.

4. 신앙고백 ··················[사도신경 암송]··············· 다같이

5. 찬 송 ··············· (607장 / 통 292장) ··············· 다같이

♬ ① 내 본향 가는 길, 보이도다. 인생의 갈 길을 다 달리고
땅위의 수고를 그치라 하시니 내 앞에 남은 일 오직 저길
② 주 예수 예비한 저 새집은 영원히, 영원히 빛나는 집
거기서 성도들 즐거운 노래로 사랑의 구주를 길이 찬송
③ 평생에 행한 일 돌아보니 못 다한 일 많아 부끄럽네.
아버지 사랑이 날 용납하시고 생명의 면류관 주시리라. 아멘 ♬

6. 기 도 ···································· ○○○ 장로(집사)님

7. 성경봉독 ············ (요한복음 5:24-29) ················ 집 례 자

"[24]내가 진실로, 진실로 너희에게 이르노니 내 말을 듣고 또 나 보내신 이를 믿는 자는 영생을 얻었고 심판에 이르지 아니하나니 사망에서 생명으로 옮겼느니라. [25]진실로 진실로 너희에게 이르노니 죽은 자들이 하나님의 아들의 음성을 들을 때가 오나니 곧 이 때라 듣는 자는 살아나리라. [26]아버지께서 자기 속에 생명이 있음 같이 아들에게도 생명을 주어 그 속에 있게 하셨고, [27]또 인자됨으로 말미암아 심판하는 권세를 주셨느니라. [28]이를 놀랍게 여기지 말라 무덤 속에 있는 자가 다 그의 음성을 들을 때가 오나니, [29]선한 일을 행한 자는 생명의 부활로, 악한 일을 행한 자는 심판의 부활로 나오리라.

8. 설 교 ·········· " 약속된 영생 " ··············· ○○○ 목사

9. 기 도 ··· 집 례 자

10. 찬 송 ··········· (새 479 / 통 290 장) ··············· 다같이

① 괴로운 인생길 가는 몸이 평안히 쉴 곳이 아주 없네.
걱정과 고생이 어디는 없으리. 돌아갈 내 고향 하늘나라
② 광야에 찬바람 불더라도 앞으로 남은 길 멀지 않네.
산 너머 눈보라 세차게 불어도 돌아갈 내 고향 하늘나라
③ 날 구원하신 주 모시옵고 영원한 영광을 누리리라
그리던 성도들 한자리 만나리. 돌아갈 내 고향 하늘나라

11. 축 도 ··· 집 례 자

12. 폐 회 ··· 다같이

영생을 얻었고

(요한복음 5:24-29)

이 세상에 사는 모든 사람들은 오랫동안 살기를 바라고 또 영원히 살기를 바랍니다. 그래서 영원히 살기 위해 무엇을 해야 할 까 염려하게 되고, 질문하게 됩니다. 그래서 성경에 보면 공회의원 니고데모라는 사람은 예수님께 밤에 찾아와 "선한 선생님, 내가 무엇을 해야 영생을 얻으리까?"라고 질문했습니다. 마태와 마가복음에는 젊은 부자 청년이라고 기술하고 있습니다. 돈 많고 권력 있고 앞날이 창창한 지식층의 젊은이였지만, 그에게도 인생이 무엇인지? 산다는 것이 무엇인지? 무엇을 해야 될 것인지? 영생이란 무엇인지? 또 그 영생을 위해서 무엇을 해야 될 것인지를 예수께 묻고 있습니다.

이 세상에 사는 사람들이 언젠가는 한 번 물어봐야 할 인생의 궁극적인 질문을 주님 그리스도께 물었던 것입니다. 지혜문서 전도서에 기록하기를 "초상집에 가는 것이 잔치 집에 가는 것보다 나으니"(전 7:2)라고 했습니다. 초상집에는 인생의 선배들에게서 배울 것이 많습니다.

아무래도 인생은 누구나 행복을 원합니다. 무엇이 행복입니까? 영국의 학자 밀은 "행복한 돼지보다 불행한 소크라테스가 되기를 원한다"라고 말했습니다. 또 영국 사람들은 "인도를 잃어버릴 수는 있으나 셰익스피어는 잃을 수 없다"고 했습니다. 뉴욕의 한 교회당 머릿돌에 "한 심령은 백만 달러보다 더 값이 나간다"(One soul is more than a million dollar worth)는 말이 새겨져 있습니다. 인간은 고귀한 존재입니다. 귀한 존재인 인간이란 소크라테스나 셰익스피어 같은 위대한 인물을 가리켜 하는 말이 아닙니다. 인간은 누구나 다 같이 귀한 존재란 말씀입니다. 세상에 전혀 알려지지 않은 분들도, 가난하고 무식하고 아무 힘이 없는 사람도 남녀노소 구별 없이 인간은 누구나 인간이기에 소중한 존재들입니다. 이렇게 소중한 존재들이 이름도 없이 빛도 없이 세상에서 떠나야할 날이 있다는 것은 서글픈 일이기도 합니다.

그러나 성경은 분명히 하루를 세상에 왔다가 가는 들풀을 통해서도 교훈을 줍니다. 들의 백합화도 하나님이 입히시며 기르는 것이거늘 하나님의 독생자의 피로 구속함을 받은 우리 믿음의 성도들을 왜 버리시겠습니까?

본문에서는 복음이 추구하는 궁극적인 목표인 영생을 가르쳐주고 있습니다. ① 영생이란 하나님 안에 있는 생명입니다. 하나님 아버지 안에 있는 생명이 그 아들 예수 그리스도에게 주어졌습니다(요일 5:11). 이 생명은 믿음을 통해서만 주어지는 하나님의 선물입니다(롬 6:23).

② 영생이란 영적이며 영원한 생명입니다. 끝이 없고 죽음이 없으므로 영원합니다. 이 생명은 죽음과 심판으로부터 분리된 단절이 없는 생명입니다.

③ 영생이란 그리스도 안에서 하나님과 하나됨을 의미합니다. "아버지께서 내 안에, 내가 아버지 안에 있는 것 같이 저희도 다 하나가 되어 우리 안에 있게 하사 세상으로 아버지께서 나를 보내신 것을 믿게 하옵소서"(요 17:21)라고 했습니다. 사랑하는 유족들과 조문객 여러분! 이것을 명심하십시오. 인간은 그의 영원한 생명을 그리스도 예수 안에서 얻음으로써, 하나님과 하나가 됩니다. 그렇다면 영생은 어떻게 얻습니까?

1) 예수 그리스도의 음성을 들어야 합니다. 그 음성은 인간의 구원을 선포하는 복음입니다. 인간은 이 복음을 들음으로써 영원한 생명을 얻습니다.

2) 영생은 예수 그리스도를 보내신 자 하나님을 믿어야 합니다. 영생의 조건은 하나님과 예수 그리스도를 믿는 것입니다. 그러면 영생을 얻습니다.

3) 영생을 얻는 시기는 바로 지금입니다. 바로 하나님의 아들의 음성을 들을 때이며, 그리스도의 복음을 듣고 그것을 믿는 때입니다. 영생은 사후에 얻는 것이 아니라, 지금 이 세상에서 살아있는 동안에 얻는 것입니다.

영생의 결과는 무엇입니까? 24절에 "심판에 이르지 아니하나니, 사망에서 생명으로 옮겼느니라"고 했습니다. 1) 심판을 면제받습니다. 2) 죽음으로부터 격리됩니다. 죽음으로부터의 분리는 곧 생명인 것입니다.

이 자리에 참례한 유족이나 친족, 그리고 모든 성도들 모두 예수를 믿어 영원한 생명을 얻어 영원한 그 나라에서 만날 수 있기를 축원드립니다.

새 하늘과 새 땅

찬송 / 479, 480, 4607, 608 / 통 290, 292, 293, 295
성경 / 요한계시록 21:1-4
요절 / 요한계시록 21:1
"또 내가 새 하늘과 새 땅을 보니 처음 하늘과 처음 땅이 없어졌고 바다도 다시 있지 않더라."
목표/ 건전한기독교의장묘문화를세워간다

장례식 순서

1부 장례 식장 배치

"…가나안 땅으로 메어다가 마므레 앞 막벨라 밭 굴에 장사하였으니…"(창 50:13)

가족과 친족, 조문객, 예배 위원… 고인의 관을 장례식장 정한 곳에 안치를 한다.

2부 예배

1. 개식사 :

지금부터 고 ○○○(직분 혹은 성도)님의 장례식을 거행하겠습니다.

2. 묵 도 …………………………………………………… 다같이

3. 기 원 …………………………………………………… 집례자

"인간의 생사화복을 주관하시는 전능하신 하나님, 슬픔에 잠긴 유가족들을 위로하여 주옵소서. 고인은 주안에서 믿음으로 살다가 영생의 나라로 옮겨가신 줄로 믿습니다. 여기 둘러선 유족과 성도들도 영생의 소망을 가지고 위로 받게 하시고, 진행되는 모든 장례의 절차를 주님께서 선히 인도해 주실 줄 빋사옵고, 예수님의 이름으로 기도합니다. 아멘.

4. 신앙고백 …………[사도신경 암송]………………… 다같이

5. 기 도 ……………………………… ○○○ 장로(집사)님

6. 찬 송 ………(607/통292 * 480/통293) ………다 같 이

♬ ① 내 본향 가는 길 보이도다. 인생의 갈 길을 다 달리고
땅위의 수고를 그치라 하시니 내 앞에 남은 일 오직 저길
② 주 예수 예비한 저 새집은 영원히, 영원히 빛나는 집
거기서 성도들 즐거운 노래로 사랑의 구주를 길이 찬송
③ 평생에 행한 일 돌아보니 못 다한 일 많아 부끄럽네.
아버지 사랑이 날 용납하시고 생명의 면류관 주시리라 ♬

7. 성경봉독 ………… (요한계시록 21:1-4) ……………집 례 자

“ [1] 또 내가 새 하늘과 새 땅을 보니 처음 하늘과 처음 땅이 없어졌고 바다도
다시 있지 않더라. [2] 또 내가 보매 거룩한 성 새 예루살렘이 하나님께로부
터 하늘에서 내려오니 그 예비한 것이 신부가 남편을 위하여 단장한 것 같
더라 [3] 내가 들으니 보좌에서 큰 음성이 나서 가로되 보라 하나님의 장막이
사람들과 함께 있으매 하나님이 그들과 함께 계시리니 그들은 하나님의 백
성이 되고 하나님은 친히 그들과 함께 계셔서 [4] 모든 눈물을 그 눈에서 닦
아 주시니 다시는 사망이 없고 애통하는 것이나 곡하는 것이나 아픈 것이
다시 있지 아니하리니 처음 것들이 다 지나갔음이러라.

8. 설 교 ……“새 하늘과 새 땅을 보니 ” ………주례 목사

9. 기 도 ……………………………………………… 집 례 자

10. 찬 송 …………… (479/ 통 290) ……………… 다 같 이

① 괴로운 인생길 가는 몸이 평안히 쉬일 곳 아주 없네.
걱정과 고생이 어디는 없으리. 돌아갈 내 고향 하늘나라
② 광야에 찬바람 불더라도 앞으로 남은 길 멀지 않네.
산 너머 눈보라 세차게 불어도 돌아갈 내 고향 하늘나라
③ 날 구원하신 주 모시옵고 영원한 영광을 누리리라
그리던 성도들 한자리 만나리. 돌아갈 내 고향 하늘나라

11. 축 도 ……………………………………………… 집 례 자

12. 폐 회 ……………………………………………… 다 같 이

<유인물 여백에 교회 사용란>

성도의 가정에 애경사가 있을 때가 바로 전도의 좋은 기회입니다. 교회를 불신 가족들에게 알릴 수 있는 절호의 기회입니다. 예배 순서지를 꼭 만들어 사용하세요(운구 행렬은 사진, 집례자, 영구, 상제, 친족, 조문객 순으로 찬송을 부르며 행진합니다).

새 하늘과 새 땅

(요한계시록 21:1-4)

인생은 누구나 태어나서 각각 다른 삶의 길을 걸어갑니다만 마지막 가는 길은 죽음이라는 건너지 못할 강입니다. 천년만년을 살 것처럼 살아가지만 인생이란 시작이 있고 끝이 있는 법입니다. 인생은 제가끔 황금시대를 살아왔다고 자랑들 하지만 황금시대는 과거나 현재에 있는 것이 아니고, 다가오는 미래에 있을 것입니다. 이 세상에서 70-80년 살고 지고, 인생은 막이 내려지는 것입니다. 그때 주님은 당신의 백성들을 위하여 예비하시고, 성도들을 위해 준비하신 '새 하늘과 새 땅'을 우리에게 주실 것입니다. 사랑하는 고인의 유족들과 성도 여러분! 오늘 말씀을 통해 피차 위로를 받으시기를 바랍니다.

1. 새 하늘과 새 땅은 주님이 약속하신 나라입니다(21:1-)

1절 상단에 "또 내가 새 하늘과 새 땅을 보니 처음 하늘과 처음 땅이 없어졌고, 바다도 다시 있지 않더라"라고 했습니다. 이 말씀을 베드로 사도는 베드로후서 3:10절에 "하늘이 큰 소리로 떠나가고 체질이 뜨거운 불에 풀어진다."라고 했습니다. 믿음은 지키기 어렵고 힘들지만 이 믿음을 지킨 자들에게 하나님께서는 '새 하늘과 새 땅'을 주실 것을 약속하셨습니다. 주님은 기도문을 가르쳐 주시면서(누가복음 11:2-4) '하나님의 나라가 임하게 해 달라'고 기도를 가르쳐 주셨습니다. '새 하늘과 새 땅' 그 나라를 주신다는 것입니다. 임종을 맞는 우리 성도들에게 공통적으로 주시는 기쁨의 좋은 소식입니다.

2. 새 예루살렘 성이 예비 되었습니다(:2설)

2절에는 "거룩한 성 새 예루살렘이 하나님께로부터 하늘에서 내려오니 그 예비한 것이 신부가 남편을 위하여 단장한 것 같더라"고 했습니다. 천년왕국 기간에 예루살렘 성은 영광과 거룩한 지상의 장소로 세계에 알려집니다. 그것은 구약 예언의 성취이기도 합니다(사 4:5-6, 54:11-14, 겔 40:, 48:).

세상의 집들과 물건들은 나무나 짚 같은 일시적인 재료로 만들어졌기 때문에 쉽게 썩어지고 낡아집니다. 그러나 우리 성도들이 거할 영원한 새 예루살렘은 그렇지 않습니다. 주님이 준비하시고 예비하셨기 때문입니다.

요한복음 14장에서 예수님께서는 '내 아버지 집에 거할 곳이 많도다'라고 했습니다. 왜 그렇습니까? 예수께서는 '내가 너희를 위하여 처소를 예비하러 간다'고 했습니다. 그 후에는 '가서 너희를 위하여 처소를 예비하면 내가 다시 와서 너희를 내게로 영접하여 나 있는 곳에 너희도 있게 하리라'고 했습니다. 이 얼마나 위로가 넘치는 말씀입니까? 주님께서는 이곳을 세계의 보석으로 세우시고, 귀한 옥으로 만드십니다. 탑과 벽은 순금으로 지었으며, 예루살렘의 거리는 오빌의 홍옥과 돌로 포장되며, 예루살렘 대문들은 기쁨의 찬송을 발하며 그의 모든 집이 할렐루야 할 것입니다. 믿으시기 바랍니다.

3. 그곳은 하나님과의 사랑의 교제가 끊이지 않는 곳입니다(:3-)

3절 말씀에 보니 보좌에서 큰 음성이 나서 가로되 '보라 하나님의 장막이 사람들과 함께 있으매 하나님이 저희와 함께 거하시리니'라고 했습니다. 이 얼마나 감격스런 장면입니까? 누가복음 15장에서 탕자가 돌아와 아버지 품에 안기는 것 같은 그런 기쁨이며 감격일 것입니다. 이제는 다시 이별이 없으며 슬픔이 없을 것입니다. 다시 아버지의 품을 떠날 필요도 없을 것입니다. 왜 그렇습니까? '저희는 하나님의 백성이 되고 하나님은 친히 저희와 함께 계시기' 때문입니다. 여기 하나님을 믿고 세상을 떠난 성도들에게 다같이 주시는 공유적인 사랑이며 은총입니다.

말씀을 정리하겠습니다. 세상은 잠깐이지만 하나님의 나라는 영원합니다. 믿음으로 살다가 임종을 맞는 성도들에게는 미래에 다가올 세상이 훨씬 더 훌륭하고 멋질 것입니다. 사랑하는 유족들과 성도 여러분! 찬란한 그 날 아침 기다리던 주님이 오실 때, 주님께서 예비하신 그 나라에 들어가 함께 만나 영원한 생명과 영광을 누릴 수 있기를 주님의 이름으로 축원 드립니다.

제63과

부활을 기다리며

찬송 / 161, 165, 412, 491 / 통 159, 155, 469, 543

성경 / 고린도전서 15:42-44

요절 / 고린도전서 15:42

"죽은 자의 부활도 이와 같으니 썩을 것으로 심고 썩지 아니할 것으로 다시 살며"

목표 / 건전한 기독교의 장묘 문화를 확립한다.

하관 예식 순서

1부 하관식 준비

* 하관은 상여가 묘지에 도착하면 묘소 가까운 곳에 안치하고 유가족들은 영구가 있는 곳에 정중히 서서 조문객의 문상을 받는다.

〈하관 시 집례자는 묘지 중심에 서서 오른쪽에 유족을 차례대로 서게 하고, 왼쪽으로 조문객을 서게 하고, 자리를 정돈한 후 하관식 예배를 거행 한다.〉

2부 예배

1. 개식사 :

지금부터 고 ○○○(직분 혹은 성도)님의 하관예식을 거행하겠습니다.

2. 묵 도 ………………………………………………… 다같이

3. 기 원 ………………………………………………… 집례자

"죽은 사람도 부활시키시는 전능하신 하나님 아버지여, 이제 사랑하는 고 ○○○(성도)의 유해를 여기에 안장하고자 합니다. 그러나 주안에서 죽은 자들은 생명의 부활로 살리실 것을 믿습니다. 유족들의 마음을 위로하여 주시고, 부활의 소망을 가지고 담대하게 살아가는 믿음의 사람들이 되게 하옵소서. 예수님의 이름으로 기도합니다. 아멘.

4. 신앙고백 ………………[사도신경 암송]……………… 다같이

5. 찬 송 ……………(494장 / 통 138장) …………… 다같이

♬ ① 만세 반석 열리니 내가 들어갑니다. 창에 허리 상하여
물과 피를 흘린 것 내게 효험 되어서 정결하게 하소서
② 내가 공을 세우나 은혜 갚지 못하네. 쉼이 없이 힘쓰고
눈물 근심 많으나 구속 못할 죄인을 예수 홀로 속하네.
③ 빈손 들고 앞에가 십자가를 붙드네. 의가 없는 자라도
도와주심 바라고 생명 샘에 나가니 나를 씻어 주소서 ♬

6. 기　도 ································· ○○○ 장로(집사)님

7. 성경봉독 ·········· (고린도전서 15:42-44) ··············· 집 례 자

"42 죽은 자의 부활도 그와 같으니 썩을 것으로 심고 썩지 아니할 것으로 다
시 살아나며 43 욕된 것으로 심고 영광스러운 것으로 다시 살아나며 약한
것으로 심고 강한 것으로 다시 살아나며 44 육의 몸으로 심고 신령한 몸으
로 다시 살아나나니 육의 몸이 있은즉 또 영의 몸도 있느니라.

8. 설　교 ········ "신령한 몸으로 부활" ············· 주례 목사

9. 기　도 ·· 집 례 자

10. 찬　송 ················(479장 / 통 290 장)············ 다 같 이

① 괴로운 인생길 가는 몸이 평안히 쉬일 곳 아주 없네.
걱정과 고생이 어디는 없으리. 돌아갈 내 고향 하늘나라
② 광야에 찬바람 불더라도 앞으로 남은 길 멀지 않네.
산 너머 눈보라 재우쳐 불어도 돌아갈 내 고향 하늘나라
③ 날 구원하신 주 모시옵고 영원한 영광을 누리리라
그리던 성도들 한자리 만나리. 돌아갈 내 고향 하늘나라

11. 축　도 ·· 집 례 자

12. 폐　회 ·· 다 같 이

<유인물 예배에 교회 사용란>

성도의 가정에 애경사가 있을 때가 바로 전도의 좋은 기회입니다. 교회를 불신 가족들에게 알릴 수 있는 절호의 기회입니다. 예배 순서지를 꼭 만들어 사용하세요.

신령한 몸으로 부활

사람이 죽는 것은 성경 말씀대로 정한 이치입니다. 사람이 왜 죽느냐? 또 죽은 후에 어떻게 되느냐? 하는 문제는 인생의 고금을 통해서 커다란 과제였습니다. 그리고 인생이 다시 살 수 있느냐? 하는 문제는 참으로 해결하기 어려운 문제였습니다.

1. 생(生)과 사(死)는 만인의 것입니다.

나치 시대 인류의 도살자 아이히만은 남아메리카 아르헨티나에서 비밀경찰에게 잡혀 이스라엘 우리 형무소에서 형을 살다 사형을 언도를 받고, 그 뼛가루는 지중해 푸른 물에 뿌려졌습니다. 2차 대전의 전범자 일본의 동조는 사형 전날 밤 밤새껏 나무아미타불을 외우다가 교수대에서 이슬로 사라졌습니다. 영웅 나폴레옹은 고도 센트 헬레나에서 외로이 숨져갔습니다. 20세기 말 뉴 프론티어 정책의 기수로 열광적인 지지를 받던 존 F. 케네디는 흉탄을 맞아 피를 쏟고 갔습니다. 인생에게 죽음이란 언제 어디서든 오는 비참한 죽음! 절망의 죽음! 죽음과 사망의 굴레를 벗게 할 자가 누구입니까? 유사 이래로 이 어려운 문제에 시원한 해답을 준 사람은 없었습니다. 그러나 만고의 의문이요 수수께끼였던 인생이 다시 사는 부활의 문제를 해결하신 분이 계십니다. 바로 인간의 역사의 중간인 B. C. 와 A. D.를 가르시고 오신 하나님의 아들 예수 그리스도입니다. 바울은 예수님 말씀을 힘입어 이렇게 외칩니다. "사망아 너의 이기는 것이 어디 있느냐 사망아 너의 쏘는 것이 어디 있느냐? 사망의 쏘는 것은 죄요 죄의 권능은 율법이라"(고전 15:55-56)고 말입니다.

2. 죽음이 과연 무엇이겠습니까?

성경은 분명하게 죽음은 정상이라든가 인생 근본 자세요. 본능이라고 말하지 않았습니다. 다만 죄악의 결과라고 말하고 있습니다.

(1) 바울은 죽음을 원수라고 했습니다(고전 15:26). 죽음은 인생을 해치고, 멸망시키며, 공포로 몰아넣습니다. 죽음의 공포에서 벗어나시기 바랍니다.

(2) 죽음은 썩는 것입니다(고전 15:53). 썩는 것은 분리에서 옵니다. 죽음은 다음 세 가지로 생각해 볼 수 있습니다.

① 영적인 죽음이란 영혼이 하나님께로부터 떠나는 상태입니다.

② 육적인 죽음이란 영혼이 육체로부터 떠나는 것을 의미합니다.

③ 영혼의 죽음이 있습니다. 영혼과 육체가 모두 하나님을 떠나 벌레도 죽지 않는 지옥 불에서 고통을 당하는 것을 의미합니다. 고인은 이제 그간 정들었던 식구들과 친족들과 사랑하는 교우들과 잠깐 떠나 찬이슬을 맞으며, 여기에 고이 잠들고 있을 것입니다. 사랑하는 고인의 유족들과 성도 여러분! 오늘 이별을 하지만 부활의 날에 환한 얼굴로 다시 만날 것을 기대하면서 믿고 위로를 받으시기를 바랍니다.

3. 죄악을 이기면 죽음을 이길 수 있습니다(고전 15:57).

기독 신자들을 많이 죽인 불란서 왕은 죽음 직전에 "나는 망하였구나! 분명히 그러하다"라고 하였습니다. 토마스 스카우트는 죽으면서 "이때까지 나는 하나님도 없고 죽음도 없고, 지옥도 없는 줄 알았더니 이제는 다 있는 줄 안다"라고 했습니다. 이런 죽음이 패배자들과는 다르게 디엘 무디는 죽으면서 "땅은 물러가고 하늘이 열린다"고 했습니다. 톱 레이디는 그가 지은 찬송 '만세반석 열리니'를 부르면서 "나는 나의 영혼 속에 벌써 천국을 맛본다"고 했습니다. 요한 안드레는 "하늘에서 꽃수레가 왔으니 나는 올라가 봐야겠다"고 했습니다. 이들은 다 예수 그리스도의 피로 속죄함을 받은 자들이며 이미 부활의 승리를 맛본 자들입니다. 고전 15:57절에 바울 사도는 "우리 주 예수 그리스도로 말미암아 우리에게 이김을 주시는 하나님께 감사하노니"라고 했습니다. 여러분! 죄악을 이기시고, 심령한 몸으로 부활하여 죽음을 이기고 승리의 개가를 부르시기를 간절히 축원 드립니다.

성령 충만한 구역

구역부흥은 교회부흥

제 1 학기 출석부

번호	성 명	1월					2월					3월					계	
		1	2	3	4	5	1	2	3	4	5	1	2	3	4	5		
1																		
2																		
3																		
4																		
5																		
6																		
7																		
8																		
9																		
10																		
11																		
12																		
13																		
14																		
15																		
16																		
17																		
18																		
19																		
20																		

제 2 학기 출석부

번호	성 명	4월					5월					6월					계	
		1	2	3	4	5	1	2	3	4	5	1	2	3	4	5		
1																		
2																		
3																		
4																		
5																		
6																		
7																		
8																		
9																		
10																		
11																		
12																		
13																		
14																		
15																		
16																		
17																		
18																		
19																		
20																		

제 3 학기 출석부

번호	성 명	7월					8월					9월					계	
		1	2	3	4	5	1	2	3	4	5	1	2	3	4	5		
1																		
2																		
3																		
4																		
5																		
6																		
7																		
8																		
9																		
10																		
11																		
12																		
13																		
14																		
15																		
16																		
17																		
18																		
19																		
20																		

제 4 학기 출석부

번호	성 명	10월					11월					12월					계	
		1	2	3	4	5	1	2	3	4	5	1	2	3	4	5		
1																		
2																		
3																		
4																		
5																		
6																		
7																		
8																		
9																		
10																		
11																		
12																		
13																		
14																		
15																		
16																		
17																		
18																		
19																		
20																		

창세기 출애굽기

"이 예언의 말씀을 읽는 자와 듣는 자들과…지키는 자들이 복이 있나니"
계 1 : 3

Contents of Bible 김종석(C.S.Kim), 1978 신소섭(S.S.Shin), 1978 성경 목록가

• 설문지 : 독자 앙케이트 •

구역공과를 다루고서

〈각 교회에서 설문지를 그대로 보내주셔도 좋겠고, 통계치만 보내셔도 됩니다 〉

1. 구역공과를 다루고 나서 어떤 방법이 가장 좋았는가?
   ( ) 1 기존의 방법대로 구역장이 혼자 가르치는 것이 좋겠다.
   ( ) 2 문답지를 나누어주고 미리 풀어 오도록 하여 토론하는 것이 좋겠다.
   ( ) 3 성경 문제지를 나누어주고 그날 함께 풀어 가는 방법이 좋겠다.
   ( ) 4 문답지를 나누어주고 구역장이 설명해 가는 방법이 좋겠다.
2. 성경 공부 문제지를 다루는데 그 정도가 어떠했는가?
   ( ) 1 문제가 어려워서 손대기가 어려웠다.
   ( ) 2 문제지는 그런대로 쉬웠으나 묵상과 적용이 잘 안되었다.
   ( ) 3 문제지도 어려웠고 묵상과 적용도 어려웠다.
   ( ) 4 문제지는 보통이고 묵상과 적용도 할만했다.
3. 성경 공부 문제의 양이 어떠했는가?
   ( ) 1 문제가 너무 많았다.
   ( ) 2 문제가 너무 적었다.
   ( ) 3 문제가 적당했다.
4. 성경공부 진행 및 내용의 배열은 어떻게 하는 것이 좋겠는가?
   ( ) 1 시작하는 말, 오늘의 말씀, 정리하는 말, 평가와 결심의 순서대로가 좋겠다.
   ( ) 2 오늘의 말씀, 정리하는 말, 평가와 결심으로 줄였으면 좋겠다.
   ( ) 3 성경본문을 읽고 각자가 느낀 점을 이야기하고 적용하는 방식이 좋겠다.
   ( ) 4 성경 본문만 읽고 중보(합심)기도를 길게 하는 것이 좋겠다.
5. 구역 모임시간에 대하여 어떻게 했으면 좋겠는가?
   ( ) 1 찬송을 많이 불렀으면 좋겠다.
   ( ) 2 성경 공부에 중점을 두었으면 좋겠다.
   ( ) 3 합심기도에 시간을 많이 할애했으면 좋겠다.
   ( ) 4 구역원들 간에 이야기하는 시간을 많이 두어야 좋겠다.
6. 성도의 교제 시간 운영 방안에 좋은 방법은 무엇인가?
   ( ) 1 민속놀이를 했으면 좋겠다(윷놀이 등).
   ( ) 2 음식 나누어 먹기가 좋겠다.
   ( ) 3 가정을 위해 특별기도를 해주는 것이 좋겠다.
   ( ) 4 성경 퀴즈를 했으면 좋겠다.
   * 보기에 없으면 적 으시오( )
7. 구역공과교재나 교재출판위원회에 하고 싶은 이야기를 적으시오.

절 취 선

〈 보내주시는 교회 선물을 받으실 분 〉 (우편번호) 주소는 정확하게, 담임목회자 명	〈 보내 주실 곳〉 156-094 서울 동작구 사당4동 254-9 도서출판 아가페문화사 교재편찬위원회 앞

부흥하는 구역
지도자 가이드
생동하는 구역
전진하는 구역
결실하는 구역
일꾼을 키우는 구역
파송하는 구역
라이브 성경

건강한 구역

화목하는 구역

치유하는 구역

칭송받는 구역

생명을 살리는 구역

주님과 동행하는 구역

라이브 성경

라이브 성경의 특장

1. 갈급한 영혼을 위해 말씀을 더 확실히 깨닫고 사모하게 함!

『라이브 성경』은 누구나 '영혼의 산책'을 따라가면 1년 동안 성경 전체를 1독할 수 있도록 기획, 편찬되었으며, 매일 읽어 가는 본문의 확실한 이해를 돕기 위해, 개관 · 적용 · 심층연구 · 배경 · 주제 · 원어 · 인물 · 지리 · QA · QT 등의 토픽(Topic)을 제시해 주고 있으며, 이런 소제목들을 통해 성경의 숨겨진 비밀들을 밝혀 줌으로써 독자들로 하여금 성경의 오묘한 진리를 더 확실히 깨닫게 하였다. 또한 매주 하루(1일)는 성경 읽는 것을 쉬고 주간 안식과 묵상을 통해 재충전할 수 있도록 배려하였다.

2. 탁월하고 세심한 편집 체제는 타의 추종을 불허!

1) **소제목** : 독자의 이해를 위해 원문에는 없으나 본문 내용을 요약 제시(고딕 별색 처리, 단, 시편에서는 '대괄호'로 묶어 별색 처리한 것은 원문의 일부)
2) **관련 구절** : 소제목 뒤의 괄호 안과 각 절이 끝나는 부분에 관주를 표했다.
3) **난하주** : 더 깊은 연구를 위해 본문 하단에 설명 게재했다.
4) **관련 찬송 및 배경 연대** : 관련 찬송(괄호)과 배경 연대(하이픈)를 게재했다.
5) **절 관주** : 본문의 확실한 이해를 위해 빈난에 관련된 성구를 제시했다.
6) **예수님의 말씀** : 신약에서 별색 처리하여 이해도와 시각 효과를 높였다.

3. 깊은 영성의 문체와 내용, 전무후무한 센세이션 예감!

1) **영혼의 산책** : 1년 동안 '영혼의 산책'을 따라가면 성경 1독을 할 수 있다.
2) **개관** : 성경 말씀을 읽기 전이나 후에 정독하면 말씀의 적용에 큰 도움을 준다.
3) **도표** : 성경 각 장의 분명한 요지를 제시하고 깊은 의미를 함축해 준다.
4) **적용** : 삶의 적용을 구체적으로 제시하여 각 성도의 삶에 큰 변화를 준다.
5) **심층연구** : 평범하고 깊이 있는 설명으로 본문을 더욱 선명하게 해 준다.
6) **주간 안식과 묵상** : 매주(성경의 맥에 따라 8~10일이 될 수 있음) 하루는 성경 읽기를 쉬고, 새 만나를 받아 재충전을 하고, 묵상할 수 있도록 했다.
7) **배경** : 역사적, 시대적 배경을 밝혀 주므로 본문 이해를 더 확실히 해 준다.
8) **주제** : 성경 각 장에서 주요한 주제를 발췌, 말씀의 깊이를 더해 줬다.
9) **원어 · 사본** : 어려운 난해 구절을 원어 해설을 통해 쉽게 이해하도록 했다.
10) **인물** : 주요 인물을 등장시켜 그 인물의 업적과 역사적 역할을 탐구했다.
11) **Q · A** : 질문(Question)의 형식을 통해 명쾌한 답(Answer)을 도출한다.
12) **QT** : 거룩한 영성을 향상시키기 위해 말씀의 교훈을 되새기게 했다.
13) **교리 · 지리 등** : 교리나 지리 등의 이해를 위해 소제목을 제시 · 해설했다.

4. 평신도, 신학생, 목회자를 위한 신앙 · 목회필독서!

1) 부록으로 주요 도표, 핵심 영성 심방사전 및 설교사전과 이에 맞는 찬송 수록

세상을 변화시키는 뉴밀레니엄 52주 구역공과

성령 충만한 구역

2011. 11. 25 초판 인쇄
2011. 11. 30 초판 펴냄

지은이 교재편찬위원회
발행인 김 영 무

발행처 : 도서출판 아가페문화사
156-094 서울 동작구 사당4동 254-9
전화 02-3472-7252, 3 팩스 02-523-7254
등록 제 3-133호(1987. 12. 11)

보급처 : 아가페문화사
156-094 서울 동작구 사당4동 254-9
전화 02-3472-7252, 3 팩스 02-523-7254
온라인 국민은행 772001-04-114962(김영무)
우 체 국 011791-02-004204(김영무)

값 6,500 원

ISBN 978-89-8424-120-6 03230